Bülow/Mecke/Schmidt

Hinterlegungsordnung

Beck'sche Kurz-Kommentare

Band 36

Hinterlegungsordnung

mit Nebenbestimmungen

begründet von

Dr. Walter Kriege†
weiland Präsident
der Landeszentralbank in
Nordrhein-Westfalen

Professor Dr. Arthur Bülow†
Staatssekretär a. D.
im Bundesministerium der
Justiz

2. Auflage von

Professor Dr. Arthur Bülow†
Staatssekretär a. D.
im Bundesministerium der
Justiz

Friedrich Mecke†
Vorsitzender Richter
am Landgericht Braunschweig

fortgeführt von

Jürgen Schmidt, Richter am Amtsgericht, München

3., neubearbeitete Auflage

C. H. BECK'SCHE VERLAGSBUCHHANDLUNG
MÜNCHEN 1993

Die Deutsche Bibliothek – CIP Einheitsaufnahme

Kriege, Walter:
Hinterlegungsordnung : mit Nebenbestimmungen / begr. von Walter Kriege ; Arthur Bülow. 2. Aufl. von Arthur Bülow ; Friedrich Mecke. – 3., neubearb. Aufl. / fortgef. von Jürgen Schmidt. – München : Beck, 1993
 (Beck'sche Kurz-Kommentare ; Bd. 36)
 ISBN 3–406–35964–7
NE: Bülow, Arthur:; Schmidt, Jürgen [Bearb.]; GT

ISBN 3 406 35964 7

Satz und Druck: Appl, Wemding
Gedruckt auf säurefreiem,
aus chlorfrei gebleichtem Zellstoff
hergestelltem Papier

Vorwort

Die beiden verdienstvollen Bearbeiter der 2. Auflage, Professor Dr. Arthur Bülow und Friedrich Mecke sind verstorben.

Wie sehr die Form ihrer Kommentierung von den Benutzern anerkannt wird, zeigt die Nachfrage nach diesem Werk auch noch viele Jahre nach dem Erscheinen der letzten Auflage. Ich habe versucht, diese praxisorientierte Art der Darstellung des Hinterlegungswesens beizubehalten.

Die wichtigste Aufgabe bei der 3. Auflage bestand deshalb darin, die Änderungen auf den verschiedensten Rechtsgebieten, wie z.B. im Vormundschafts- und Zwangsversteigerungsrecht in die Erläuterungen einzuarbeiten, sowie die neuen Ergebnisse der Rechtsprechung und des Schrifttums zu berücksichtigen.

Die einzige Änderung innerhalb der Hinterlegungsordnung war die Aufhebung der Kostenvorschriften in den §§ 24 bis 26 zum 1.7.1992. In den alten Bundesländern wurden entsprechende Kostenregelungen durch Ergänzung der jeweiligen Justizverwaltungskostengesetze geschaffen. In den neuen Bundesländern fehlen nach dem 1.7.1992 zunächst solche Rechtsgrundlagen für die Gebührenerhebung.

Ansonsten wird im Anhang auf Sonder- und Übergangsregelungen für die neuen Bundesländer hingewiesen, soweit sie für das Hinterlegungswesen Bedeutung haben. Ausführungsvorschriften zur Hinterlegungsordnung sind in den neuen Bundesländern in den nächsten Jahren zu erwarten.

Den Landesjustizverwaltungen von Mecklenburg-Vorpommern, Sachsen und Thüringen, die durch zum Teil ausführliche Hinweise die Erläuterungen zur Rechtslage in den neuen Bundesländern wesentlich erleichtert haben, möchte ich meinen besonderen Dank aussprechen.

Die Justizkassenordnung von 1937 wurde nicht mehr in die Kommentierung aufgenommen, da sie durch die unterschiedlichsten landesrechtlichen Regelungen auch nicht mehr als Anhaltspunkt für die technische Durchführung der Hinterlegungen dienen kann.

Inhaltsübersicht

I. Verzeichnis der Abkürzungen	X
II. Text der Hinterlegungsordnung	1
III. Erläuterungsteil	12
Hinterlegungsordnung	12
Vorbemerkungen	12

Erster Abschnitt. Allgemeine Bestimmungen

§ 1 Hinterlegungsstellen, Hinterlegungskassen	21
§ 2 (aufgehoben)	24
§ 3 Rechtsbehelfe	24
§ 4 Abgabe an eine andere Hinterlegungsstelle	36

Zweiter Abschnitt. Annahme

§ 5 Zur Hinterlegung geeignete Sachen	39
§ 6 Annahme zur Hinterlegung	43

Dritter Abschnitt. Verwaltung der Hinterlegungsmasse

§ 7 Aufbewahrung von Zahlungsmitteln	51
§ 8 Verzinsung	53
§ 9 Aufbewahrung von Wertpapieren, Urkunden und Kostbarkeiten	57
§ 10 Besorgung von Geschäften während der Hinterlegung	59
§ 11 Anzeige an den Gläubiger	63

Vierter Abschnitt. Herausgabe

§ 12 Herausgabeanordnung	67
§ 13 Nachweis der Berechtigung des Empfängers	70
Anhang: Übersicht über die wichtigsten Auszahlungsfälle	81
§ 14 Nachweis der Echtheit einer Unterschrift	101
§ 15 Behördliches Ersuchen um Herausgabe	103

Inhalt

§ 16 Bestimmung einer Frist zur Erhebung der Klage 105
§ 17 Ort der Herausgabe 114
§ 18 Haftung nach der Herausgabe 115

Fünfter Abschnitt.
Erlöschen des Anspruchs auf Herausgabe

§ 19 Einunddreißigjährige Frist. 116
§ 20 Einunddreißigjährige Frist. 118
§ 21 Dreißigjährige Frist 119
§ 22 Beginn einer neuen Frist. 121
§ 23 Verfall der Hinterlegungsmasse 122

Sechster Abschnitt. Kosten

§§ 24 bis 26 (aufgehoben) 123

Siebenter Abschnitt.
Hinterlegung in besonderen Fällen

§ 27 Hinterlegung bei Kreditinstituten 125
§ 28 Genehmigung der Herausgabe durch die Aufsichtsbehörde einer Stiftung. 127
§ 29 Genehmigung der Herausgabe durch die Fideikommißbehörde 128
§ 30 Hinterlegung bei den Staatsbanken in den Fällen der §§ 28, 29 129

Achter Abschnitt. Übergangsbestimmungen

§ 31 Von § 1 Abs. 3 abweichende Regelung 130
§ 32 (aufgehoben) 130
§ 33 Bereits früher als Hinterlegungsstellen bestellte Kreditinstitute 130
§§ 34 bis 37 (gegenstandslos) 130

Neunter Abschnitt. Schlußbestimmungen

§ 38 Inkrafttreten 130
§ 39 Durchführungsvorschriften 131

Inhalt

IV. Anhang 133

  1. Verordnung zur Durchführung der Hinterlegungsordnung vom 12.3.1937 133

  2. Zweite Verordnung zur Durchführung der Hinterlegungsordnung vom 24.11.1939 134

  3. Ausführungsvorschriften zur Hinterlegungsordnung 135

  4. Vordrucke für das Hinterlegungswesen 136

  5. Bestimmungen der Länder über die Vertretung des Fiskus in Hinterlegungssachen und in damit zusammenhängenden Verfahren 151

  6. Rechtspflegergesetz vom 5.11.1969 – Auszug – 153

  7. Einführungsgesetz zum Gerichtsverfassungsgesetz vom 27.1.1877 – Auszug – 156

  8. Bürgerliches Gesetzbuch – Auszug – 159

  9. Zivilprozeßordnung – Auszug – 169

10. Gesetz über die Zwangsversteigerung und die Zwangsverwaltung vom 24.3.1897 – Auszug – 181

11. Strafprozeßordnung – Auszug – 184

12. Baugesetzbuch vom 8.12.1986 – Auszug – 187

13. Sonderregelungen für die neuen Bundesländer 189

V. Sachverzeichnis 191

I. Verzeichnis der Abkürzungen

a. A.	anderer Ansicht
aaO	am angegebenen Ort
ABl.	Amtsblatt
Abs.	Absatz
a. F.	alter Fassung
AGBGB	Ausführungsgesetz zum Bürgerlichen Gesetzbuch
AktG	Aktiengesetz
Anh.	Anhang
Anl.	Anlage
Anm.	Anmerkung(en)
AO	Abgabenordnung
Art.	Artikel
Aufl.	Auflage
AV	Allgemeine Verfügung
AVHO	Ausführungsvorschriften zur Hinterlegungsordnung
AWG	Außenwirtschaftsgesetz vom 28. 4. 1961 (BGBl. I 481, BGBl. III 7400-1)
BAnz.	Bundesanzeiger
BauGB.	Baugesetzbuch
BayAGBGB	Bayerisches Ausführungsgesetz zum Bürgerlichen Gesetzbuch
BayAVHO	Bayerische Ausführungsvorschriften zur Hinterlegungsordnung
BayBSVJu	Bereinigte Sammlung der bayerischen Justizverwaltungsvorschriften
BayHO	Bayerische Haushaltsordnung
BayJMBl.	Bayerisches Justizministerialblatt
BayObLGZ	Entscheidungen des Bayerischen Obersten Landesgerichts in Zivilsachen
Bd.	Band
Bek.	Bekanntmachung
Bem.	Bemerkung
ber.	berichtigt
Berl.ABl.	Amtsblatt für Berlin
BeurkG	Beurkundungsgesetz

Abkürzungen

BGB	Bürgerliches Gesetzbuch
BGBl. (I, III)	Bundesgesetzblatt (Teil I, Teil III)
BGB-RGRK	Das Bürgerliche Gesetzbuch. Kommentar, herausgegeben von Reichsgerichtsräten und Bundesrichtern
BGH	Bundesgerichtshof
BGHZ	Entscheidungen des Bundesgerichtshofs in Zivilsachen
BNotO	Bundesnotarordnung
Buchst.	Buchstabe
BVerfGE	Entscheidungen des Bundesverfassungsgerichts
DB	Der Betrieb
DepotG	Gesetz über die Verwahrung und Anschaffung von Wertpapieren vom 4.2.1937 (RGBl. I 171, BGBl. III 4130-1)
d.h.	das heißt
DJ	Deutsche Justiz
DNotZ	Deutsche Notar-Zeitschrift
DÖV	Die öffentliche Verwaltung
DRiG	Deutsches Richtergesetz
EGBGB	Einführungsgesetz zum Bürgerlichen Gesetzbuch
EGGVG	Einführungsgesetz zum Gerichtsverfassungsgesetz
einschl.	einschließlich
Erl.	Erläuterung
f.	folgende(r)
ff.	folgende
FGG	Gesetz über die Angelegenheiten der freiwilligen Gerichtsbarkeit
FMBl.	Amtsblatt des Bayerischen Staatsministeriums der Finanzen
Fn.	Fußnote
GBl.DDR	Gesetzblatt der Deutschen Demokratischen Republik
GBO	Grundbuchordnung
gem.	gemäß
GenG	Gesetze betreffend die Erwerbs- und Wirtschaftsgenossenschaften

Abkürzungen

GesBl.	Gesetzblatt
GG	Grundgesetz für die Bundesrepublik Deutschland
ggf.	gegebenenfalls
Gliederungsnr.	Gliederungsnummer
GmbHG	Gesetz betreffend die Gesellschaften mit beschränkter Haftung
GruchBeitr.	Beiträge zur Erläuterung des Deutschen Rechts, begründet von Gruchot
GVBl.	Gesetz- und Verordnungsblatt
GVG	Gerichtsverfassungsgesetz
Hess.GVBl.	Gesetz- und Verordnungsblatt für das Land Hessen
Hess.JMBl.	Justiz-Ministerial-Blatt für Hessen
HGB	Handelsgesetzbuch
HinterlO	Hinterlegungsordnung
Hmb.JVBl.	Hamburgisches Justizverwaltungsblatt
HO	Hinterlegungsordnung
i. d. F.	in der Fassung
i. d. R.	in der Regel
i. S.	im Sinne
JBeitrO	Justizbeitreibungsordnung
JBl.	Justizblatt Rheinland-Pfalz
JKassO	Justizkassenordnung
JMBl.	Justizministerialblatt
JMBl.NW	Justizministerialblatt für das Land Nordrhein-Westfalen
JR	Juristische Rundschau
JVBl.	Justizverwaltungsblatt
JVKostO	Verordnung über Kosten im Bereich der Justizverwaltung
JW	Juristische Wochenschrift
Kap.	Kapitel
KG	Kammergericht
KO	Konkursordnung
Komm.	Kommentar
KostVfg.	Kostenverfügung
LG	Landgericht
LHO	Landeshaushaltsordnung

Abkürzungen

LM	Nachschlagewerk des Bundesgerichtshofs in Zivilsachen, herausgegeben von Lindenmaier und Möhring
MdJ	Minister der Justiz
MDR	Monatsschrift für Deutsches Recht
Nds.GVBl.	Niedersächsisches Gesetz- und Verordnungsblatt
Nds.Rpfl.	Niedersächsische Rechtspflege
NJW	Neue Juristische Wochenschrift
NJW-RR	Neue Juristische Wochenschrift-Rechtsprechungs-Report
NW	Nordrhein-Westfalen
OLG	Oberlandesgericht
OLGR	Die Rechtsprechung der Oberlandesgerichte auf dem Gebiete des Zivilrechts
OLGZ	Entscheidungen der Oberlandesgerichte in Zivilsachen
RdErl.	Runderlaß
RdL.	Recht der Landwirtschaft
Rdnr.	Randnummer
Recht	Das Recht
RG	Reichsgericht
RGBl. (I)	Reichsgesetzblatt (Teil I)
RGZ	Entscheidungen des Reichsgerichts in Zivilsachen
rh.-pf.	rheinland-pfälzisch
Rh.-Pf.GVBl.	Gesetz- und Verordnungsblatt für das Land Rheinland-Pfalz
RJM	Reichsminister der Justiz
RM	Reichsmark
Rpfleger	Der Deutsche Rechtspfleger
RpflG	Rechtspflegergesetz
s.	siehe
S.	Satz
S.	Seite
Sb.	Sonderband
ScheckG	Scheckgesetz
SchiffsRG	Gesetz über Rechte an eingetragenen Schiffen und Schiffsbauwerken

Abkürzungen

SchlHA	Schleswig-Holsteinische Anzeigen
SeuffArch.	Seufferts Archiv für Entscheidungen der obersten Gerichte in den deutschen Staaten
s. o.	siehe oben
StAnz.	Staatsanzeiger für das Land Hessen
StGB	Strafgesetzbuch
StPO	Strafprozeßordnung
StVG	Straßenverkehrsgesetz
u. a.	unter anderem
usw.	und so weiter
u. U.	unter Umständen
v.	von
VAG	Gesetz über die Beaufsichtigung der privaten Versicherungsunternehmungen und Bausparkassen i. d. F. der Bek. vom 6. 6. 1931 (RGBl. I 315, ber. 750; BGBl. III 7631-1)
Vbdg.	Verbindung
Vfg.	Verfügung
vgl.	vergleiche
Vorbem.	Vorbemerkung(en)
VV.	Verwaltungsvorschrift(en)
VVG	Gesetz über den Versicherungsvertrag
VwGO	Verwaltungsgerichtsordnung
WarnR.	Die Rechtsprechung des Reichsgerichts, herausgegeben von Warneyer
WG	Wechselgesetz
WM.	Wertpapiermitteilungen
WürttAGBGB	württembergisches Ausführungsgesetz zum Bürgerlichen Gesetzbuch und zu anderen Reichsjustizgesetzen
z. B.	zum Beispiel
ZPO	Zivilprozeßordnung
z. T.	zum Teil
ZVG	Gesetz über die Zwangsversteigerung und die Zwangsverwaltung

Hinterlegungsordnung

Vom 10. März 1937 (RGBl. I S. 285)
(BGBl. III 300–15)

Änderungen des Gesetzes

Lfd. Nr.	Änderndes Gesetz	Datum	Fundstelle	Geänderte Paragraphen	Art der Änderg.
1.	Zweite KriegsmaßnahmenVO	27. 9. 1944	RGBl. I 229	3 9 Abs. 1 Satz 2	geänd. eingef.
2.	Gesetz zur Wiederherstellung der Rechtseinheit usw.	12. 9. 1950	BGBl. 455	3 Abs. 3–5 9 Abs. 1 Satz 2	geänd. aufgeh.
3.	Rechtspflegergesetz	5. 11. 1969	BGBl. I 2065	3 2, 32	geänd. aufgeh.
4.	Gesetz zur Änderung des Gerichtskostengesetzes, des Gesetzes über Kosten der Gerichtsvollzieher, der Bundesgebührenordnung für Rechtsanwälte und anderer Vorschriften	20. 8. 1975	BGBl. I 2189	26 Nr. 6 und 11 Buchst. c und d	geänd.
5.	Gesetz zur Änderung der Bundesgebührenordnung für Rechtsanwälte	20. 8. 1990	BGBl. I 1765	24–26	aufgeh.

Gesetzesübersicht

Erster Abschnitt. Allgemeine Bestimmungen §§ 1–4
Zweiter Abschnitt. Annahme §§ 5, 6
Dritter Abschnitt. Verwaltung der Hinterlegungsmasse §§ 7–11
Vierter Abschnitt. Herausgabe §§ 12–18
Fünfter Abschnitt. Erlöschen des Anspruchs auf Herausgabe §§ 19–23
Sechster Abschnitt. Kosten §§ 24–26
Siebenter Abschnitt. Hinterlegung in besonderen Fällen §§ 27–30
Achter Abschnitt. Übergangsbestimmungen §§ 31–37
Neunter Abschnitt. Schlußbestimmungen §§ 38, 39

Die Reichsregierung hat das folgende Gesetz beschlossen, das hiermit verkündet wird:

HinterlO — Hinterlegungsordnung

Erster Abschnitt. Allgemeine Bestimmungen

§ 1 [Hinterlegungsstellen, Hinterlegungskassen] (1) Die Hinterlegungsgeschäfte werden von Hinterlegungsstellen und Hinterlegungskassen wahrgenommen.

(2) Die Aufgaben der Hinterlegungsstellen werden den Amtsgerichten übertragen.

(3) Die Aufgaben der Hinterlegungskassen werden den Kassen der Justizverwaltung übertragen.

§ 2* *(aufgehoben)*

§ 3* [Beschwerde] (1) Beschwerden gegen die Entscheidungen der Hinterlegungsstellen werden im Aufsichtsweg erledigt.

(2) Gegen die Entscheidung des Land- oder Amtsgerichtspräsidenten ist der Antrag auf gerichtliche Entscheidung nach § 23 des Einführungsgesetzes zum Gerichtsverfassungsgesetz zulässig.

(3) [1] Ist durch die Entscheidung des Landgerichtspräsidenten (Amtsgerichtspräsidenten) ein Antrag auf Herausgabe abgelehnt worden, so ist für eine Klage auf Herausgabe gegen das Land der ordentliche Rechtsweg gegeben. [2] Für die Klage ist ohne Rücksicht auf den Wert des Streitgegenstandes das Landgericht zuständig.

§ 4 [Abgabe an andere Hinterlegungsstelle] [1] Die Hinterlegungsstelle kann eine bei ihr anhängige Sache aus wichtigen Gründen an eine andere Hinterlegungsstelle abgeben, wenn diese zur Übernahme bereit ist. [2] Einigen sich die Stellen nicht, so entscheidet die gemeinschaftliche Aufsichtsbehörde.

Zweiter Abschnitt. Annahme

§ 5 [Hinterlegungsfähige Gegenstände] Zur Hinterlegung werden Geld, Wertpapiere und sonstige Urkunden sowie Kostbarkeiten angenommen.

---

* § 2 aufgehoben und § 3 neu gefaßt durch Rechtspflegergesetz vom 5. 11. 1969 (BGBl. I S. 2065).

3. Verwaltung der Hinterlegungsmasse **HinterlO**

§ 6 [Annahme zur Hinterlegung] ¹Die Annahme zur Hinterlegung bedarf einer Verfügung der Hinterlegungsstelle. ²Die Verfügung ergeht:
1. auf Antrag des Hinterlegers, wenn er die Tatsachen angibt, welche die Hinterlegung rechtfertigen, oder wenn er nachweist, daß er durch Entscheidung oder Anordnung der zuständigen Behörde zur Hinterlegung für berechtigt oder verpflichtet erklärt ist,
2. auf Ersuchen der zuständigen Behörde.

Dritter Abschnitt. Verwaltung der Hinterlegungsmasse

§ 7 [Zahlungsmittel] (1) Gesetzliche und gesetzlich zugelassene Zahlungsmittel gehen in das Eigentum des *Reichs* über.

(2) ¹Andere Zahlungsmittel werden unverändert aufbewahrt. ²Sie können mit Zustimmung der Beteiligten in gesetzliche oder gesetzlich zugelassene Zahlungsmittel umgewechselt werden. ³Der Reinerlös geht in das Eigentum des *Reichs* über.

§ 8* [Verzinsung] Geld, das in das Eigentum des Staates übergegangen ist, wird nach folgenden Bestimmungen verzinst:
1. Die Verzinsung beginnt drei Monate nach Ablauf des Monats, in dem der Betrag eingezahlt worden ist; sie endigt mit dem Ablauf des Monats, der dem Tage der Auszahlungsverfügung vorhergeht.
2. Der Zinssatz beträgt eins vom Tausend monatlich.
3. Die Zinsen werden jeweils mit dem Ablauf des Kalenderjahres oder, wenn das Geld vorher herausgegeben wird, mit der Herausgabe fällig.
4. ¹Beträge unter 100 Deutsche Mark und Zinsen werden nicht verzinst. ²Beträge, die 100 Deutsche Mark übersteigen, werden bei der

---

* § 8 i. d. F. der von den Ländern gleichlautend erlassenen Gesetze über die Wiedereinführung der Verzinsung hinterlegter Gelder: **Baden-Württemberg:** Gesetz vom 23.7. 1956 (GBl. S. 106); **Bayern:** Hinterlegungsordnung vom 10.3. 1937 (BayRS 300-15-1-J); **Berlin:** Gesetz vom 12.7. 1956 (GVBl. S. 916); **Bremen:** Gesetz vom 3.7. 1956 (SaBremR 300-e-1); **Hamburg:** Gesetz vom 3.7. 1956 (HambSLR 3213-a); **Hessen:** Gesetz vom 18.10. 1956 (GVBl. S. 147); **Niedersachsen:** Gesetz vom 21.7. 1956 (GVBl. Sb. I S. 485); **Nordrhein-Westfalen:** Gesetz vom 3.7. 1956 (GS NW S. 567), geändert durch Gesetz vom 18.12. 1984 (GV NW S. 806); **Rheinland-Pfalz:** Gesetz vom 24.10. 1956 (GVBl. S. 122); **Saarland:** Gesetz vom 24.5. 1963 (Amtsbl. S. 339); **Schleswig-Holstein:** Gesetz vom 16.7. 1956 (GVOBl. S. 128).

Zinsberechnung auf volle 100 Deutsche Mark nach unten abgerundet.

§ 9* **[Wertpapiere, Urkunden, Kostbarkeiten]** (1) Wertpapiere und sonstige Urkunden sowie Kostbarkeiten werden unverändert aufbewahrt.

(2)[1] Die Hinterlegungsstelle ist berechtigt, durch einen Sachverständigen den Wert von Kostbarkeiten abschätzen oder ihre Beschaffenheit feststellen zu lassen. [2] Die Kosten trägt der Hinterleger.

§ 10 [Besorgung von Geschäften während der Hinterlegung]
(1) [1] Während der Hinterlegung werden folgende Geschäfte besorgt:
1. Die Einlösung von Wertpapieren, die ausgelost, gekündigt oder aus einem anderen Grunde fällig sind, sowie der Umtausch, die Abstempelung oder dergleichen bei Wertpapieren, die hierzu aufgerufen sind; ist die Einlösung neben anderen Möglichkeiten vorgesehen, so wird die Einlösung besorgt; ist ein Spitzenbetrag vorhanden, dessen Umtausch oder dergleichen nicht möglich ist, so kann die Hinterlegungsstelle seine bestmögliche Verwertung anordnen;
2. die Einlösung fälliger Zins- und Gewinnanteilscheine;
3. die Beschaffung von neuen Zins- und Gewinnanteilscheinen sowie von Erneuerungsscheinen dazu.

[2] Ist die Besorgung eines Geschäfts nach Nummer 1 oder Nummer 2 bei ausländischen Wertpapieren mit unverhältnismäßigen Schwierigkeiten oder Kosten verbunden, so kann die Hinterlegungsstelle statt dessen die bestmögliche Verwertung anordnen.

(2) [1] Die bezeichneten Geschäfte werden jedoch nur besorgt:
1. wenn die Notwendigkeit zu ihrer Vornahme aus dem *Deutschen Reichsanzeiger* oder der vom *Reichsminister der Justiz* bestimmten Verlosungstabelle hervorgeht oder
2. wenn die Notwendigkeit zu ihrer Vornahme aus den Wertpapieren selbst hervorgeht oder
3. wenn ein Beteiligter die Vornahme eines dieser Geschäfte beantragt und die Voraussetzungen für die Vornahme dargetan hat.

[2] Die Hinterlegungsstelle kann gleichwohl anordnen, daß die Besorgung der Geschäfte unterbleibt, wenn besondere Bedenken entgegenstehen; in diesem Fall hat sie die Personen, die zur Zeit der Anordnung

---

* § 9 Abs. 1 neu gefaßt durch Gesetz vom 12. 9. 1950 (BGBl. S. 455).

4. Herausgabe

an der Hinterlegung beteiligt sind, hiervon alsbald zu benachrichtigen, soweit dies ohne unverhältnismäßige Schwierigkeiten möglich ist.★

(3) [1] Die Hinterlegungsstelle kann auf Antrag eines Beteiligten
1. eine von Absatz 1 abweichende Regelung treffen,
2. anordnen, daß bei Wertpapieren weitere Geschäfte besorgt werden, wenn ein besonderes Bedürfnis hierfür hervorgetreten ist,
3. anordnen, daß hinterlegtes Geld zum Ankauf von Wertpapieren verwendet wird.

[2] Sie hat vorher die übrigen Beteiligten zu hören, soweit dies ohne unverhältnismäßige Schwierigkeiten möglich ist.★

§ 11 [Anzeige an den Gläubiger] [1] Ist zur Befreiung eines Schuldners von seiner Verbindlichkeit hinterlegt, so soll die Hinterlegungsstelle den Schuldner unter Bezugnahme auf § 382 des Bürgerlichen Gesetzbuchs zu dem Nachweis auffordern, daß und wann der Gläubiger die in § 374 Abs. 2 des Bürgerlichen Gesetzbuchs vorgeschriebene Anzeige von der Hinterlegung empfangen hat. [2] Führt der Schuldner den Nachweis nicht innerhalb von drei Monaten nach der Aufforderung, so ist die Hinterlegungsstelle ermächtigt, in seinem Namen und auf seine Kosten dem Gläubiger die Anzeige zu machen; die Aufforderung muß einen Hinweis auf diese Rechtsfolge enthalten.

Vierter Abschnitt. Herausgabe

§ 12 [Herausgabeverfügung] Die Herausgabe bedarf einer Verfügung der Hinterlegungsstelle.

§ 13 [Nachweis der Berechtigung] (1) Die Verfügung ergeht auf Antrag, wenn die Berechtigung des Empfängers nachgewiesen ist.

(2) [1] Der Nachweis ist namentlich als geführt anzusehen:
1. wenn die Beteiligten die Herausgabe an den Empfänger schriftlich oder zur Niederschrift der Hinterlegungsstelle, eines Gerichts oder eines Urkundsbeamten der Geschäftsstelle bewilligt oder seine Empfangsberechtigung in gleicher Weise anerkannt haben;
2. wenn die Berechtigung des Empfängers durch rechtskräftige Entscheidung mit Wirkung gegen die Beteiligten oder gegen das *Reich* festgestellt ist.

★ Vgl. § 2 VO zur Durchführung der Hinterlegungsordnung vom 12.3. 1937 (RGBl. I S. 296).

² Aus einem nachher entstandenen Grunde kann auch in diesen Fällen die Berechtigung beanstandet werden.

§ 14 [Bescheinigung, öffentliche Beglaubigung] (1) Ist die für den Nachweis der Empfangsberechtigung wesentliche Erklärung eines Beteiligten schriftlich abgegeben, so kann die Hinterlegungsstelle verlangen, daß die Echtheit der Unterschrift durch eine zur Führung eines öffentlichen Siegels berechtigte Person unter Beidrückung ihres Siegels oder Stempels bescheinigt wird; sie kann auch verlangen, daß die Unterschrift öffentlich beglaubigt wird.

(2) Das gleiche gilt, wenn eine Vollmachtsurkunde eingereicht wird.

§ 15 [Herausgabeersuchen von Behörden] (1) ¹ Die Verfügung ergeht ferner, wenn die zuständige Behörde um Herausgabe an sie selbst oder an eine von ihr bezeichnete Stelle oder Person ersucht. ² Geht das Ersuchen von einer obersten *Reichsbehörde* oder von einer ihr unmittelbar unterstellten höheren *Reichsbehörde* aus, so ist deren Zuständigkeit von der Hinterlegungsstelle nicht zu prüfen. ³ Das gleiche gilt, wenn das Ersuchen von einem Gericht des *Reichs* ausgeht.

(2) ¹ Ergibt sich gegen die Berechtigung des Empfängers ein Bedenken, das die ersuchende Behörde nicht berücksichtigt hat, so ist es ihr mitzuteilen; die Verfügung ist auszusetzen. ² Hält die Behörde ihr Ersuchen gleichwohl aufrecht, so ist ihm stattzugeben.

§ 16 [Frist zur Klage] (1) ¹ Ist ein Antrag auf Herausgabe gestellt, so kann die Hinterlegungsstelle Beteiligten, welche die Herausgabe nicht bewilligt, auch die Empfangsberechtigung nicht anerkannt haben, eine Frist von mindestens zwei Wochen setzen, binnen deren sie ihr die Erhebung der Klage wegen ihrer Ansprüche nachzuweisen haben. ² Sie soll jedoch von dieser Möglichkeit nur Gebrauch machen, wenn es unbillig wäre, von dem Antragsteller weitere Nachweise zu verlangen.

(2) ¹ Die Bestimmung der Frist ist dem, der die Herausgabe beantragt hat, und den Personen, an die sie sich richtet, nach den Vorschriften der Zivilprozeßordnung über die Zustellung von Amts wegen bekanntzugeben. ² Sie unterliegt der Beschwerde, die binnen zwei Wochen seit dem Zeitpunkt der Zustellung bei der Hinterlegungsstelle oder dem Landgerichtspräsidenten (Amtsgerichtspräsidenten) einzulegen ist. ³ Die Hinterlegungsstelle hat die Beschwerde dem Landgerichtspräsidenten (Amtsgerichtspräsidenten) vorzulegen; zu einer Änderung ihrer Entscheidung ist sie nicht befugt.

5. Erlöschen des Anspruchs auf Herausgabe

(3) ¹Die Entscheidung des Landgerichtspräsidenten (Amtsgerichtspräsidenten) ist nach Absatz 2 Satz 1 bekanntzugeben. ²Eine weitere Beschwerde ist nicht zulässig.

(4) Eine verspätet eingelegte Beschwerde kann, solange noch nicht herausgegeben ist, von dem Landgerichtspräsidenten (Amtsgerichtspräsidenten) zugelassen werden.

(5) ¹Die Frist nach Absatz 1 beginnt mit der Rechtskraft der sie bestimmenden Verfügung. ²Nach Ablauf dieser Frist gilt die Herausgabe als bewilligt, wenn nicht inzwischen der Hinterlegungsstelle die Erhebung der Klage nachgewiesen ist.

§ 17 [Herausgabeort] Das *Reich* ist nicht verpflichtet, die Hinterlegungsmasse an einem anderen Ort als dem Sitz der Hinterlegungsstelle herauszugeben.

§ 18 [Haftung nach der Herausgabe] Nach der Herausgabe kann das *Reich* nur auf Grund der Vorschriften über die Haftung für Amtspflichtverletzungen der Justizbeamten in Anspruch genommen werden.

Fünfter Abschnitt.
Erlöschen des Anspruchs auf Herausgabe

§ 19 [31jährige Frist] (1) In den Fällen des § 382, des § 1171 Abs. 3 und des *§ 1269 Satz 3*★ des Bürgerlichen Gesetzbuchs erlischt der Anspruch auf Herausgabe mit dem Ablauf von einunddreißig Jahren, wenn nicht zu diesem Zeitpunkt ein begründeter Antrag auf Herausgabe vorliegt.

(2) Die einunddreißigjährige Frist beginnt:
1. im Fall des § 382 mit dem Zeitpunkt, in dem der Gläubiger die Anzeige von der Hinterlegung empfangen hat, oder, falls die Anzeige untunlich war und deshalb unterblieben ist, mit der Hinterlegung;
2. in den Fällen des § 1171 Abs. 3 und des *§ 1269 Satz 3*★ mit dem Erlaß des Urteils, durch das der Gläubiger mit seinem Recht ausgeschlossen ist; das Gericht hat das Ausschlußurteil der Hinterlegungsstelle mitzuteilen.

★ § 1269 BGB außer Kraft getreten gemäß VO vom 21. 12. 1940 (RGBl. I S. 1609); vgl. jetzt die Vorschriften des Gesetzes über Rechte an eingetragenen Schiffen und Schiffsbauwerken vom 15. 11. 1940 (RGBl. I S. 1499).

HinterlO Hinterlegungsordnung

§ 20 [31jährige Frist] [1] In den Fällen des § 117 Abs. 2 und der §§ 120, 121, 124, 126 des Gesetzes über die Zwangsversteigerung und die Zwangsverwaltung erlischt der Anspruch auf Herausgabe mit dem Ablauf von einunddreißig Jahren, wenn nicht zu diesem Zeitpunkt ein begründeter Antrag auf Herausgabe vorliegt. [2] Die Frist beginnt mit der Hinterlegung, in den Fällen der §§ 120, 121 mit dem Zeitpunkt, in dem die Bedingung eingetreten ist, unter der hinterlegt ist. [3] Kann der Eintritt der Bedingung nicht ermittelt werden, so beginnt die Frist mit dem Ablauf von zehn Jahren seit der Hinterlegung oder, wenn die Bedingung erst in einem späteren Zeitpunkt eintreten konnte, mit dem Ablauf von zehn Jahren seit diesem Zeitpunkt.

§ 21 [30jährige Frist] (1) In den übrigen Fällen erlischt der Anspruch auf Herausgabe mit dem Ablauf von dreißig Jahren nach der Hinterlegung, wenn nicht zu diesem Zeitpunkt ein begründeter Antrag auf Herausgabe vorliegt.

(2) [1] Bei Hinterlegung auf Grund der §§ 1814, 1818 (§§ 1667, *1686,*★ 1915) des Bürgerlichen Gesetzbuchs müssen außerdem zwanzig Jahre seit dem Zeitpunkt abgelaufen sein, in dem die elterliche Gewalt, die Vormundschaft oder Pflegschaft beendigt ist. [2] In den Fällen der Abwesenheitspflegschaft genügt der Ablauf der in Absatz 1 bestimmten Frist.

(3) [1] Bei Hinterlegungen in Stiftungssachen *sowie in Fideikommiß- und Fideikommißauflösungssachen*★★ findet Absatz 1 keine Anwendung, solange der *Reichsminister der Justiz* nicht ein anderes bestimmt hat. [2] *Dies gilt auch, soweit Lehen, Stammgüter und sonstige gebundene Vermögen im Sinne des Artikels 59 des Einführungsgesetzes zum Bürgerlichen Gesetzbuch sowie Hausgüter und Hausvermögen in Betracht kommen.*★★

§ 22 [Neuer Fristbeginn] Hat ein Beteiligter in den Fällen des § 21 innerhalb der Frist angezeigt und nachgewiesen, daß die Veranlassung zur Hinterlegung fortbesteht, so beginnt die Frist mit dem Zeitpunkt, in dem die Anzeige eingegangen ist, von neuem.

§ 23 [Verfall der Hinterlegungsmasse] Mit dem Erlöschen des Anspruchs auf Herausgabe verfällt die Hinterlegungsmasse dem *Reich*.

★ § 1686 a. F. BGB weggefallen durch Ersetzung der §§ 1626 bis 1698 BGB gemäß Art. 1 Nr. 22 Gesetz vom 18. 6. 1957 (BGBl. I S. 1609).
★★ Vgl. Art. 155 Abs. 2 Satz 2 Weimarer Verfassung vom 11. 8. 1919 (RGBl. S. 1383), Gesetz vom 26. 6. 1935 (RGBl. I S. 785), Gesetz vom 6. 7. 1938 (RGBl. I S. 825) und Gesetz vom 28. 12. 1950 (BGBl. S. 820) – Erlöschen der Fideikommisse und sonstigen gebundenen Vermögen –, ferner Art. X Abs. 2 KRG Nr. 45 (AHKABl. S. 256).

7. Hinterlegung in besonderen Fällen

Sechster Abschnitt. Kosten

§ 24–26 † *(aufgehoben)*

**Siebenter Abschnitt.
Hinterlegung in besonderen Fällen**

§ 27 [Hinterlegung von voraussichtlich längerer Dauer]
(1) ¹Für die Hinterlegung von Wertpapieren in den Fällen der §§ 1082, *1392, 1525, 1550*,* 1667, *1686*,* 1814, 1818, 1915, 2116 des Bürgerlichen Gesetzbuchs sind neben den Amtsgerichten auch die Staatsbanken Hinterlegungsstellen. ²Der *Reichsminister der Justiz* kann noch andere Kreditinstitute als Hinterlegungsstellen bestimmen.

(2) Auf die Hinterlegung bei einer Staatsbank oder einem anderen Kreditinstitut ist dieses Gesetz nicht anzuwenden.

§ 28 [Aufsichtsbehörde der Stiftung] ¹In Fällen, in denen Gegenstände, die zu dem Vermögen einer Stiftung gehören, auf Grund stiftungsrechtlicher Vorschriften oder Anordnungen hinterlegt sind, ist zur Herausgabe die Genehmigung der Aufsichtsbehörde der Stiftung erforderlich; zur Herausgabe von Erträgen bedarf es dieser Genehmigung nicht. ²Die Aufsichtsbehörde der Stiftung kann etwas anderes bestimmen.

§ 29** **[Fideikommißbehörde]** (1) ¹In den Fällen, in denen Vermögensgegenstände, die zu einem Familienfideikommiß gehören oder gehört haben, auf Grund fideikommißrechtlicher Vorschriften oder Anordnungen hinterlegt sind, ist zur Herausgabe die Genehmigung der Fideikommißbehörde erforderlich; zur Herausgabe von Erträgen bedarf es dieser Genehmigung nicht. ²Die Fideikommißbehörde kann etwas anderes bestimmen.

(2) Entsprechendes gilt, soweit Lehen, Stammgüter und sonstige gebundene Vermögen im Sinne des Artikels 59 des Einführungsgesetzes

---

† § 24–26 **aufgehoben mit Wirkung vom 1. 7. 1992** durch Gesetz vom 20. 8. 1990 (BGBl. I S. 1765).
* §§ 1550 und 1686 a. F. BGB sind weggefallen.
** Vgl. Anm. zu § 21 Abs. 3.

HinterlO   Hinterlegungsordnung

zum Bürgerlichen Gesetzbuch sowie Hausgüter und Hausvermögen in Betracht kommen.

§ 30 [Staatsbanken] (1) In den Fällen der §§ 28, 29 sind neben den Amtsgerichten die *Reichsbank* und die Staatsbanken Hinterlegungsstellen.

(2) Bei der *Reichsbank* oder einer Staatsbank kann auch dann hinterlegt werden, wenn nach den bisherigen stiftungs- oder fideikommißrechtlichen Vorschriften oder Anordnungen bei Gericht zu hinterlegen ist.

(3) Auf die Hinterlegung bei der *Reichsbank* oder einer Staatsbank ist dieses Gesetz mit Ausnahme der §§ 28, 29 nicht anzuwenden.

Achter Abschnitt. Übergangsbestimmungen

§ 31 [Von § 1 Abs. 3 abweichende Regelung] Der *Reichsminister der Justiz* kann in besonderen Fällen eine von der Vorschrift des § 1 Abs. 3 abweichende Regelung treffen.

§ 32★ *(aufgehoben)*

§ 33 [Bereits früher als Hinterlegungsstelle bestellte Kreditinstitute] Soweit andere Kreditinstitute als die Staatsbanken bei Inkrafttreten dieses Gesetzes als Hinterlegungsstellen für die Hinterlegung von Wertpapieren in den Fällen der §§ 1082, *1392, 1525, 1550,*★★ 1667, *1686,*★★ 1814, 1818, 1915 oder 2116 des Bürgerlichen Gesetzbuchs bestellt sind, behält es hierbei bis *zum Ablauf des 31. Dezember 1939*† sein Bewenden mit der Maßgabe, daß die Kreditinstitute Hinterlegungsstellen für alle Fälle dieser Art sind.

§ 34 [Alte Hinterlegungssachen] Für Hinterlegungssachen, die bei Inkrafttreten dieses Gesetzes anhängig sind, gilt, soweit nicht in den §§ 35 bis 37 etwas anderes bestimmt ist, folgendes:

1. [1]Sind nach den bisherigen Vorschriften andere Stellen als die Amtsgerichte Hinterlegungsstellen, so gehen mit dem Inkrafttreten dieses Gesetzes die Geschäfte der Hinterlegungsstelle auf das Amtsgericht über, in dessen Bezirk die bisherige Stelle ihren Sitz hat. [2]Die im

---

★ § 32 aufgehoben durch Rechtspflegergesetz vom 5.11.1969 (BGBl. I S. 2065).
★★ §§ 1392, 1525, 1550 und 1686 a. F. BGB sind weggefallen.
† Die **Zweite VO zur Durchführung der Hinterlegungsordnung** vom 24.11.1939 (RGBl. I S. 2300) bestimmt:
„Die in § 33 der Hinterlegungsordnung auf den 31. Dezember festgesetzte Frist wird bis auf weiteres verlängert."

9. Schlußbestimmungen

Zeitpunkt des Übergangs der Geschäfte schwebenden Anträge und Beschwerden sind von den bisher zuständigen Stellen nach den bisherigen Vorschriften zu erledigen.

2.–4.★

§ 35 [Alte Hinterlegungssachen in den Fällen der §§ 28, 29] Für die Hinterlegungssachen in den Fällen der §§ 28, 29, die bei Inkrafttreten dieses Gesetzes anhängig sind, gilt folgendes:

1. Befinden sich Hinterlegungsmassen bei der *Reichsbank* oder einer Staatsbank, so gehen die Geschäfte der Hinterlegungsstelle auf die *Reichsbank* oder Staatsbank über.
2. Befinden sich Hinterlegungsmassen bei anderen Stellen als einer Kasse der Justizverwaltung, der *Reichsbank* oder einer Staatsbank, so verbleibt es bei den bisherigen Vorschriften, solange nicht der *Reichsminister der Justiz* etwas anderes bestimmt.
3. Im übrigen behält es bei § 34 sein Bewenden.

§§ 36, 37★

Neunter Abschnitt. Schlußbestimmungen

§ 38 [Inkrafttreten] (1) Dieses Gesetz tritt am 1. April 1937 in Kraft.

(2) Mit dem Inkrafttreten dieses Gesetzes treten die Artikel 144 bis 146 des Einführungsgesetzes zum Bürgerlichen Gesetzbuch und die auf ihnen beruhenden landesrechtlichen Hinterlegungsvorschriften außer Kraft, soweit nicht in den §§ 34, 35, 37 etwas anderes bestimmt ist.

§ 39 [Durchführungsvorschriften] Der *Reichsminister der Justiz* wird ermächtigt, Vorschriften zur Durchführung *und Ergänzung*★★ dieses Gesetzes zu erlassen.★★★

★ § 34 Nr. 2 bis 4, §§ 36 und 37 enthalten gegenstandslose Überleitungsvorschriften.
★★ Ermächtigung zur Ergänzung des Gesetzes erloschen gemäß Art. 129 Abs. 3 GG.
★★★ Verordnung zur Durchführung der Hinterlegungsordnung vom 12. 3. 1937 (RGBl. I S. 296) – und Zweite Verordnung zur Durchführung der Hinterlegungsordnung vom 24. 11. 1939 (RGBl. I S. 2300)

III. Erläuterungsteil

Hinterlegungsordnung

Vorbemerkungen

Übersicht

I) **Hinterlegungsrecht**
  1) Begriff der Hinterlegung (1)
  2) Formelles Hinterlegungsrecht (2)
  3) Materielles Hinterlegungsrecht (3)
     a) Einteilung der Hinterlegungsfälle (4)
        aa) Hinterlegung als Erfüllung (5–7)
        bb) Hinterlegung als Erfüllungsersatz (8)
        cc) Hinterlegung als Sicherheitsleistung (9)
        dd) Hinterlegung zur Sicherung der hinterlegten Sache (10)
     b) Bestimmung der Hinterlegungsstelle (11)
II) **Hinterlegungsverhältnis** (12)
III) **Hinterlegungssachen – Angelegenheiten der Justizverwaltung** (13)
IV) **Die Hinterlegungsordnung – Bundes- oder Landesrecht?**
  1) Unklarheit der Rechtslage (14)
  2) Auswirkungen der Unklarheit (15)
  3) Eigene Stellungnahme (16)

I) Hinterlegungsrecht

1 I 1) Unter „Hinterlegung" versteht man nach dem allgemeinen Sprachgebrauch die Übergabe einer Sache zur treuhänderischen Verwaltung.[1]

Unter „Hinterlegung" im Sinne der Hinterlegungsordnung versteht man hingegen nur
– die Hinterlegung bei bestimmten Behörden, den Hinterlegungsstellen (§ 1),
– die Hinterlegung von Geld, Wertpapieren, sonstigen Urkunden und Kostbarkeiten, nicht auch von anderen Sachen (§ 5),
– die Hinterlegung in den Fällen, in denen ein gesetzlicher Hinterlegungsgrund besteht (§ 6).

2 I 2) Die Hinterlegungsordnung enthält das sogenannte „formelle Hinterlegungsrecht".

---

[1] Vgl. § 688 BGB, der die Parteien eines Verwahrungsvertrages als Verwahrer und Hinterleger bezeichnet.

I. Hinterlegungsrecht

Sie bestimmt, welche staatlichen Organe für die Hinterlegungsgeschäfte zuständig sind, regelt das bei der Hinterlegung zu beachtende Verfahren sowie die rechtlichen Beziehungen zwischen den staatlichen Organen und den am Hinterlegungsverfahren beteiligten Personen.

I 3) Die Hinterlegungsordnung enthält nicht das sogenannte „materielle Hinterlegungsrecht".

Darunter ist die Frage zu verstehen, in welchen Fällen hinterlegt werden kann oder muß und welche Rechtswirkungen die Hinterlegung für die beteiligten Personen im Verhältnis zueinander auslöst.

Das materielle Hinterlegungsrecht ist außerhalb der Hinterlegungsordnung in den verschiedensten Gesetzen geregelt.

I 3 a) Die Hinterlegungsfälle des materiellen Hinterlegungsrechts lassen sich wie folgt einteilen:
– Hinterlegung als Erfüllung,
– Hinterlegung als Erfüllungsersatz,
– Hinterlegung als Sicherheitsleistung,
– Hinterlegung zur Sicherung der hinterlegten Sache.

3 a aa) Hinterlegung als Erfüllung

In diesen Fällen ist der Schuldner zur Hinterlegung verpflichtet. Die Hinterlegung selbst ist die geschuldete Leistung. Eine solche Verpflichtung entsteht meistens erst, wenn es der Gläubiger ausdrücklich verlangt.

Kommt der Schuldner seiner Verpflichtung zur Hinterlegung nach, erlischt die Schuld gemäß § 362, nicht gemäß § 378 BGB.

Eine Pflicht zur Hinterlegung kann etwa bestehen, wenn an mehrere gemeinschaftlich zu leisten ist, z. B. dann, wenn
– mehrere Gläubiger eine unteilbare Leistung zu fordern haben: § 432 Abs. 1 BGB;
– eine verzinsliche Forderung Gegenstand des Nießbrauchs ist: §§ 1076, 1077 Abs. 1 BGB;
– eine Forderung verpfändet ist: §§ 1279, 1281 BGB;
– ein Anspruch einer Erbengemeinschaft zusteht: § 2039 BGB (vgl. auch § 2114 BGB).

Ferner kann eine Pflicht zur Hinterlegung dann bestehen, wenn mehrere Personen als Gläubiger in Betracht kommen oder eine Leistung mehreren anteilig geschuldet wird, z. B.
– im Falle einer Auslobung, wenn die Belohnung zu verteilen ist: § 660 Abs. 2 BGB;

Vorbem. 8, 9 Vorbemerkungen

- wenn eine Geldforderung für mehrere Gläubiger gepfändet ist: § 853 ZPO;
- in Enteignungsverfahren für Geldentschädigungen, soweit mehrere Personen auf sie Anspruch haben und eine Einigung über die Auszahlung nicht nachgewiesen ist: z. B. § 118 BauGB;[2]
- in Flurbereinigungsverfahren, wenn ein Teilnehmer nur in Geld abgefunden wird: § 74 Nr. 2 des Flurbereinigungsgesetzes.[3]

8 3a bb) Hinterlegung als Erfüllungsersatz:

Hier ist der Schuldner befugt, sich unter bestimmten Voraussetzungen durch Hinterlegung von seiner eigentlichen Verbindlichkeit zu befreien. Dies gilt z. B.

- dann, wenn der Gläubiger im Verzuge der Annahme ist oder wenn der Schuldner aus einem anderen in der Person des Gläubigers liegenden Grunde oder infolge einer unverschuldeten Ungewißheit über die Person des Gläubigers seine Verbindlichkeit nicht oder nicht mit Sicherheit erfüllen kann: §§ 372, 383 BGB. Der Schuldner kann sich endgültig (§ 378 BGB) oder vorläufig (§ 379 BGB) von seiner Verbindlichkeit befreien;
- im Falle eines Gläubiger-(Prätendenten-)streits: § 75 ZPO;
- dann, wenn eine Geldforderung für mehrere Gläubiger gepfändet ist: § 853 ZPO;
- im Verfahren der Zwangsversteigerung von Grundstücken für die Berichtigung des Bargebots durch den Ersteher: § 49 Abs. 3 ZVG.

9 3a cc) Hinterlegung als Sicherheitsleistung:

Nach zahlreichen Vorschriften, sowie dann, wenn dies besonders vereinbart ist, kann oder muß Sicherheit geleistet werden. Dies kann regelmäßig durch Hinterlegung von Geld oder Wertpapieren geschehen, wie sich aus den §§ 232 ff. BGB, § 108 ZPO, § 69 ZVG, §§ 116a, 176 Abs. 1 Satz 2, 379 Abs. 2 StPO ergibt.

Sicherheiten können oder müssen z. B. geleistet werden,

- um die Erfüllung einer noch nicht fälligen Forderung zu sichern, etwa
  - der Gegenleistung beim gegenseitigen Vertrag im Falle der Vermögensverschlechterung: § 321 BGB,
  - des gestundeten Kaufpreises bei Ausübung des Vorkaufsrechts: §§ 509, 1098 BGB,

---

[2] I. d. F. der Bekanntmachung vom 8. Dezember 1986 (BGBl. I 2253).
[3] I. d. F. der Bekanntmachung vom 16. 3. 1976 (BGBl. I 546).

I. Hinterlegungsrecht 9 **Vorbem.**

- von Geldrenten: § 843 Abs. 2 BGB, § 13 StVG
- des Anspruchs auf Wertersatz beim Nießbrauch: §§ 1039, 1067, 1075 BGB,
- des Rechts auf den künftigen Ausgleich des Zugewinns: § 1389 BGB.
- wenn Befreiung von einer noch nicht fälligen Verbindlichkeit verlangt wird: §§ 257, 775 Abs. 2 BGB;
- um die Ausübung eines Rechts abzuwenden, z. B. des Zurückbehaltungsrechts: § 273 Abs. 3 BGB, § 369 Abs. 4 HGB, des Vermieter-, Verpächter-, Pächter und Gastwirtpfandrechts: §§ 562, 581, 590, 704 BGB;
- wenn eine Handlung hiervon abhängig gemacht wird, z. B.
  - die Gestattung, ein Wegnahme- oder ein Verfolgungsrecht auszuüben: §§ 258, 867 BGB oder
  - die Herausgabe eines Faustpfandes: § 838 ZPO;
- vom Nießbraucher, Vorerben, Konkurs- und Zwangsverwalter: §§ 1051, 2128 BGB, § 78 Abs. 2 KO, § 153 Abs. 2 ZVG;
- vor Verteilung eines Vermögens an die Berechtigten, wenn noch nicht alle Gläubiger befriedigt sind: §§ 52, 88, 1986 BGB, §§ 272, 278 AktG, § 73 GmbHG, § 90 GenG;
- den Gläubigern einer Aktiengesellschaft bei Herabsetzung des Grundkapitals und in anderen Fällen: §§ 225, 303, 347, 353 ff., 374 AktG;
- den Gläubigern einer GmbH bei Herabsetzung des Stammkapitals: § 58 Abs. 1 Nr. 2 GmbHG;
- von Ausländern, die als Kläger auftreten: §§ 110 ff. ZPO;
- wenn das Gericht angeordnet hat, dass die Zwangsvollstreckung gegen Sicherheitsleistung einstweilen einzustellen sei: §§ 707, 719, 732, 766, 769, 770 ff. ZPO;
- wenn ein Urteil gegen eine Sicherheit für vorläufig vollstreckbar erklärt worden ist: § 709 ZPO, § 406 StPO;
- wenn in einem Urteil ausgesprochen ist, daß der Schuldner die Vollstreckung durch Sicherheitsleistung oder Hinterlegung abwenden dürfe: §§ 711, 712 ZPO, § 406 StPO;
- um die Anordnung, die Hemmung der Vollziehung oder die Aufhebung eines Arrestes[4] zu erwirken: §§ 921, 923, 927, 934 ZPO;
- im Verfahren der Zwangsversteigerung von Grundstücken für die Abgabe von Geboten: §§ 67, 69 ZVG;

---

[4] Wegen Aufhebung einer einstweiligen Verfügung s. § 939 ZPO.

Vorbem. 10, 11   Vorbemerkungen

- um die Bestimmung eines neuen Versteigerungstermins zu erwirken: § 85 ZVG;
- damit der Vollzug eines Haftbefehls ausgesetzt, Strafaufschub gewährt oder das Wirksamwerden eines Berufsverbots aufgeschoben werde: §§ 116 Abs. 1 Nr. 4, 116a, 456, 456c StPO;
- um die Durchführung des Strafverfahrens gegen Ausländer sicherzustellen: §§ 127a, 132 StPO;
- für die Kosten des Klageerzwingungsverfahrens und der Privatklage: §§ 176, 379 StPO.

10 3a dd) Hinterlegung zur Sicherung der hinterlegten Sache:
Um Sachen dem Berechtigten unversehrt zu erhalten und sie für ihn bereitzuhalten, ist die Hinterlegung z. B. vorgesehen,
- wenn der Pfandgläubiger die Rechte des Verpfänders verletzt: § 1217 BGB;
- von Wertpapieren und Kostbarkeiten, die zu dem Vermögen eines Kindes, Mündels, Betreuten oder Pfleglings oder zu einer Erbschaft gehören, die einem Vorerben angefallen ist: § 1667 Abs. 3 Satz 2, §§ 1814, 1818, 1908i, 1915, 2116 BGB;
- bei der Sicherung eines Nachlasses: § 1960 BGB;
- wenn bei der Zwangsvollstreckung oder im Konkursverfahren gepfändetes Geld oder ein Erlös noch nicht ausgezahlt werden kann: §§ 720, 805 Abs. 4, 815 Abs. 2, 827, 854, 930 Abs. 2 ZPO, §§ 117 Abs. 2, 120, 121, 124, 126 ZVG, §§ 129 Abs. 2, 169 KO.

11 3 b) Den Vorschriften des materiellen Hinterlegungsrechts ist auch zu entnehmen, **wo jeweils zu hinterlegen ist.** Dies hat regelmäßig bei den in der Hinterlegungsordnung bestimmten Stellen zu geschehen, – sei es, daß ausdrücklich die Hinterlegung „bei einer dazu bestimmten öffentlichen Stelle" oder einer „Hinterlegungsstelle" verlangt wird (so §§ 372, 374 BGB),[5] sei es daß über den Ort der Hinterlegung nichts gesagt wird (so § 232 BGB). Bisweilen ist die Hinterlegung daneben auch bei anderen Stellen zulässig. Dies gilt etwa
- für Wertpapiere, die in den Fällen der §§ 1082, 1667, 1814, 1818, 1908i, 1915, 2116 BGB auch bei bestimmten Banken, und
- für Aktien, die im Falle des § 123 Abs. 3 AktG auch bei einem Notar oder einer Wertpapiersammelbank[6]

---

[5] Hinterlegungsstellen in diesem Sinne sind nicht die Notare, wenn sie auch nach § 23 BNotO zuständig sind, Wertgegenstände zur Aufbewahrung oder zur Ablieferung an Dritte zu übernehmen: BGH DNotZ 1965, 343.

[6] Vgl. auch § 4 Abs. 2, § 10 Abs. 2 des Gesetzes betreffend die gemeinsamen Rech-

II. Hinterlegungsverhältnis **12 Vorbem.**

hinterlegt werden können. In manchen Fällen kommt eine Hinterlegung nach Maßgabe der Hinterlegungsordnung überhaupt nicht in Betracht, weil nicht bei den hier bestimmten Hinterlegungsstellen, sondern ausschließlich bei anderen Stellen zu hinterlegen ist. So sind etwa zu hinterlegen

– Geld, das als Sicherheit für eine Steuerschuld dienen soll, allein bei der zuständigen Finanzbehörde (§ 241 Abs. 1 Nr. 1, § 242 AO 1977),[7]

– die Entschädigung für einen Zeugen, den ein Angeklagter laden läßt, bei der Geschäftsstelle (§ 220 StPO) und

– Waren, mit deren Annahme der Käufer im Verzuge ist, in einem öffentlichen Lagerhaus oder sonst in sicherer Weise (§ 373 Abs. 1 HGB),

– Verfügungen von Todes wegen, die in besondere amtliche Verwahrung[8] genommen werden sollen, bei den Amtsgerichten (§§ 2258 a, 2300 BGB).[9]

II) **Hinterlegungsverhältnis**

Das formelle Hinterlegungsrecht, das in der Hinterlegungsordnung **12** geregelt ist, gehört dem Öffentlichen Recht an. Mit der Hinterlegung entsteht zwischen dem Staat und den an der Hinterlegung Beteiligten ein Rechtsverhältnis öffentlich-rechtlicher Natur.[10]

Auf dieses Rechtsverhältnis sind die Grundsätze über die öffentlich-rechtliche Verwahrung anzuwenden, soweit die hinterlegten Sachen *unverändert aufbewahrt* werden[11] und die Hinterlegungsordnung keine ausdrücklichen Vorschriften enthält.[12]

---

te der Besitzer von Schuldverschreibungen vom 4.12. 1899 (RGBl. 691, BGBl. III 4134-1).
[7] Vom 16.3.1976 (BGBl. I 613).
[8] Das Abliefern zur amtlichen Verwahrung ist eine besondere Art der Hinterlegung, wie sich daraus ergibt, daß ein „Hinterlegungsschein" erteilt wird (§ 2258 b Abs. 3 BGB).
[9] In Baden-Württemberg sind die Notariate ausschließlich zuständig (Art. 147 Abs. 1 EGBGB, § 1 Abs. 2 des Landesgesetzes über die freiwillige Gerichtsbarkeit vom 12.2.1975 – GesBl. 116 –).
[10] Die Verwaltungsverfahrensgesetze des Bundes und der Länder sind jedoch nicht ergänzend anwendbar, da diese für die Tätigkeit der Gerichtsverwaltungen und der Behörden der Justizverwaltung nur gelten, soweit die Tätigkeit der Nachprüfung im Verfahren vor den Gerichten der Verwaltungsgerichtsbarkeit unterliegt. Dies trifft für die Tätigkeit der Hinterlegungsstellen nicht zu, wie sich aus § 3 HO ergibt, der den Antrag auf gerichtliche Entscheidung nach § 23 EGGVG und für eine Klage auf Herausgabe den ordentlichen Rechtsweg vorsieht.
[11] Vgl. BGHZ 34, 349, 454=NJW 1961, 1164, 1622=LM § 688 BGB Nr. 10; OLG Hamburg MDR 1961, 689 Nr. 55.
[12] S. dazu RGZ 115, 419; 138, 40; RG JW 1934, 2842; BGHZ 4, 193; BGH DöV

Soweit *hinterlegtes Geld* in das Eigentum des Staates übergeht, besteht ein öffentlich-rechtliches Schuldverhältnis, für das die Vorschriften des bürgerlichen Rechts nicht ohne weiteres entsprechend gelten, dessen Inhalt vielmehr – wenn die Hinterlegungsordnung eine bestimmte Frage nicht ausdrücklich regelt – durch Abwägung der jeweils in Betracht kommenden Gesichtspunkte nach dem Grundsatz von Treu und Glauben bestimmt werden muß.[13]

III) **Hinterlegungssachen – Angelegenheiten der Justizverwaltung**

13 Das Hinterlegungswesen gehört weder zur streitigen, noch freiwilligen Gerichtsbarkeit, sondern ist eine Angelegenheit der Justizverwaltung. Dies ergibt sich einmal aus der Fassung des § 1 Abs. 2 HO, wonach die Aufgaben der Hinterlegungsstellen den Amtsgerichten besonders übertragen sind, vor allem aber aus § 3 Abs. 1 HO, wonach Beschwerden gegen Entscheidungen der Hinterlegungsstellen im Aufsichtsweg erledigt werden.

Die Aufsichtsentscheidungen sind Justizverwaltungsakte. Deshalb sieht § 3 Abs. 2 HO vor, daß gegen die Entscheidung des Präsidenten des Land- oder Amtsgerichts der Antrag auf gerichtliche Entscheidung nach § 23 EGGVG zulässig ist.

Auch der in erster Instanz zuständige Rechtspfleger[14] handelt nicht als sachlich unabhängiges Organ der Rechtspflege, sondern als weisungsgebundenes Glied der Justizverwaltung.[15] § 9 RpflG ist auf den in Hinterlegungssachen tätigen Rechtspfleger nicht anzuwenden. Dassel-

---

1952, 572 Nr. 302; BGH LM VerwR-Allgem. (öffentl.-rechtl. Verpflichtungen) Nr. 2; LM § 688 BGB Nr. 7; OLG Celle NJW 1960, 340; Schack: Die Haftung bei öffentlich-rechtlicher Verwahrung, Reichsverwaltungsblatt 1935 Bd. 56 S. 189.

[13] RGZ 112, 221, 224: Zur Aufwertung einer hinterlegten Geldsumme (zu derselben Frage RG WarnR 1933 Nr. 1 und LG Lüneburg JW 1925, 1046; vgl. auch Lucas JW 1925, 1720; Liman JW 1925, 1723; Friedrichs JW 1925, 2590); BGH DB 1966, 1350=MDR 1966, 917=WM IV B 1966, 1016=LM § 242 (A) BGB Nr. 41: Zur Rückzahlung eines in Berlin vor der Umtauschaktion 1957 (GBl. DDR 1957, 603) in DM-Ost hinterlegten Betrages.

[14] Vgl. § 30 des Rechtspflegergesetzes (RpflG) vom 5. 11. 1969 (BGBl. I 2065), auszugsweise abgedruckt als Anhang Nr. 6 und die Sonderregelung für die neuen Bundesländer (Anh. 13 Rd.Nr. 5 ff.).

[15] Abzulehnen ist die Ansicht von Drischler (Das Deutsche Bundesrecht II C 70, Erl. zu § 3 HO), es sei kaum vertretbar, die Geschäfte in Hinterlegungssachen, die Angelegenheiten der Justizverwaltung seien, dem Rechtspfleger zu übertragen. Die Geschäfte in Hinterlegungssachen sind nicht **nur** Angelegenheit der Justizverwaltung. Ihre Erledigung ist zugleich auch Rechtspflege („Rechtspflegerverwaltung") und gehört damit in den von § 1 RpflG umschriebenen Bereich.

IV. Bundes- oder Landesrecht   14, 15   **Vorbem.**

be gilt – da der Rechtspfleger hier keine ursprünglich richterlichen Geschäfte wahrnimmt – für die §§ 5 bis 8, 10 und 11 RpflG.

IV) **Die Hinterlegungsordnung – Bundes- oder Landesrecht?**

IV 1) Die Hinterlegungsordnung vom 10. März 1937 ist von der Reichsregierung[16] als Reichsgesetz beschlossen worden. Nach den Art. 124, 125 GG[17] bestimmt sich, ob und inwieweit sie als Bundesrecht oder als Landesrecht fortgilt.

Diese Frage ist immer noch streitig. Während nach Meinung des Bundes die Hinterlegungsordnung Bundesrecht geworden ist, verweisen die Länder darauf, daß die Hinterlegungsverfahren Angelegenheiten der Justizverwaltung seien und folgern hieraus, daß die Hinterlegungsordnung – jedenfalls überwiegend – Landesrecht geworden sei.[18]

Die Streitfrage kann verbindlich nur vom Bundesverfassungsgericht entschieden werden (Art. 126 GG). Solange dies nicht geschehen ist, bleibt die bisherige Ungewißheit bestehen.

IV 2) Dieser Zustand hat sich u. a. wie folgt ausgewirkt:
– Die Hinterlegungsordnung ist sowohl in die Sammlung des Bundesrechts (Bundesgesetzblatt Teil III) als auch in die von den meisten Ländern angelegten Sammlungen des Landesrechts aufgenommen worden.
– Die Hinterlegungsordnung ist sowohl durch Bundes- als auch durch Landesgesetze geändert worden:
  – Das Gesetz zur Wiederherstellung der Rechtseinheit usw. vom 12. 9. 1950 (BGBl. 455) hat die Änderungen der §§ 3, 9 HO durch die Zweite Kriegsmaßnahmenverordnung vom 27. 9. 1944 (RGBl. I 229) wieder rückgängig gemacht.
  – § 8 HO, der die Verzinsung hinterlegter Gelder betrifft, hat durch Landesgesetze eine in allen Ländern gleichlautende neue Fassung erhalten.[19]

---

[16] Vgl. dazu Art. 1 des sog. Ermächtigungsgesetzes vom 24. 3. 1933 (RGBl. I 141).
[17] Einschlägig ist hier Art. 125 in Verbindung mit Art. 74 Nr. 1 GG („das bürgerliche Recht, . . . das gerichtliche Verfahren . . ."). Für die Weitergeltung als Bundes- oder Landesrecht ist es unerheblich, ob der Bundesgesetzgeber die HO deshalb gemäß § 84 Abs. 1 GG als Bundesgesetz neu würde erlassen können, weil sie die Ausführung der die Hinterlegung anordnenden oder zulassenden Vorschriften des Bundesrechts zum Inhalt hat.
[18] In manchen Sammlungen der Länderrechte wird auf diese Streitfrage ausdrücklich hingewiesen, so z. B. in Fußnote 1 zu der in der Bayerischen Rechtssammlung unter der Gliederungsnummer 300-15-1-J abgedruckten Hinterlegungsordnung.
[19] Vgl. für **Baden-Württemberg**: Gesetz vom 23. 7. 1956 (GesBl. 106); für **Bayern**: Gesetz vom 29. 10. 1956 (BayBS III 148); für **Berlin**: Gesetz vom 12. 7. 1956

Vorbem. 16   Vorbemerkungen

– Durch das Rechtspflegergesetz vom 5.11.1969 (BGBl. I 2065)[20] ist § 3 HO neu gefaßt und sind die §§ 2, 32 HO aufgehoben worden.

Die Frage, ob und inwieweit die Hinterlegungsordnung als Bundes- oder Landesrecht fortgilt und ob die vorgenommenen Änderungen von der jeweils in Anspruch genommenen Gesetzgebungskompetenz gedeckt sind, ist für die Anwendung der Hinterlegungsordnung ohne Bedeutung.

Die Hinterlegungsstellen haben die ergangenen Gesetze zu beachten. Als Organe der Justizverwaltung haben sie auch nicht Möglichkeit, nach Art. 100 GG eine Entscheidung des Bundesverfassungsgerichts über die Wirksamkeit eines die Hinterlegungsordnung ändernden Gesetzes herbeizuführen.

16   IV 3) Das formelle Hinterlegungsrecht, das sich in der Hinterlegungsordnung und den hierzu ergangenen Ausführungsverordnungen findet, dürfte insgesamt einheitlich Bundesrecht geworden sein.

Dies ist zu folgern aus Art. 125 in Verbindung mit Art. 74 Nr. 1 GG (bürgerliches Recht, gerichtliches Verfahren). Das bürgerliche Recht ist hier als Zusammenfassung aller Normen zu verstehen, die herkömmlicherweise dem Zivilrecht zugerechnet werden.[21] Für die Auslegung dieses Begriffs, der sich bereits in der Reichsverfassung von 1871 (Art. 4 Nr. 13)[22] und in der Weimarer Reichsverfassung (Art. 7 Nr. 1) findet, ist die Auffassung maßgebend, die dem Bürgerlichen Gesetzbuch und dessen Einführungsgesetz zugrunde liegt.[23] Hiernach sind die Vorschriften über das Rechtsverhältnis zwischen den Beteiligten und der Hinterlegungsstelle dem bürgerlichen Recht zuzuordnen, weil das genannte Rechtsverhältnis seinerzeit als privatrechtliches Vertragsverhältnis angesehen worden ist.[24] Was andererseits die Vorschriften anbelangt, die die Einrichtung der Hinterlegungsstellen, Einzelheiten des Verfahrens und

---

(GVBl. 916); für **Bremen:** Gesetz vom 3.7.1956 (GesBl. 93); für **Hamburg:** Gesetz vom 3.7.1956 (GVBl. 138); für **Hessen:** Gesetz vom 18.10.1956 (GVBl. 147); für **Niedersachsen:** Gesetz vom 21.7.1956 (GVBl. 8b. I 485, 809); für **Nordrhein-Westfalen:** Gesetz vom 3.7.1956 (GV. NW. 183); für **Rheinland-Pfalz:** Gesetz vom 24.10.1956 (GVBl. 122); für das **Saarland:** Gesetz Nr. 779 vom 24.5.1963 (Amtsblatt 339); für **Schleswig-Holstein:** Gesetz vom 16.7.1956 (GVBl. 128).

[20] Die Kompetenz des Bundesgesetzgebers zum Erlaß dieses Gesetzes ist hergeleitet worden aus Art. 74 Nr. 1 („Gerichtsverfassung") und aus Art. 75 Nr. 1 GG.
[21] BVerfGE 11, 192, 199.
[22] I. d. F. des Gesetzes vom 20.12.1873 (RGBl. 379).
[23] BVerfGE 42, 20, 29 ff.
[24] Vgl. Planck, Komm. zum BGB, 4. Aufl., II. Bd. 1. Hälfte 1914, Vorbem. 4a vor § 372; ferner Mugdan, Die gesamten Materialien zum BGB, I. Bd. 1899 S. 328: Der Anspruch gegen die Hinterlegungsstelle auf Herausgabe sei ein unzweifelhaft zivilrechtlicher Anspruch.

die Erhebung von Gebühren regeln und damit Materien betreffen, die auch seinerzeit nicht dem bürgerlichen Recht zugerechnet worden sind, so unterfallen diese dem Kompetenzbegriff des gerichtlichen Verfahrens: Nach Art. 74 Nr. 1 GG erstreckt sich das Recht des Bundes zur Gesetzgebung nicht nur auf Gerichte im materiellen Sinne (Art. 92 GG), sondern auch auf die in der Form eines Gerichts organisierten Behörden.[25] Darüber hinaus sind diese vom übrigen formellen Hinterlegungsrecht nicht sinnvoll zu trennenden Vorschriften als Annex[26] oder als akzessorisches Verwaltungsverfahrensrecht[27] anzusehen, das gleichfalls der Gesetzgebungskompetenz des Bundes unterliegt und deshalb Bundesrecht geworden ist.

Erster Abschnitt
Allgemeine Bestimmungen

[Hinterlegungsstellen, Hinterlegungskassen]

§ 1 Die Hinterlegungsgeschäfte werden von Hinterlegungsstellen und Hinterlegungskassen wahrgenommen.

Die Aufgaben der Hinterlegungsstellen werden den Amtsgerichten übertragen.

Die Aufgaben der Hinterlegungskassen werden den Kassen der Justizverwaltung übertragen.

Übersicht:

I) **Hinterlegungsstellen und Hinterlegungskassen** (1)

II) **Hinterlegungsstellen**
 1) Amtsgerichte (2)
 2) Rechtspfleger (3)
 3) Hilfskräfte (4)
 4) Besondere Hinterlegungsstellen (5)

III) **Hinterlegungskassen** (6)

IV) **Örtliche Zuständigkeit**
 1) Keine Regelung in der Hinterlegungsordnung (7)
 2) Auswirkung der Zuordnung bestimmter Kassen zu den einzelnen Hinterlegungsstellen (8)
 3) Zuständigkeitsvorschriften des materiellen Hinterlegungsrechts (9)

I) Hinterlegungsstellen und Hinterlegungskassen

In die Hinterlegungsgeschäfte teilen sich Hinterlegungsstellen und Hinterlegungskassen. Wie sich aus dem Gesetz und den dazu ergangenen Verwaltungsvorschriften ergibt, sind die Hinterlegungsstellen für die Verfahrensentscheidungen zuständig, während die Aufgaben der

---

[25] BVerfGE 11, 192, 198/199.
[26] Vgl. BVerfGE 8, 143, 149.
[27] Vgl. BVerfGE 9, 185, 190.

§ 1 2–5   1. Abschnitt. Allgemeine Bestimmungen

Kassen im wesentlichen technischer Natur sind: Diese haben die zu hinterlegenden Gegenstände anzunehmen, herauszugeben, zu verwahren und zu verwalten und handeln dabei in der Regel nach den Anordnungen der Hinterlegungsstelle.

Die Hinterlegungsgeschäfte sind ausnahmslos beschleunigt zu behandeln.

II) **Hinterlegungsstellen**

2 II 1) Die Aufgaben der Hinterlegungsstellen sind den Amtsgerichten übertragen.[1] Über die Bedeutung dieser besonderen Übertragung vgl. Vorbem. vor § 1 Rdnr. 13.

3 II 2) Die Geschäfte der Hinterlegungsstelle sind durch § 3 Nr. 4 Buchst. b, § 30 RpflG[1] dem **Rechtspfleger** übertragen. Als solcher hat er sich im Schriftverkehr zu bezeichnen, indem er seiner Unterschrift das Wort „Rechtspfleger" beifügt (§ 12 RpflG). Über die Stellung des Rechtspflegers in Hinterlegungssachen s. Vorbem. vor § 1 Rdnr. 13.

Wer von mehreren Rechtspflegern eines Amtsgerichts für die Hinterlegungsgeschäfte zuständig ist, richtet sich nach der Geschäftsverteilung. Die Verteilung der Geschäfte unter den Rechtspflegern hat der Richter vorzunehmen, der die allgemeine Dienstaufsicht ausübt, in der Regel also der Präsident oder der Direktor des Amtsgerichts[2], [3].

4 II 3) Der Richter, der die allgemeine Dienstaufsicht ausübt, hat der Hinterlegungsstelle die erforderlichen Hilfs- (Schreib-, Büro-)kräfte zuzuteilen. Diese Bediensteten gehören zur Geschäftsstelle des Amtsgerichts (§ 153 GVG). Da die Hinterlegungsstelle eine selbständige Geschäftsstelle nicht hat, muß die Geschäftsstelle des Amtsgerichts auch der Hinterlegungsstelle zur Verfügung stehen.

5 II 4) Für die Hinterlegung in einigen besonderen Fällen sind in der Hinterlegungsordnung neben den Amtsgerichten besondere Hinterlegungsstellen vorgesehen (vgl. §§ 27, 30). Auf die Hinterlegung bei diesen finden die Vorschriften der Hinterlegungsordnung und die dazu

---

[1] Vgl. wegen der Sonderregelungen für die neuen Bundesländer Anh. 13 Rd. Nr. 2 ff.

[2] S. hierzu § 22 Abs. 3 GVG in Vbdg. mit den §§ 14, 15 der Verordnung zur einheitlichen Regelung der Gerichtsverfassung vom 20. 3. 1935 (RGBl. I 403, BGBl. III 300–5), die teils als Bundesrecht fortgilt, teils als Landesrecht fortgilt, soweit sie nicht durch späteres Landesrecht ersetzt worden ist.

[3] Wegen der Amtsbezeichnung des aufsichtsführenden Richters s. § 19a DRiG i. d. F. des Gesetzes vom 22. 12. 1975 (BGBl. I 3176). Daß die Amtsbezeichnung „Direktor des Amtsgerichts" dem aufsichtsführenden Richter zugeordnet ist, läßt sich der Übergangsvorschrift in Art. 3 des genannten Gesetzes entnehmen.

§ 1 Hinterlegungsstellen, Hinterlegungskassen 6–8 § 1

ergangenen Verwaltungsbestimmungen mit Ausnahme der Sondervorschriften in den §§ 28, 29 HO keine Anwendung. Wegen der Einzelheiten wird auf die Anmerkungen zu den §§ 27 und 30 verwiesen

III) Hinterlegungskassen

Die Aufgaben der Hinterlegungskassen sind den Kassen der Justizverwaltung übertragen. Einzelheiten über die Einrichtung und Tätigkeit dieser Kassen finden sich in entsprechenden Verwaltungsbestimmungen der Länder.[4]

Regelmäßig sind zu Hinterlegungskassen die **Gerichtskassen** bestellt. Diese werden bei der Annahme von Einzahlungen und Einlieferungen von den Gerichtszahlstellen unterstützt.

IV) Örtliche Zuständigkeit

IV 1) Die Hinterlegungsordnung enthält keine Vorschriften über die örtliche Zuständigkeit.

Sofern nicht nach materiellem Recht bei einer bestimmten Hinterlegungsstelle zu hinterlegen ist (vgl. unten Rdnr. 9), kann sich der Hinterleger an eine Hinterlegungsstelle seiner Wahl wenden.

IV 2) Aus der so begründeten Zuständigkeit der *Hinterlegungsstelle* ergibt sich zwingend die Zuständigkeit der *Hinterlegungskasse*. Es ist die Gerichtskasse, die die Kassengeschäfte des Amtsgerichts zu erledigen hat, dem die Hinterlegungsstelle angehört.

Zahlt oder liefert der Hinterleger bei der Hinterlegungskasse ein, ohne bereits einen Annahmeantrag gestellt zu haben, so gelten die vorstehenden Ausführungen entsprechend. Der Hinterleger ist grundsätzlich in der Wahl der Hinterlegungskasse frei. Hat er sich für eine bestimmte Hinterlegungskasse entschieden, so ergibt sich nunmehr zwangsläufig, daß örtlich zuständig nur die Hinterlegungsstelle sein kann, in deren Bezirk die angegangene Hinterlegungskasse liegt. Gehört zu dem Bezirk der Hinterlegungskasse nur eine Hinterlegungsstelle, so ist diese zuständig. Gehören zu ihrem Bezirk mehrere Hinterlegungsstellen, so hat der Hinterleger unter ihnen die Wahl; falls er eine solche Wahl nicht trifft, ist die Hinterlegungsstelle als zuständig anzusehen, die zu demselben Amtsgericht gehört wie die Hinterlegungskasse.

Wenn der Hinterleger bei der Gerichtszahlstelle eines Amtsgerichts einzahlt, dann wird man davon auszugehen haben, daß der Hinterleger die Hinterlegungsstelle desselben Amtsgerichts wählt.

---

[4] Vgl. dazu die Zusammenstellung in Piller/Hermann Justizverwaltungsvorschriften unter Abschnitt 5.

§ 3 1   1. Abschnitt. Allgemeine Bestimmungen

9   IV 3) Vorschriften des materiellen Hinterlegungsrechts über die **ausschließliche örtliche Zuständigkeit** von Hinterlegungsstellen sind nicht sehr zahlreich.

Es kommen hier u. a. Vorschriften des **Enteignungsrechts** in Betracht, die vorsehen, daß Geldentschädigungen bei der Hinterlegungsstelle zu hinterlegen sind, in deren Bezirk das von der Enteignung betroffene Grundstück liegt, z. B. § 118 BauGB.

Im Bereich der Zwangsvollstreckung regelt § 853 der **Zivilprozeßordnung,** wo der Drittschuldner einer mehrfach gepfändeten Geldforderung hinterlegen darf oder muß. Ebenso regelt der § 320 Abs. 2 der **Abgabenordnung** für den Fall, daß nur Pfändungsbeschlüsse von Vollstreckungsbehörden vorliegen, daß bei der Hinterlegungsstelle des Amtsgerichts zu hinterlegen ist, in dessen Bezirk die Vollstreckungsbehörde ihren Sitz hat, deren Pfändungsverfügung dem Drittschuldner zuerst zugestellt worden ist.

Für Hinterlegungen nach **§ 372 BGB** gibt es keine ausschließliche Zuständigkeit. Erfolgt die Hinterlegung jedoch nicht bei der Hinterlegungsstelle des Leistungsortes (§ 374 Abs. 1 Halbsatz 1 BGB), dann muß der Schuldner dem Gläubiger den daraus entstehenden Schaden ersetzen (§ 374 Abs. 1 Halbsatz 2 BGB), z. B. höhere Kosten bei der Herausgabe.

§ 2 *(aufgehoben)*
Die Vorschrift ist durch § 38 Abs. 2 Nr. 1 des Rechtspflegergesetzes vom 8. 11. 1969 (BGBl. I 2065) aufgehoben worden, weil nach diesem Gesetz an die Stelle des Urkundsbeamten der Geschäftsstelle der Rechtspfleger tritt.

[Rechtsbehelfe]

§ 3 Beschwerden gegen die Entscheidungen der Hinterlegungsstellen werden im Aufsichtsweg erledigt.
Gegen die Entscheidung des Land- oder Amtsgerichtspräsidenten ist der Antrag auf gerichtliche Entscheidung nach § 23 des Einführungsgesetzes zum Gerichtsverfassungsgesetz zulässig.
Ist durch die Entscheidung des Landgerichtspräsidenten (Amtsgerichtspräsidenten) ein Antrag auf Herausgabe abgelehnt worden, so ist für eine Klage auf Herausgabe gegen das Land der ordentliche Rechtsweg gegeben. Für die Klage ist ohne Rücksicht auf den Wert des Streitgegenstandes das Landgericht zuständig.

§ 3 Rechtsbehelfe

Übersicht:

I) **Vorbemerkung** (1)

II) **Gegenstand der Vorschrift**
1) Übersicht über die Rechtsbehelfe (2)
2) Anfechtbare Entscheidungen (3)
3) Entscheidendes Organ (4)
4) Form der Entscheidung (5)

III) **Die Beschwerde**
1) Gegenstand der Beschwerde (6–9)
2) Beschwerdeberechtigung (10)
   a) Formelle Beschwer (11)
   b) Materielle Beschwer (12)
3) Form und Frist der Beschwerde
   a) Form (13)
   b) Inhalt (14)
   c) Frist (15)
4) Aufschiebende Wirkung der Beschwerde (16)
5) Änderungsbefugnis (17)
6) Rückwirkung einer Änderung durch die Hinterlegungs- oder die Beschwerdestelle (18)
   a) Änderung einer Entscheidung negativen Inhalts (19)
   b) Änderung einer Entscheidung positiven Inhalts (20)
7) Reformatio in peius (21)
8) Instanzenzug (22)
9) Begründung und Bekanntmachung der Beschwerdeentscheidung (23)

IV) **Der Antrag auf gerichtliche Entscheidung** (24–26)

V) **Die Klage auf Herausgabe**
1) Öffnung des Rechtsweges (27)
2) Sachliche Zuständigkeit (28)
3) Beklagter (29)
4) Örtliche Zuständigkeit (30)

VI) **Die Dienstaufsichtsbeschwerde** (31)

I) Vorbemerkung

Die Vorschrift ist durch § 38 Abs. 2 Nr. 2 des Rechtspflegergesetzes vom 8. 11. 1969 (BGBl. I 2065) neu gefaßt worden. Dabei entspricht der neue Absatz 1 dem früheren Absatz 1 Satz 1.

II) Gegenstand der Vorschrift

II 1) § 3 regelt, auf welche Weise gegen Entscheidungen der Hinterlegungsstellen – z. B. gegen Entscheidungen, durch die ein Antrag auf Annahme oder ein Antrag auf Herausgabe abgelehnt worden ist – vorgegangen werden kann. § 3 nennt an Rechtsbehelfen, die gegen ergangene Entscheidungen gegeben sind,

– die Beschwerde (s. unten Rdnr. 6 ff.),
– den Antrag auf gerichtliche Entscheidung nach § 23 EGGVG (s. unten Rdnr. 24 ff.) und
– die Klage auf Herausgabe (s. unten Rdnr. 27 ff.).

§ 3 erwähnt nicht, ob ein Rechtsbehelf dann zulässig ist, wenn über einen Antrag oder eine Beschwerde ohne zureichenden Grund nicht innerhalb einer angemessenen Frist entschieden wird (s. dazu unten Rdnr. 26). Ferner bleibt unerwähnt die formlose Dienstaufsichtsbeschwerde (s. hierzu unten Rdnr. 31).

II 2) Es können nur Entscheidungen der **Hinterlegungsstellen** angefochten werden.

Die **Hinterlegungskassen** treffen keine Entscheidungen im verfahrensrechtlichen Sinn. Sie führen lediglich die Entscheidungen der Hinterlegungsstellen aus und sind mit der verwaltungstechnischen Durchführung der Hinterlegungsgeschäfte betraut. Maßnahmen der Hinterlegungskassen sind deshalb nicht anfechtbar.

4 II 3) Die Entscheidungen der Hinterlegungsstellen erläßt nur der **Rechtspfleger** (§ 30 RpflG), der hier als Glied der Justizverwaltung handelt (vgl. Vorbem. vor § 1 Rdnr. 13). Eine Richterzuständigkeit kann in Hinterlegungssachen weder im Wege der Vorlage durch den Rechtspfleger (§ 5 RpflG) noch durch Einlegung einer Erinnerung (§ 11 RpflG) begründet werden. Beide Möglichkeiten sind durch den § 32 RpflG ausgeschlossen.

5 II 4) Die Entscheidungen der Hinterlegungsstelle sind schriftlich abzufassen und dann zu begründen, wenn durch sie Anträge auf Annahme oder Herausgabe abgelehnt werden oder sie auf eine Beschwerde hin ergehen. Andere Entscheidungen müssen nur dann begründet werden, wenn es im Einzelfall erforderlich erscheint.

III) **Die Beschwerde**

6 III 1) *Gegenstand der Beschwerde*

Die Beschwerde ist nach § 3 Abs. 1 statthaft „gegen die Entscheidungen der Hinterlegungsstellen". Solange die Hinterlegungsstelle noch nicht entschieden hat, ist eine Beschwerde unzulässig.[1] Dies gilt auch für eine Eventualbeschwerde, die eingelegt wird für den Fall, daß eine Entscheidung in einem bestimmten Sinne ergehen sollte.[2,3]

7 Bei den anfechtbaren Entscheidungen unterscheidet man
- **Endentscheidungen** und
- **vorbereitende Verfügungen**

Die Endentscheidungen können einen positiven oder negativen Inhalt haben. Eine Entscheidung positiven Inhalts liegt vor, wenn die Hinterlegungsstelle die gewünschte Maßnahme anordnet, z.B. die Annahme zur Hinterlegung.

---

[1] Zur Frage, ob ein Gericht angerufen werden kann, wenn eine Entscheidung nicht innerhalb bestimmter Zeit ergeht, s. unten Rdnr. 26. Über die Dienstaufsichtsbeschwerde bei verzögerlicher Bearbeitung vgl. unten Rdnr. 31.
[2] Vgl. Keidel/Kuntze/Winkler, FG, Teil A, 12. Aufl. 1987, § 19 FGG, Rdnr. 51 für Eventualbeschwerden im Bereich der freiwilligen Gerichtsbarkeit; die Unwirksamkeit einer Beschwerde, die vor erlassener Entscheidung eingelegt ist, wird aber durch den späteren Erlaß geheilt.
[3] Wegen der zulässigen bedingten Beschwerde s. unten Rdnr. 17.

§ 3 Rechtsbehelfe

Um eine Entscheidung negativen Inhalts handelt es sich, wenn eine beantragte Maßnahme abgelehnt wird, z.B. die Herausgabe einer hinterlegten Sache.

Im Hinterlegungsverfahren sind als vorbereitende Verfügungen lediglich Zwischenverfügungen zulässig. Sie dienen dazu, behebbare Hindernisse, die einer positiven Endentscheidung entgegenstehen, zu beseitigen. Soweit durch eine Zwischenverfügung in die Rechte des Antragstellers eingegriffen wird (z.B. durch die Anordnung der Ergänzung eines Antrages), kann die Zwischenverfügung angefochten werden.

Nach Ansicht des OLG Frankfurt (Rpfleger 1974, 21) soll es auch in Hinterlegungsverfahren zulässig sein, einen **Vorbescheid** zu erlassen (so auch Vorauflage, Rdnr. 7 zu § 3 unter Hinweis auf die Entscheidung des OLG Frankfurt).

Dieser Meinung kann nicht gefolgt werden. Mit einem Vorbescheid wird angekündigt, daß in einem entscheidungsreifen Verfahren eine bestimmte Endentscheidung ergehen wird, falls nicht die Ankündigung binnen einer bestimmten Frist angefochten wird.

Solche Vorbescheide sind grundsätzlich unzulässig, da bei Entscheidungsreife eine Endentscheidung ergehen muß. Ausnahmsweise werden Vorbescheide im Erbscheins-[4] und Grundbuchverfahren[5] als zulässig erachtet, um Schäden zu vermeiden, die sich aus der **Publizitätswirkung** des Vollzugs der Entscheidung ergeben könnten. Da Entscheidungen in Hinterlegungsverfahren keine Publizitätswirkungen entfalten können, sind hier Vorbescheide unzulässig.[6]

Sollte jedoch ein (unzulässiger) Vorbescheid in einem Hinterlegungsverfahren ergehen, ist dieser nach § 3 anfechtbar.

III 2) *Beschwerdeberechtigung*

Wer beschwerdeberechtigt ist, wurde in der Hinterlegungsordnung nicht geregelt. Es gelten deshalb die allgemeinen Grundsätze, die von der Rechtsprechung auf anderen Gebieten entwickelt wurden.

III 2a) Beschwerdeberechtigt ist danach jedenfalls derjenige, der durch die angefochtene Entscheidung **formell beschwert** ist. Eine formelle Beschwer erleidet z.B. der Antragsteller, dessen Antrag ganz oder teilweise abgelehnt wird oder der Antragsgegner, wenn dem Antrag, dem er widersprochen hat, stattgegeben wird.

---

[4] Vgl. BGH NJW 1956, 987.
[5] Vgl. Böttcher in Rechtspfleger 1990, 482.
[6] Zur Gesamtproblematik des Vorbescheides s. Hähnlein, „Der Vorbescheid im Erkenntnisverfahren der freiwilligen Gerichtsbarkeit", Münster 1990.

12 III 2 b) Die Frage, ob auch demjenigen ein Beschwerderecht zusteht, der nur **materiell beschwert** ist, spielt im Hinterlegungsrecht praktisch keine Rolle.

Materiell beschwert ist z. B. derjenige, dessen Annahmeantrag nach § 6 S. 2 Nr. 1 HO durch Erlaß einer Annahmeordnung (§ 6 S. 1 HO) stattgegeben wurde.

Erkennt nun der Antragsteller nachträglich, daß ein Grund für eine Hinterlegung nicht besteht, so kann er seinen Irrtum dadurch korrigieren, daß er den Annahmeantrag zurücknimmt oder die Gegenstände, die er ursprünglich hat hinterlegen wollen, nicht einzahlt oder einliefert. Der Annahmeantrag wird dann als zurückgenommen angesehen.

Hat der Antragsteller jedoch bereits eingezahlt oder eingeliefert, so ist die Hinterlegung bewirkt (vgl. § 6 Rdnr. 2). Sie kann nicht ungeschehen gemacht werden, weil durch sie die Rechtslage zugunsten eines Beteiligten verändert worden sein kann. Es können Schuldverhältnisse erloschen oder Pfandrechte entstanden sein. In jedem Fall aber sind die formellen Rechte entstanden, die die Hinterlegungsordnung den am Verfahren Beteiligten zuerkennt (vgl. § 13 Rdnr. 11).

Es kann nicht darauf abgestellt werden, ob im Einzelfall eine Änderung der materiellen Rechtslage eingetreten ist, denn im Hinterlegungsverhältnis können die materiellen Rechtsverhältnisse nicht erschöpfend geprüft und kann prozessualen Entscheidungen nicht vorgegriffen werden.

Das Hinterlegungsverhältnis kann deshalb nicht durch eine Rückabwicklung der Annahme, sondern nur durch eine Herausgabe nach den §§ 12 ff. HO zum Erlöschen gebracht werden (vgl. § 18 Rdnr. 1). Es gelten hier ähnliche Gesichtspunkte, wie sie den Vorschriften der §§ 55, 62 FGG, § 71 Abs. 2 S. 1 GBO zugrunde liegen.

Wer die Herausgabe der Hinterlegungsmasse an einen anderen bewilligt hat (§ 13 Abs. 2 Nr. 1 HO) und nachträglich erkennt, daß die Bewilligung der Sachlage nicht entspricht, kann dies mit der Beschwerde gegen die Herausgabeanordnung (§ 12 HO) nicht erfolgreich geltend machen. Die Bewilligung kann als verfahrensrechtliche Erklärung wegen eines Willensmangels nicht angefochten und kann – nachdem die Herausgabe angeordnet ist – auch nicht mehr widerrufen werden (vgl. § 13 Rdnr. 37). Ist die Anordnung ausgeführt, d. h. die Hinterlegungsmasse herausgegeben, dann könnte dies durch Aufhebung der Herausgabeanordnung ohnehin nicht rückgängig gemacht werden (vgl. unten Rdnr. 20).

III 3) *Form und Frist der Beschwerde*

III 3 a) Eine bestimmte **Form** ist für die Beschwerde nicht vorgeschrieben. Desgleichen ist nicht bestimmt, wo die Beschwerde einzulegen ist.[7]

Doch wird die Beschwerde jedenfalls so eingelegt werden müssen, daß ihr Inhalt den zur Entscheidung berufenen Stellen zuverlässig zur Kenntnis gelangt. Die Beschwerde muß deshalb schriftlich oder zu Protokoll der Geschäftsstelle entweder bei der Hinterlegungsstelle oder bei der Beschwerdeinstanz einzulegen sein. Dabei ist eine Einlegung bei der Hinterlegungsstelle im Interesse der Beschleunigung des Verfahrens vorzuziehen.

Wird die Beschwerde von einem **Vertreter** eingelegt, so ist dessen Vertretungsbefugnis mangels besonderer Vorschriften hierüber nicht in jedem Falle nachzuweisen. Ein Nachweis kann aber dann verlangt werden, wenn die Bevollmächtigung zweifelhaft ist.

III 3 b) Ein bestimmter **Inhalt** der Beschwerde ist nicht vorgeschrieben. Sie muß jedoch die Person des Beschwerdeführers erkennen lassen, ferner, gegen welche Entscheidung sie sich richtet, und schließlich den Willen, diese Entscheidung überprüfen zu lassen.

III 3 c) Eine **Frist** ist für die Einlegung der Beschwerde – abgesehen von der Ausnahme in § 16 HO – nicht vorgesehen.

Wird jedoch die Beschwerde nach unangemessen langer Zeit eingelegt, so kann die besondere Lage des Falles es unter Umständen rechtfertigen, das Beschwerderecht als verwirkt anzusehen.[8]

III 4) *Aufschiebende Wirkung der Beschwerde*

Die Entscheidungen, die mit der Beschwerde angegriffen werden, sind in der Regel solche, durch die ein Antrag – z. B. auf Herausgabe – abgelehnt wird. Bei Entscheidungen dieser Art ist die Frage, ob die Beschwerde aufschiebende Wirkung hat, gegenstandslos.

Anders liegt es bei den verhältnismäßig seltenen Fällen, in denen sich die Beschwerde gegen eine positive Anordnung der Hinterlegungsstelle – z. B. gegen eine Herausgabeanordnung – richtet. Derartige Anordnungen werden sofort mit ihrem Erlaß wirksam.[9] Etwas anderes gilt allein für die Verfügung, durch die eine Frist nach § 16 HO bestimmt

---

[7] Ausnahme: § 16 Abs. 2 S. 2 HO.
[8] Vgl. zur Verwirkung des Beschwerderechts in der freiwilligen Gerichtsbarkeit Keidel/Kuntze/Winkler, FG Teil A, 12. Aufl. 1987, § 21 FGG, Rdnr. 22.
[9] Vgl. auch § 16 FGG, der das Wirksamwerden gerichtlicher Verfügungen im Bereich der freiwilligen Gerichtsbarkeit regelt, und § 24 FGG über die aufschiebende Wirkung von Beschwerden.

wird. Diese Verfügung erlangt erst mit der Rechtskraft Wirksamkeit (vgl. § 16 Abs. 5 HO). Die in allen anderen Fällen sofort eintretende Wirksamkeit kann durch Einlegung der Beschwerde nicht wieder aufgehoben werden.[10] Die Hinterlegungskasse kann eine Herausgabeanordnung also auch dann noch ausführen, wenn sie weiß, daß Beschwerde eingelegt ist. Es empfiehlt sich allerdings, daß die Hinterlegungskasse in einem solchen Falle bei der Hinterlegungsstelle anfragt, ob sie die Ausführung zunächst zurückstellen soll, oder daß die Hinterlegungsstelle dann, wenn Beschwerde eingelegt wird, eine entsprechende Weisung von sich aus an die Hinterlegungskasse gibt. Auch kann die Stelle, die zur Entscheidung über die Beschwerde berufen ist, ein gleichartiges Ersuchen an die Hinterlegungskasse richten.

Entsprechendes gilt für die weitere Beschwerde (vgl. unten Rdnr. 22).

17 III 5) *Änderungsbefugnis*

Die Hinterlegungsstelle – und ebenso auch die Beschwerdestelle – kann eine von ihr getroffene Verfügung ändern, solange diese noch nicht ausgeführt ist. Dies ist durch Umkehrschluß aus § 16 Abs. 2 S. 3 HO zu folgern, der die Änderungsbefugnis für einen bestimmten Fall ausschließt.

Es ist deshalb statthaft und u. U. ratsam, daß ein Beteiligter, der sich durch eine Entscheidung der Hinterlegungsstelle beschwert fühlt, nicht sogleich förmliche Beschwerde einlegt, sondern zunächst **Gegenvorstellungen** bei der Hinterlegungsstelle erhebt mit dem Ziel, diese zu einer Änderung ihrer Entscheidung zu veranlassen. Da die Gegenvorstellungen sich gegen eine schon vorliegende und nicht gegen eine erst beabsichtigte Entscheidung richten, kann der Beschwerdeberechtigte mit seinen Gegenvorstellungen – anders als in dem Fall unter Rdnr. 6 – die Beschwerde verbinden für den Fall, daß seinen Gegenvorstellungen nicht entsprochen wird (sog. „bedingte Beschwerde").

Es ist ferner statthaft, daß die Hinterlegungsstelle auf die Beschwerde hin – insbesondere wenn diese bei ihr eingelegt wird – die angefochtene Entscheidung abändert und der Beschwerde damit **abhilft.** Es fehlen jedoch dem § 571 ZPO oder § 306 Abs. 2 StPO entsprechende Vorschriften, so daß vor der Entscheidung über die Beschwerde nicht jeweils geprüft werden muß, ob die Hinterlegungsstelle abhelfen will oder nicht.

---

[10] Nach § 80 Abs. 1 VwGO hat dagegen der Widerspruch gegen einen Verwaltungsakt grundsätzlich aufschiebende Wirkung, doch ist die Einlegung des Widerspruchs an eine Frist gebunden: erst mit Ablauf dieser Frist oder nach anderweitigem Eintritt der Unanfechtbarkeit wird der Verwaltungsakt in der Regel vollziehbar.

§ 3 Rechtsbehelfe

III 6) *Rückwirkung einer Änderung durch die Hinterlegungs- oder die Beschwerdestelle* **18**

Gegenvorstellung und Beschwerde haben zum Ziel, eine Entscheidung zu erwirken, durch die die angefochtene Entscheidung zugunsten des anfechtenden Beteiligten abgeändert wird.

Dabei kann die ändernde Entscheidung die frühere Verfügung mit rückwirkender Kraft (ex tunc) oder nur für die Zukunft (ex nunc) aufheben:

a) Wird eine **Verfügung negativen Inhalts,** durch die ein Antrag **19** abgelehnt worden ist, durch eine positive Entscheidung ersetzt, so kommt dieser neuen Entscheidung eine Rückwirkung nicht zu.[11] Hier kann auch durch Zeitablauf eine ändernde Verfügung nicht gegenstandslos werden.

Beispiel: A beantragt, einen Gegenstand zur Hinterlegung anzunehmen. Die Hinterlegungsstelle lehnt den Antrag ab. Diese Entscheidung kann auf Beschwerde hin jederzeit geändert, die beantragte Annahmeanordnung kann jederzeit erlassen werden.

b) Anders verhält es sich bei **Entscheidungen positiven Inhalts.** **20** Sind diese bereits vollzogen, so lassen sich die eingetretenen Wirkungen durch eine Aufhebung der Entscheidung nicht mehr beseitigen.

Beispiele:

1. A und B sind am Hinterlegungsverhältnis beteiligt. Auf Antrag des A hat die Hinterlegungsstelle die Herausgabe an ihn angeordnet. Ist bereits an A herausgegeben, so läßt sich dies nicht mehr im Wege einer Beschwerdeentscheidung ungeschehen machen.

2. A ist gemeinsam mit B Eigentümer eines Wertpapieres. Er beantragt, dieses zum Zwecke der sicheren Verwahrung zur Hinterlegung anzunehmen. Die Annahmeanordnung ergeht antragsgemäß. A liefert das Wertpapier bei der Hinterlegungskasse ein. Dann merkt A, daß die Annahme mangels eines gesetzlichen Hinterlegungsgrundes (vgl. § 6 Rdnr. 9) nicht hätte angeordnet werden dürfen. A möchte das Wertpapier zurückerhalten. Im Wege einer Beschwerde gegen die Annahmeanordnung läßt sich dies nicht erreichen, weil die Anordnung ausgeführt und die Hinterlegung damit bewirkt ist (vgl. oben Rdnr. 12). A muß die Herausgabe an sich beantragen und seine Empfangsberechtigung nachweisen (§ 13 HO).

Die Sicherheit des Rechtsverkehrs und der notwendige Vertrauensschutz erfordern es, daß es bei den einmal eingetretenen Wirkungen einer Entscheidung verbleibt, mag es sich auch um einen fehlerhaften Verwaltungsakt handeln. Eine Änderung mit rückwirkender Kraft kommt deshalb auch hier – ebenso wie bei Verfügungen negativen Inhalts – nicht in

---

[11] Vgl. Keidel/Kuntze/Winkler, FG Teil A, 12. Aufl. 1987, § 18 FGG, Rdnr. 40.

Betracht. Es ist dies eine Folge der Tatsache, daß Entscheidungen positiven Inhalts nicht erst mit Eintritt der Unanfechtbarkeit, sondern sofort mit ihrem Erlaß wirksam und vollziehbar werden (vgl. oben Rdnr. 12). Zum Schutz des Rechtsverkehrs kann eine Anfechtung oder eine von Amts wegen vorgenommene Änderung nur eingeschränkte Wirkungen haben[12] und deshalb nicht unbeschränkt zulässig sein:

– Eine Entscheidung positiven Inhalts kann nur mit Wirkung für die Zukunft (ex nunc) aufgehoben werden. Dennoch kann die Aufhebung bisweilen praktisch bedeutsam sein, nämlich dann, wenn die angefochtene Entscheidung noch nicht vollzogen worden ist. In diesem Fall ist eine Beschwerde zulässig.[13]

– Ist die angefochtene positive Entscheidung jedoch vollzogen, so ist eine Beschwerde unzulässig, weil sie nicht zur Beseitigung der eingetretenen Wirkungen führen kann (vgl. Beispiele zu Rdnr. 20).[14] Daß die Anfechtung einer vollzogenen Herausgabeanordnung nicht zulässig ist, ergibt sich aus § 18 HO (s. dort Rdnr. 1).

21 III 7) *Reformatio in peius*

Die Beschwerdeinstanz kann mangels gegenteiliger Vorschriften die angefochtene Entscheidung auch zu ungunsten des Beschwerdeführers ändern. Die Zulässigkeit einer solchen reformatio in peius folgt aus der allgemeinen Befugnis der Aufsichtsbehörde, über die Rechtmäßigkeit des Handelns der nachgeordneten Instanz zu wachen.

22 III 8) *Instanzenzug*

Sei die Geschäfte der Hinterlegungsstelle dem Rechtspfleger ohne jede Einschränkung übertragen worden sind,[15] kann der Richter in Hinterlegungssachen nicht mehr tätig werden (§ 32). Es ist deshalb unmittelbar die Beschwerde gegen die Entscheidung des Rechtspflegers statthaft.

Da über die Beschwerde im **Aufsichtsweg** entschieden wird, ist die Stelle zur Entscheidung über die Beschwerde berufen, der die allgemeine Dienstaufsicht über den Rechtspfleger zusteht. Der Beschwerdeweg ist demnach verschieden je nachdem, ob das Amtsgericht, dem die Hinterlegungsstelle angehört, von einem Direktor oder von einem Präsidenten geleitet wird:

---

[12] Vgl. Keidel/Kuntze/Winkler, FG Teil A, 12. Aufl. 1987, § 18 FGG, Rdnr. 28 ff.
[13] Unzulässig wäre allerdings die Beschwerde des Antragstellers gegen eine antragsgemäß erlassene Annahmeanordnung, weil hier das Rechtsschutzbedürfnis fehlt.
[14] Ebenso OLG Frankfurt Rpfleger 1974, 21.
[15] Durch § 3 Nr. 4 Buchst. b, § 30 RpflG (BGBl. 1969 I 2065).

§ 3 Rechtsbehelfe

– Ist bei einem Amtsgericht die allgemeine Dienstaufsicht einem Richter mit der Amtsbezeichnung „Direktor des Amtsgerichts"[16] übertragen, so ist dieser zur Entscheidung über die Beschwerde zuständig, weil ihm die allgemeine Dienstaufsicht über den Rechtspfleger zusteht. Gegen die Entscheidung des Direktors des Amtsgerichts ist die weitere Beschwerde an den ihm übergeordneten Präsidenten des Land- oder Amtsgerichts[17] gegeben.[18]

– Ist die allgemeine Dienstaufsicht einem Richter mit der Amtsbezeichnung „Präsident des Amtsgerichts" übertragen, so entscheidet dieser über Beschwerden gegen eine Entscheidung des Rechtspflegers unmittelbar.

Gegen die Entscheidung des Präsidenten des Amtsgerichts wie auch gegen die des Präsidenten des Landgerichts kann weitere Beschwerde zum Präsidenten des Oberlandesgerichts nicht erhoben werden. Dies ist zu folgern aus § 3 Abs. 2 HO. Hiernach ist gegen die Entscheidung des Präsidenten des Land- oder Amtsgerichts der Antrag auf gerichtliche Entscheidung nach § 23 EGGVG zulässig. Das (förmliche) Beschwerdeverfahren, das durchlaufen sein muß, bevor der Antrag auf gerichtliche Entscheidung gestellt werden kann (§ 24 Abs. 2 EGGVG), endet mit der Entscheidung des Präsidenten des Land- oder Amtsgerichts[19] (s. allerdings wegen der – formlosen – Dienstaufsichtsbeschwerde unten Rdnr. 31).

III 9) *Begründung und Bekanntmachung der Beschwerdeentscheidung* 23

Entscheidungen, die auf Beschwerden ergehen, sind schriftlich zu begründen. Hierher wird man auch solche Entscheidungen zu zählen

---

[16] Vgl. § 19a DRiG i.d.F. des Gesetzes zur Änderung von Bezeichnungen der Richter und ehrenamtlichen Richter vom 22. 12. 1975 (BGBl. I 3176), das auf dem Beschluß des Bundesverfassungsgerichts vom 27. 6. 1974 (BVerfGE 38, 1) zurückgeht.

[17] U. U. übt anstelle des Präsidenten des Landgerichts der Präsident eines anderen Amtsgerichts die Dienstaufsicht über ein Amtsgericht aus, dem ein Direktor vorsteht. Dies ergibt sich aus § 14 Abs. 3 der Verordnung zur einheitlichen Regelung der Gerichtsverfassung vom 20. 3. 1935 (RGBl. I 403, BGBl. III 300-5) und §§ 22 a, 22 b Abs. 4 GVG; vgl. ferner Abschnitt VI der AV vom 2. 4. 1935 (DJ 549).

[18] Etwas anderes gilt in dem Fall des § 16 Abs. 2 Satz 2, 3 HO. In diesem Sonderfall der Beschwerde gegen eine Fristbestimmung des Rechtspflegers wird der Präsident des Land-(Amts-)gerichts ausnahmslos unmittelbar befaßt. Bei kleineren Amtsgerichten ist also – anders als in den Fällen des § 3 HO – der Direktor des Amtsgerichts ausgeschaltet. Diese ausdrückliche gesetzliche Regelung erklärt sich aus dem besonderen Charakter des Verfahrens nach § 16 HO, insbesondere dem hier bestehenden Beschleunigungsbedürfnis.

[19] Aus § 16 Abs. 3 HO ist nicht das Gegenteil zu entnehmen. Diese Vorschrift knüpft lediglich an die frühere Fassung des § 3 HO an, nach dessen Absatz 3 die weitere Beschwerde an den Oberlandesgerichtspräsidenten zulässig war.

haben, die die Hinterlegungsstelle erlassen hat, um einer Beschwerde abzuhelfen (vgl. oben Rdnr. 17). Auch diese Entscheidungen ergehen, weil Beschwerde eingelegt worden ist.

Über die Art, in der Entscheidungen über Beschwerden bekanntzumachen sind, ist in der HO nichts geregelt. Nur in § 16 Abs. 3 HO wird die Zustellung nach den Vorschriften der ZPO verlangt. Daß jedoch die Entscheidung des Präsidenten des Land- oder Amtsgerichts auch in anderen Fällen **förmlich zuzustellen** ist – jedenfalls dann, wenn durch die Entscheidung ein Beteiligter beschwert wird –, folgt aus § 26 Abs. 1 EGGVG: Die Monatsfrist für den Antrag auf gerichtliche Entscheidung wird nur durch „Zustellung des Beschwerdebescheids" in Lauf gesetzt.

Eine Rechtsmittelbelehrung braucht der Beschwerdeentscheidung nicht beigefügt zu werden.[20]

24 IV) Der Antrag auf gerichtliche Entscheidung

Nach § 3 Abs. 2 HO ist gegen eine Entscheidung des Präsidenten des Land- oder Amtsgerichts der Antrag auf gerichtliche Entscheidung nach § 23 EGGVG zulässig. Dies gilt nicht uneingeschränkt: Hat der Präsident mit seiner Entscheidung einen Antrag auf Herausgabe abgelehnt, so kann hiergegen nur durch Klage auf Herausgabe gem. § 3 Abs. 3 HO vorgegangen werden[21] (s. dazu unten Rdnr. 40). Diese Klage schließt ein Verfahren nach § 23 EGGVG aus (vgl. § 23 Abs. 3 EGGVG).

25 Der Antrag auf gerichtliche Entscheidung ist erst dann zulässig, wenn das Beschwerdeverfahren durch eine Entscheidung des Präsidenten des Land- oder Amtsgerichts abgeschlossen ist (§ 24 Abs. 2 EGGVG), vorausgesetzt, daß eine Beschwerde überhaupt zulässig ist. Der Antrag ist innerhalb eines Monats nach Zustellung der Beschwerdeentscheidung zu stellen (§ 26 Abs. 1 EGGVG).

26 Ausnahmsweise kann eine gerichtliche Entscheidung schon dann beantragt werden, bevor der Antragsteller das Beschwerdeverfahren durchlaufen oder überhaupt eine Entscheidung erwirkt hat: nämlich dann, wenn über einen Antrag oder eine Beschwerde nicht innerhalb von drei Monaten entschieden ist (§ 27 Abs. 1 Satz 1 EGGVG). Ausnahmsweise kann das Gericht sogar noch früher angerufen werden (Satz 2 aaO).

Wegen der Einzelheiten vgl. die §§ 23 ff. EGGVG.

---

[20] BGH MDR 1974, 831 = Rpfleger 1974, 305.
[21] OLG Frankfurt OLGZ 1974, 358 = Rpfleger 1974, 227.

§ 3 Rechtsbehelfe

V) **Die Klage auf Herausgabe**

V 1) Hat jemand bei der Hinterlegungsstelle einen Antrag auf Herausgabe (§ 13 HO) gestellt und damit keinen Erfolg gehabt und hat auf Beschwerde hin der Präsident des Land- oder Amtsgerichts den Antrag endgültig ablehnend beschieden, dann kann der Antragsteller Klage auf Herausgabe erheben.

Er macht damit einen öffentlich-rechtlichen Anspruch geltend (Vorbem. vor § 1 Rdnr. 12), für den kraft ausdrücklicher Zuweisung (§ 3 Abs. 3 Satz 1 HO) der Rechtsweg zu den ordentlichen Gerichten eröffnet ist.[22] Ein Antrag auf gerichtliche Entscheidung nach § 23 EGGVG ist daneben nicht zulässig (s. oben Rdnr. 24).

Die Entscheidung über eine Klage auf Herausgabe ist den ordentlichen Gerichten unter dem Vorbehalt zugewiesen worden, daß der Klage ein Vorverfahren vorausgegangen ist, das mit einer Entscheidung des Präsidenten des Land- oder Amtsgerichts geendet hat.

Die Klage ist also erst zulässig, wenn ein Antrag auf Herausgabe bei der Hinterlegungsstelle gestellt und der Beschwerdeweg erschöpft ist. Das Prozeßgericht hat von Amts wegen zu prüfen, ob diese Voraussetzung für die Öffnung des Rechtsweges vorliegt. Solange der Präsident des Land- oder Amtsgerichts noch nicht entschieden hat, ist die Klage als zur Zeit unzulässig abzuweisen.[23]

V 2) Für die Klage auf Herausgabe ist sachlich ausschließlich das **Landgericht** zuständig (§ 3 Abs. 3 Satz 2 HO). Auf die Höhe des Streitwertes kommt es nicht an.

V 3) Die Klage ist gegen das **Land** zu richten. Dieses wird in der Regel durch den Generalstaatsanwalt bei dem Oberlandesgericht vertreten, in dessen Bezirk die betroffene Hinterlegungsstelle ihren Sitz hat.[24]

V 4) Der Sitz des zur Vertretung berufenen Generalstaatsanwalts bestimmt, welches Landgericht für die zu erhebende Klage örtlich zuständig ist (§ 18 ZPO).

VI) **Die Dienstaufsichtsbeschwerde**

Während gegen Entscheidungen der Hinterlegungsstellen in der Sache nach § 3 Abs. 1 HO die (förmliche) Beschwerde zulässig ist, kann mit der allgemeinen Dienstaufsichtsbeschwerde das persönliche Verhal-

---

[22] Vgl. Albers in Baumbach/Lauterbach ZPO, 50. Auflage 1992, § 13 GVG Anm. 6 D und Gummer in Zöller ZPO, 17. Auflage 1991, § 13 GVG Rdnr. 54.
[23] S. hierzu Thomas/Putzo, ZPO, 16. Auflage 1990, Vorbem. III A 1 vor § 253 und Gummer in Zöller ZPO, 17. Auflage 1991, § 13 GVG Rdnr. 53.
[24] Vgl. die Übersicht über die Vertretungsvorschriften der Länder im Anhang Nr. 5.

ten eines Bediensteten gerügt werden. Diese Beschwerde richtet sich an den Dienstvorgesetzten und hat zum Ziel, ihn zu dienstaufsichtlichen Maßnahmen zu veranlassen.

Dienstaufsichtsbeschwerde kann etwa eingelegt werden, um geltend zu machen, eine Hinterlegungssache werde verzögerlich bearbeitet.[25] Sie bedarf keiner Form, ist nicht fristgebunden und hemmt nicht die Vollziehung einer Entscheidung.

Es entscheidet
- über Dienstaufsichtsbeschwerden gegen einen Bediensteten der Hinterlegungsstelle der aufsichtsführende Richter des Amtsgerichts, dem die Hinterlegungsstelle angehört;
- über Dienstaufsichtsbeschwerden im Kassenbetrieb der Vorstand der Behörde, der die Kasse angehört.

Gegen die auf eine Dienstaufsichtsbeschwerde ergangene Verfügung kann weitere Dienstaufsichtsbeschwerde eingelegt werden. Der Beschwerdeweg endet bei der Landesjustizverwaltung (dem Minister oder Senator für Justiz).

Im Verfahren über Dienstaufsichtsbeschwerden werden Gebühren nicht erhoben.

[Abgabe an eine andere Hinterlegungsstelle]

§ 4 Die Hinterlegungsstelle kann eine bei ihr anhängige Sache aus wichtigen Gründen an eine andere Hinterlegungsstelle abgeben, wenn diese zur Übernahme bereit ist. Einigen sich die Stellen nicht, so entscheidet die gemeinschaftliche Aufsichtsbehörde.

Übersicht

I) **Abgabe – Voraussetzungen und Verfahren**
1) Abgabe nur anhängiger Sachen (1)
2) Abgabe nur aus wichtigen Gründen (2)
3) Übernahme durch die andere Hinterlegungsstelle (3, 4)
4) Wechsel der Hinterlegungskasse (5)
5) Abgabe von Amts wegen oder auf Antrag (6)
6) Entscheidung von Streitigkeiten
   a) Streitigkeiten zwischen den Hinterlegungsstellen (7, 8)
   b) Beschwerde der Beteiligten (9)

II) **Übertragung der Hinterlegung auf ein Kreditinstitut** (10)

I) Abgabe – Voraussetzungen und Verfahren

§ 4 läßt unter bestimmten Voraussetzungen die Abgabe von einer Hinterlegungsstelle an eine andere zu.

---

[25] S. auch oben Rdnr. 26 zur Frage, ob ein Gericht angerufen werden kann, wenn eine Entscheidung nicht innerhalb bestimmter Zeit ergeht.

§ 4 Abgabe an eine Hinterlegungsstelle

I 1) Nur **anhängige** Sachen können abgegeben werden. Als anhängig i. S. des § 4 ist eine Sache erst anzusehen, wenn die Hinterlegung bewirkt, d. h. wenn die Annahmeanordnung erlassen und die Einzahlung oder Einlieferung geschehen ist (vgl. § 6 Rdnr. 2). Deshalb ist eine Abgabe vor diesem Zeitpunkt ausgeschlossen.

Eine andere Auslegung des Gesetzes würde leicht zu einer Schädigung des Hinterlegers führen, denn dieser hat meist ein Interesse daran, den Hinterlegungsschein (vgl. § 6 Rdnr. 27) alsbald zu erhalten. Er darf nicht der Gefahr ausgesetzt werden, daß sich die Erteilung des Hinterlegungsscheins durch Zuständigkeitserörterungen verzögert.

I 2) Die Abgabe an eine andere Hinterlegungsstelle darf nur aus **wichtigen Gründen** geschehen. Ob solche vorliegen, ist im Einzelfall nach Lage der Dinge zu entscheiden. Dabei dürften vor allem Gründe der Praktibilität den Ausschlag geben.

Für einen häufiger vorkommenden Fall schreibt z. B. § 3 BayAVHO (wie auch Ausführungsvorschriften anderer Länder) vor:

„Sind Mietzinsen bei einer anderen Hinterlegungsstelle hinterlegt worden als der, in deren Bezirk das Grundstück liegt, so ist die Sache an diese Stelle abzugeben."

Hier liegen die wichtigen Gründe der Abgabe darin, daß es erwünscht ist, wenn die unter Umständen zahlreichen Mietzinsbeträge übersichtlich am Ort der belegenen Sache zusammengezogen werden.

I 3) Die andere Hinterlegungsstelle muß **zur Übernahme bereit** sein. Daraus folgt, daß die Abgabe nicht einseitig von der bisherigen Hinterlegungsstelle verfügt werden kann. Vielmehr setzt die Abgabe eine übereinstimmende Willensäußerung der bisherigen und der neuen Hinterlegungsstelle voraus.

Praktisch wird sich das Abgabeverfahren meist so vollziehen, daß die bisherige Hinterlegungsstelle die Akten der anderen Hinterlegungsstelle übersendet und sie unter kurzer Begründung um Übernahme der Sache ersucht. Lehnt diese Hinterlegungsstelle die Übernahme ab, so sendet sie die Akten zurück, und es bleibt der bisherigen Hinterlegungsstelle die Möglichkeit, die gemeinschaftliche Aufsichtsbehörde anzurufen (s. unten Rdnr. 7). Liegen die Voraussetzungen des § 3 BayAVHO vor – hinterlegte Mietzinsen –, so darf die Übernahme nicht abgelehnt werden. Übernimmt die neue Hinterlegungsstelle die Sache, so verfügt sie die Übernahme in den Akten und gibt der bisherigen Hinterlegungsstelle von der Übernahme unter Mitteilung des neuen Aktenzeichens Nachricht. Damit ist die Abgabe vollzogen. Die neue Hinterlegungsstelle hat dann die Beteiligten von der Abgabe zu benachrichtigen.

5 I 4) Ein Wechsel der Hinterlegungsstelle hat einen entsprechenden **Wechsel der Hinterlegungskasse** zur Folge. Die bisherige Hinterlegungsstelle hat deshalb die bisherige Hinterlegungskasse und die neue Hinterlegungsstelle die neue Hinterlegungskasse von der Abgabe unverzüglich zu benachrichtigen, damit auch die Hinterlegungsmasse alsbald abgegeben werden kann.

6 I 5) Abgegeben werden kann **von Amts wegen** oder **auf Antrag** eines Beteiligten.

7 I 6a) Ein **Streit über die Abgabe** zwischen den Hinterlegungsstellen wird im Aufsichtsweg entschieden (§ 4 Satz 2). Zuständig ist der gemeinschaftliche Präsident des Land- oder Amtsgerichts, der gemeinschaftliche Präsident des Oberlandesgerichts oder der Justizminister oder -senator, wenn die Hinterlegungsstellen demselben Lande angehören.

Da das Hinterlegungswesen eine Angelegenheit der Justizverwaltung ist, kann die Aufsichtsbehörde den Streit über die Abgabe auch in der Weise entscheiden, daß sie die Abgabe an eine dritte – ihrer Dienstaufsicht unterstehende – Hinterlegungsstelle anordnet.

8 Gehören die Hinterlegungsstellen verschiedenen Ländern an, so gibt es keine gemeinschaftliche Aufsichtsbehörde. Dies ist insbesondere nicht der Bundesjustizminister, denn ihm stehen gegenüber den Landesjustizverwaltungen und Landesjustizbehörden keine Aufsichtsbefugnisse zu. In diesem Fall bleibt es bei der Regelung des § 4 Satz 1, d. h. eine Hinterlegungsstelle im Freistaat Bayern kann eine Hinterlegungssache nur dann an eine Hinterlegungsstelle im Freistaat Sachsen abgeben, wenn diese zur Übernahme bereit ist.

9 I 6b) Die Beteiligten haben das Recht der **Beschwerde** nach § 3 Abs. 1 HO sowohl dann, wenn gegen ihren Willen abgegeben worden ist, als auch dann, wenn ihrem Antrag, die Sache abzugeben, nicht entsprochen worden ist.

Ist abgegeben worden, dann kann die Verfügung der abgebenden Hinterlegungsstelle, aber auch die Verfügung der anderen Hinterlegungsstelle, mit der diese die Sache übernommen hat, mit der Beschwerde angefochten werden.

Ist eine Abgabe abgelehnt worden, dann kommt es darauf an, woran die Abgabe gescheitert ist: Hat bereits die bisherige Hinterlegungsstelle eine Abgabe abgelehnt, dann ist diese Entscheidung anfechtbar; hat die andere Hinterlegungsstelle die Übernahme abgelehnt, so hat sich die Beschwerde hiergegen zu richten.

10 II) § 4 HO bezieht sich nur auf die Abgabe von der Hinterlegungsstelle bei einem Amtsgericht an die Hinterlegungsstelle bei einem an-

§ 5 Zur Hinterlegung geeignete Sachen   1–3 § 5

deren Amtsgericht. Soll eine Hinterlegungssache von der Hinterlegungsstelle bei einem Amtsgericht an ein gemäß § 27 oder § 33 HO als Hinterlegungsstelle bestimmtes **Kreditinstitut** abgegeben werden, so ist § 4 nicht anwendbar. Es bedarf in diesem Fall einer förmlichen Herausgabe, durch die das Hinterlegungsverfahren bei den Justizbehörden beendet wird, und einer neuen Hinterlegung bei dem Kreditinstitut.

Zweiter Abschnitt
Annahme

[Zur Hinterlegung geeignete Sachen]
§ 5 Zur Hinterlegung werden Geld, Wertpapiere und sonstige Urkunden sowie Kostbarkeiten angenommen.

Übersicht

I) **Hinterlegungsfähige Gegenstände** (1, 2)
II) **Geld- und Werthinterlegungen** (3)
III) **Die hinterlegungsfähigen Gegenstände im einzelnen**
  1) Geld (4)
  2) Wertpapiere (5–10)
  3) Sonstige Urkunden (11)
  4) Kostbarkeiten (12, 13)

I) Hinterlegungsfähige Gegenstände

In Anlehnung an § 372 BGB zählt § 5 HO die Gegenstände auf, die 1
zur Hinterlegung angenommen werden können. Andere als die in § 5 bezeichneten Gegenstände sind – jedenfalls soweit eine Hinterlegung nach den Vorschriften der Hinterlegungsordnung in Betracht kommt[1] – nicht hinterlegungsfähig und dürfen nicht zur Hinterlegung angenommen werden.

Bei der Prüfung, ob Gegenstände hinterlegungsfähig sind, ist aller- 2
dings nicht engherzig zu verfahren, damit möglichst in allen Fällen, in denen sich das Bedürfnis für eine Hinterlegung zeigt, dem Begehren des Antragstellers entsprochen werden kann.

II) Geld- und Werthinterlegungen

Für die geschäftsmäßige Behandlung werden unterschieden: 3
- **Geldhinterlegungen:** Sie liegen vor, wenn Geld hinterlegt wird, das in das Eigentum übergeht (§ 7 Abs. 1 HO).
- **Werthinterlegungen:** Dies sind alle anderen Hinterlegungen. Hier wird die Hinterlegungsmasse unverändert aufbewahrt (§ 7 Abs. 2, § 9 Abs. 1 HO).

---

[1] Wegen anderer Arten der Hinterlegung vgl. Vorbem. vor § 1 Rdnr. 11.

III) Die hinterlegungsfähigen Gegenstände im einzelnen

4 III 1) **Geld** sind die im Verkehr allgemein anerkannten Zahlungsmittel. § 7 HO unterscheidet

– gesetzliche Zahlungsmitttel: Es sind die auf Deutsche Mark lautenden Noten, die von der Bundesbank ausgegeben werden, und die Bundesmünzen (§ 1 Abs. 2 des Währungsgesetzes,[2] §§ 2, 3 des Gesetzes über die Ausprägung von Scheidemünzen;[3]

– gesetzlich zugelassene Zahlungsmittel: Solche gibt es gegenwärtig nicht;[4]

– andere Zahlungsmittel: Hier kommen ausländische Geldscheine und Münzen in Betracht.

Außer Kurs gesetzte inländische oder ausländische Zahlungsmittel sind kein Geld. Sie können u. U. als Kostbarkeiten, in besonderen Fällen auch als Urkunden hinterlegt werden.

5 III 2) **Wertpapiere** sind Urkunden, die ein Recht derart verbriefen, daß dieses Recht ohne die Urkunde nicht geltend gemacht werden kann.[5]

---

[2] Vom 20. 6. 1948 (WiGBl. Beilage Nr. 5/1948 S. 1, BGBl. III 7600-1-a).

[3] Vom 8. 7. 1950 (BGBl. I 323, BGBl. III 690-1).

[4] Gesetzlich zugelassene Zahlungsmittel waren die Rentenbankscheine (§ 14 der Verordnung über die Errichtung der Deutschen Rentenbank vom 15. 10. 1923, RGBl. I 963).

[5] Hinterlegungsfähig sind Wertpapiere nur dann, wenn sie der Hinterleger als körperliche Urkunden in Händen hat. Nicht hinterlegungsfähig sind Wertpapiere, die sich in Sammelverwahrung befinden und bei denen sich das Recht des Eigentümers auf einen Miteigentumsanteil am Sammelbestand beschränkt (vgl. §§ 5, 6 des sog. Depotgesetzes vom 4. 2. 1937 – RGBl. I 171, BGBl. III 4130-1 –). In derartigen Fällen kommt eine Hinterlegung erst in Betracht, wenn aus dem Sammelbestand Wertpapiere ausgeliefert worden sind (§§ 7, 8 DepotG). Kann eine Herausgabe nicht verlangt werden (§ 9 a Abs. 3 S. 2 DepotG i. d. F. des Gesetzes vom 24. 5. 1972 – BGBl. I 801), dann kann auch nicht hinterlegt werden. Dies gilt erst recht, wenn nicht körperliche Urkunden zur Sammelverwahrung anvertraut sind, sondern wenn Teile des Sammelbestandes Schuldbuchforderungen sind wie bei den stückelosen Bundesanleihen: Bei Emissionen solcher Anleihen wird der gesamte Anleihebetrag auf den Namen einer Wertpapiersammelbank in das Bundesschuldbuch eingetragen; die Ausgabe von Stücken wird ausgeschlossen; gehandelt werden Teilbeträge der Forderung. Vgl. hierzu das Reichsschuldbuchgesetz i. d. F. der Bekanntmachung vom 31. 5. 1910 (RGBl. 840, BGBl. III 651-1) und die Verordnung über die Bundesschuldenverwaltung vom 13. 12. 1949 (BGBl. 1950, 1; BGBl. III 650-3); des weiteren die Verordnung über die Verwaltung und Anschaffung von Reichsschuldbuchforderungen vom 5. 1. 1940 (RGBl. I 30, BGBl. III 651-6) sowie die Verordnung über die Behandlung von Anleihen des Deutschen Reichs im Bank- und Börsenverkehr vom 31. 12. 1940 (RGBl. 1941 I 21, BGBl. III 651-7), jeweils in Verbindung mit § 1 Abs. 1 des Anleihe-Gesetzes von 1950 vom 29. 3. 1951 (BGBl. I 218, BGBl. III 650-6) und mit Art. 2 des Gesetzes vom 24. 5. 1972 (BGBl. I 801). – Mitteilungen einer Bank über den Stand des Depotkontos sind keine Wertpapiere, sondern können nur als Urkunden hinterlegt werden.

§ 5 Zur Hinterlegung geeignete Sachen 7, 8 § 5

Es werden drei Arten von Wertpapieren unterschieden:
- **Namenspapiere** (Rektapapiere): Sie lauten auf den Namen eines bestimmten Berechtigten. Das in ihnen verbriefte Recht wird durch Abtretung übertragen. Das Eigentum am Papier folgt dem abgetretenen Recht (§ 952 Abs. 2 BGB). Namenspapiere sind Hypotheken-, Grundschuld- und Rentenschuldbriefe, die Anweisung des § 783 BGB, die Papiere des § 363 HGB (kaufmännische Anweisungen, kaufmännische Verpflichtungsscheine, Konnossemente der Verfrachter, Ladescheine der Frachtführer, Lagerscheine der staatlich zur Ausstellung solcher Urkunden ermächtigten Anstalten und Transportversicherungspolicen), wenn die Orderklausel fehlt, ferner Wechsel mit Rektaklausel (Art. 11 Abs. 2 WG) und Schecks, die an eine bestimmte Person mit dem Vermerk „nicht an Order" oder mit einem gleichbedeutenden Vermerk zahlbar gestellt sind (Art. 5 Abs. 1 ScheckG).[6] Auch hierher gehören die in § 808 BGB behandelten, sog. qualifizierten Legitimations- oder hinkende Inhaberpapiere, d. h. Urkunden, die auf den Namen lauten, bei deren Ausgabe sich der Schuldner jedoch das Recht vorbehalten hat, an jeden Inhaber befreiend leisten zu können. In der Regel fallen darunter die Sparkassen- und Postsparbücher, Leihhaus- und Depotscheine und Versicherungsscheine auf den Inhaber (§ 4 VVG).[7]

- **Orderpapiere:** Sie lauten ebenfalls auf eine bestimmte Person. Daneben ist aber auch derjenige berechtigt, an den zu leisten der namentlich Benannte durch sein Indossament Order gibt. Das verbriefte Recht folgt dem Recht am indossierten Papier. Orderpapiere sind Wechsel, Schecks ohne Überbringerklausel (Art. 5 Abs. 1, 2 ScheckG),[8] die Papiere des § 363 HGB, wenn sie an Order lauten, Namensaktien und Zwischenscheine (§§ 10, 68 AktG), ferner Orderschuldverschreibungen (§ 808 a BGB).

- **Inhaberpapiere:** In ihnen ist ein bestimmter Berechtigter nicht genannt, das Recht steht vielmehr dem Inhaber schlechthin zu. Das

---

[6] Schecks werden bei den Hinterlegungskassen allerdings durchweg nicht zum Zwecke der Hinterlegung der Scheckurkunde, sondern als Zahlungsmittel im unbaren Zahlungsverkehr eingereicht: Hinterlegt werden soll also in aller Regel der Geldbetrag, auf den der Scheck ausgestellt ist. In diesem Falle ist der Scheck umgehend – wegen der in Art. 29 ScheckG vorgesehenen kurzen Fristen – zur Zahlung vorzulegen.

[7] Die Papiere des § 808 BGB sind Wertpapiere, weil der Schuldner nur gegen Aushändigung der Urkunde zu leisten braucht (§ 808 Abs. 2 BGB), der Besitz der Urkunde also zur Geltendmachung des verbrieften Rechts erforderlich ist; vgl. Hueck/Canaris, Recht der Wertpapiere, 12. Aufl. 1986, S. 228 ff. und Richardi, Wertpapierrecht, Heidelberg 1987, S. 35 ff.

[8] S. oben Fn. 6.

in dem Papier verbriefte Recht wird durch Übereignung des Papiers übertragen. Darunter fallen Inhaberschuldverschreibungen (§ 793 BGB), Inhaberaktien, Zins- und Gewinnanteilscheine (§§ 803 ff. BGB), Schecks mit Überbringerklausel (Art. 5 Abs. 2 ScheckG), Fahr- und Theaterkarten (§ 807 BGB).

9 **Keine Wertpapiere** sind Schuldscheine (§§ 371, 952 Abs. 1 BGB). Sie sind nur Beweisurkunden. Auch einfache Legitimationszeichen wie z. B. Gepäckscheine oder Garderobemarken sind keine Wertpapiere, weil hier der Berechtigte auch ohne Vorlegung des Zeichens die Leistung verlangen kann, wenn er seine Berechtigung anderweitig nachweist.

10 Ob eine Urkunde Wertpapiereigenschaft hat, ist für die Hinterlegungsfähigkeit an sich ohne Bedeutung, weil auch „sonstige Urkunden" hinterlegt werden können. Da jedoch nach materiellem Recht bisweilen nur Wertpapiere und nicht sonstige Urkunden hinterlegt werden dürfen und da außerdem der Kreis der zur Hinterlegung geeigneten Wertpapiere beschränkt sein kann,[9] muß sich die Hinterlegungsstelle bei der Prüfung der Voraussetzungen für die Annahme (vgl. § 6 Rdnr. 22) u. U. darüber schlüssig werden, ob die hinterlegte Urkunde Wertpapiereigenschaft hat oder nicht und zu welcher Art von Wertpapieren sie ggf. gehört.

11 III 3) **Sonstige Urkunden** sind Urkunden beliebiger Art, die keine Wertpapiere sind, aber Beweiswert haben oder erlangen können. Dazu gehören Bürgschafts-[10] und Vollmachtsurkunden,[11] Handelsbücher, Handakten,[12] Briefe, Schuldscheine, Quittungen, Kraftfahrzeugbriefe und -scheine, Vollstreckungstitel, ungültige Wertpapiere, u. U. außer Kurs gesetzte Zahlungsmittel, Falschgeld, aber auch Baupläne und Lichtbilder.

12 III 4) **Kostbarkeiten** sind Gegenstände, deren Wert im Verhältnis zu ihrem Umfang und Gewicht besonders hoch ist.[13] „Als Kostbarkeiten sind nicht nur Gold- und Silbersachen, Edelsteine, Schmuck, sondern auch andere wertvolle, unverderbliche und leicht aufzubewahrende

---

[9] Vor allem bei der Sicherheitsleistung: vgl. § 234 BGB, § 108 ZPO. U. U. wird die Eignung zur Hinterlegung durch eine Entscheidung des Gerichts bestimmt: § 108 ZPO, § 116a StPO.

[10] Die Hinterlegung von Bürgschaftsurkunden kommt allerdings nicht schon dann in Betracht, wenn ein Bürgschaftsvertrag geschlossen wird; denn hierzu ist schriftliche „Erteilung" der Bürgschaftserklärung erforderlich (§ 766 BGB), und Erteilung bedeutet Übergabe oder Zusendung der Urkunde an den Gläubiger. Doch kann die Urkunde etwa hinterlegt werden, wenn der Gläubiger die Urkunde zurückgeben will und der Bürge in Annahmeverzug gerät.

[11] KG NJW 1957, 754.

[12] KG OLGR 6, 54.

[13] Vgl. RGZ 116, 113.

§ 6 Annahme zur Hinterlegung § 6

Gegenstände, wie Kunstwerke, kostbare Bücher, Münzen, Wertzeichen[14] und dgl. anzusehen" (§ 6 BayAVHO).

Auch Geld, das gültiges gesetzliches Zahlungsmittel ist, kann ausnahmsweise als Kostbarkeit hinterlegt werden, z. B. wenn es sich um Sonderprägungen handelt oder um Geldstücke oder -scheine, deren körperliche Beschaffenheit Beweiswert hat (etwa in einem Strafverfahren). In diesem Fall gehen gesetzliche Zahlungsmittel nicht in das Eigentum des Landes über, sondern werden unverändert aufbewahrt. Die Annahme von Geld zur Hinterlegung als Kostbarkeit ist besonders zu beantragen und zu begründen.

Keine Kostbarkeiten sind Tiere und solche Gegenstände, die objektiv 13 einen geringen Wert haben, auch wenn sie dem Eigentümer oder Besitzer wegen ihres Zwecks (z. B. Schlüssel) oder aus anderen Gründen (z. B. Andenken) besonders wichtig sind.[15] Die (indirekte) Hinterlegung solcher Gegenstände kann auch nicht dadurch erreicht werden, daß sie in einem gemieteten Bankschließfach verwahrt und der Mietvertrag (mit den Schließfachschlüsseln) zur Hinterlegung als Urkunde vorgelegt wird.[16]

[Annahme zur Hinterlegung]
§ 6 Die Annahme zur Hinterlegung bedarf einer Verfügung der Hinterlegungsstelle. Die Verfügung ergeht:
1. **auf Antrag des Hinterlegers, wenn er die Tatsachen angibt, welche die Hinterlegung rechtfertigen, oder wenn er nachweist, daß er durch Entscheidung oder Anordnung der zuständigen Behörde zur Hinterlegung für berechtigt oder verpflichtet erklärt ist,**
2. **auf Ersuchen der zuständigen Behörde.**

Übersicht

I) **Erfordernisse der Hinterlegung** (1–4)

II) **Die Annahmeanordnung** (5)
  1) Der Annahmeantrag
    a) Verfassungsrechtliche Erklärung (6, 7)
    b) Stellung des Antrags durch einen Vertreter (8)
    c) Hinterlegungsgrund (9–12)
    d) Hinterlegung durch einen Dritten im eigenen Namen (13–16)
    e) Form und Inhalt des Annahmeantrags (17, 18)
  2) Annahmeersuchen der zuständigen Behörde (19, 20)
  3) Rücknahme des Annahmeantrags oder -ersuchens (21)
  4) Prüfung des Annahmeantrags und -ersuchens (22)
  5) Ablehnung des Annahmeantrags oder -ersuchens (23)
  6) Erteilung der Annahmeanordnung
    a) Wirksamkeit, Rücknehmbarkeit (24)
    b) Inhalt, Förmlichkeiten der Erteilung (25)

---

[14] Z. B. Brief- oder Gerichtskostenmarken.
[15] Zum Begriff der Kostbarkeit im Hinterlegungsrecht s. KG Rpfleger 1976, 316.
[16] OLG Frankfurt NJW-RR 1988, 443.

III) **Einzahlung, Einlieferung**
1) Einzahlung, Einlieferung nach Erlaß der Annahmeanordnung
  a) Benachrichtigung des Antragstellers (26)
  b) Erteilung des Hinterlegungsscheins (27)
2) Einzahlung, Einlieferung vor Erlaß der Annahmeanordnung (28)

I) Erfordernisse der Hinterlegung

1 Das materielle Hinterlegungsrecht[1] regelt, in welchen Fällen hinterlegt werden kann oder hinterlegt werden muß und welche Rechtsfolgen sich an die Hinterlegung knüpfen. Es regelt nicht, welche Voraussetzungen erfüllt sein müssen, bis ein Gegenstand im Rechtssinn als hinterlegt bezeichnet werden kann. Letzteres bestimmt sich nach dem formellen Hinterlegungsrecht.

2 Danach ist eine Hinterlegung bewirkt,
- wenn eine **Annahmeanordnung** ergangen ist, d. h. wenn die Hinterlegungsstelle verfügt hat, daß ein bestimmter Gegenstand zur Hinterlegung anzunehmen sei, **und**
- wenn dieser Gegenstand bei der Hinterlegungskasse oder der Gerichtszahlstelle **eingezahlt** oder **eingeliefert** ist. Diese Voraussetzung ist nicht schon mit der Aufgabe zur Post erfüllt, weil der Hinterleger die Sendung bis zum Eingang bei der Hinterlegungskasse zurückziehen kann.

3 Eine bestimmte Reihenfolge dieser Akte ist nicht vorgeschrieben. Regelmäßig wird zunächst die Annahmeanordnung erwirkt und erst dann eingezahlt oder eingeliefert. Der Hinterleger kann aber auch zugleich mit der Stellung des Hinterlegungsantrages die zur Hinterlegung bestimmten Sachen bei der Hinterlegungskasse einzahlen oder einliefern, ohne die Annahmeanordnung der Hinterlegungsstelle abzuwarten.

4 Die materiellrechtlichen Wirkungen der Hinterlegung können erst eintreten, wenn die Hinterlegung formell ordnungsgemäß bewirkt ist. Sie werden jedoch u. U. auf einen früheren Zeitpunkt zurückbezogen: vgl. § 375 BGB, wonach die Hinterlegung auf die Zeit der Aufgabe zur Post zurückwirkt, wenn die hinterlegte Sache durch die Post übersandt worden ist.

II) **Die Annahmeanordnung**

5 Die Annahmeanordnung ergeht nicht von Amts wegen, sondern nur
- auf Antrag des Hinterlegers (§ 6 Nr. 1 HO) oder
- auf Ersuchen der zuständigen Behörde (§ 6 Nr. 2 HO).

---

[1] Zum Begriff des materiellen und formellen Hinterlegungsrechts s. Vorbem. vor § 1 Rdnr. 2, 3.

§ 6 Annahme zur Hinterlegung

II 1) *Der Annahmeantrag*

II 1 a) Der Antrag ist eine **verfahrensrechtliche Erklärung**. Über 6
die Fähigkeit, wirksam Anträge zu stellen und sonstige Handlungen im
Verfahren vorzunehmen, enthält die Hinterlegungsordnung keine Vorschriften.[2] Die Vorschriften des BGB über rechtsgeschäftliche Willenserklärungen sind hier entsprechend anzuwenden.[3] Geschäftsunfähige und beschränkt Geschäftsfähige können deshalb einen Antrag nur durch ihren gesetzlichen Vertreter stellen.

Anträge und andere verfahrensrechtliche Erklärungen können 7
wegen Willensmängeln nicht angefochten werden.[4] Der Annahmeantrag kann jedoch mangels gegenteiliger Vorschriften zurückgenommen werden, solange die Hinterlegung noch nicht in allen ihren Teilen bewirkt ist (s. unten Rdnr. 21).

II 1 b) Der Antrag kann auch von einem **Vertreter** gestellt werden. 8
Geschäftsunfähige und juristische Personen können ohnehin nur durch ihre gesetzlichen Vertreter handeln. Der Vertreter braucht seine Vertretungsmacht der Hinterlegungsstelle nicht nachzuweisen; seine Angaben genügen.[5] Hinterleger im Rechtssinn ist im Falle der Vertretung immer der Vertretene. Dieser – und nicht der Vertreter – ist möglicherweise Beteiligter i. S. des § 13 Abs. 2 HO (vgl. auch unten Rdnr. 13).

II 1 c) Eine Hinterlegung ist nicht beliebig zulässig. Nur dann darf 9
die Hinterlegungsstelle eine Annahmeanordnung erlassen und nur dann hat also ein Annahmeantrag Aussicht auf Erfolg, wenn **die Hinterlegung gerechtfertigt** ist.

Dies ist sie nur dann,

- wenn dem Hinterleger eine gesetzliche Vorschrift zur Seite steht, die ihn zur Hinterlegung berechtigt oder verpflichtet,[6] oder
- wenn der Hinterleger durch eine behördliche[7] Anordnung oder

---

[2] Anders z. B. die ZPO: vgl. § 52 ZPO über die Prozeßfähigkeit.
[3] Vgl. Keidel/Kuntze/Winkler, FG Teil A, 12. Aufl. 1987, § 11 FGG Rdnr. 35; RGZ 145, 284, 286; BGHZ 35, 1, 4.
[4] Vgl. Baumbach/Lauterbach, ZPO, 50. Aufl. 1992, Grundzüge 5 E zu § 128 und Keidel/Kuntze/Winkler, FG Teil A, 12. Aufl. 1987, § 11 FGG Rdnr. 34.
[5] Da ein Nachweis oder eine Glaubhaftmachung der Tatsachen, die die Hinterlegung rechtfertigen, nicht verlangt werden kann (§ 6 Nr. 1 HO), braucht der Vertreter des Antragstellers die Vertretungsmacht nur zu behaupten und nicht zu beweisen.
[6] Vgl. die Zusammenstellung Vorbem. vor § 1 Rdnr. 4 ff.
[7] Behörde im Sinne des § 6 HO ist – entsprechend einem auch sonst üblichen Sprachgebrauch (vgl. etwa § 11 Abs. 1 Nr. 7 StGB) – auch ein Gericht. Deshalb gehören auch hierher die Fälle des § 1667 Abs. 3 Satz 2, des § 1818 BGB sowie der §§ 707, 709 ff., 719, 732, 769 ZPO u. a. m. – Behörde ist eine nach öffentlichem Recht ein-

Entscheidung zur Hinterlegung für berechtigt oder verpflichtet erklärt worden ist.

10 Eine Vereinbarung oder der Entschluß des Hinterlegers vermögen für sich allein die Hinterlegung nicht zu rechtfertigen, es sei denn, daß eine gesetzliche Regelung diese Wirkung ausspricht.

Beispiele:
1. A überträgt dem B die Verwaltung seines Hauses. Er vereinbart mit B, daß dieser ihm Sicherheit durch Hinterlegung von DM 1000,– leisten soll.
Die Hinterlegung ist im Hinblick auf § 232 BGB zulässig.

2. A und B sind gemeinsam Eigentümer eines Wertpapieres. Sie vereinbaren, das Papier zum Zwecke der sicheren Verwahrung zu hinterlegen.
Die Hinterlegung ist mangels eines gesetzlichen Hinterlegungsgrundes unzulässig.

11 Daß ein Hinterlegungsgrund besteht, braucht der Hinterlegungsstelle im allgemeinen nicht nachgewiesen zu werden. Grundsätzlich genügt es, daß der Hinterleger „die Tatsachen angibt, welche die Hinterlegung rechtfertigen" (§ 6 Nr. 1 HO).[8] Ob die Behauptungen des Hinterlegers zutreffen, hat die Hinterlegungsstelle nicht zu prüfen.

12 Anders verhält es sich nur, wenn der Hinterleger sich darauf beruft, er sei „durch Entscheidung oder Anordnung der zuständigen Behörde zur Hinterlegung für berechtigt oder verpflichtet erklärt" worden. Dies ist nachzuweisen (§ 6 Nr. 1 HO), und zwar entweder dadurch, daß dem Annahmeantrag die Entscheidung oder Anordnung in Urschrift, Ausfertigung oder Abschrift (Ablichtung) beigefügt wird, oder dadurch, daß auf die Gerichtsakten Bezug genommen wird, wenn die Entscheidung oder Anordnung von dem Gericht ausgeht, zu dem die Hinterlegungsstelle gehört. Bei weiteren Hinterlegungen in derselben Angelegenheit genügt eine Bezugnahme auf die Anlagen des ersten Antrags.

13 II 2 d) Bisweilen will anstelle des unmittelbar Berechtigten oder Verpflichteten ein **Dritter im eigenen Namen** hinterlegen. Ob diesem Dritten ein Hinterlegungsgrund zur Seite steht (vgl. oben Rdnr. 9), ergibt sich im allgemeinen aus dem Gesetz (s. z. B. §§ 268, 1142 BGB, § 116 Abs. 1 Nr. 4, § 116a StPO).

---

gerichtete, in den Organismus der Staatsgewalt eingefügte, mit der Erfüllung öffentlicher Aufgaben betraute Stelle des Staates oder eines anderen Trägers der öffentlichen Verwaltung, die in ihrem Bestand von dem oder den sie jeweils leitenden Beamten unabhängig ist (Kleinknecht/Meyer StPO, 39. Aufl. 1989, § 256 Rdnr. 2; OLG Karlsruhe NJW 1973, 1426; BGHZ 25, 186, 188 ff.).

[8] Um einen Hinterlegungsgrund darzutun, genügt es z. B. nicht, folgendes auszuführen: „Ich bin, und zwar nicht aus Fahrlässigkeit, im Ungewissen über die Person des Gläubigers", sondern es ist unter Angabe von Tatsachen darzulegen, weshalb eine Ungewißheit über die Person des Gläubigers besteht: Henrichs Rpfleger 1955, 224.

§ 6 Annahme zur Hinterlegung

Solche Vorschriften fehlen für die Hinterlegung zur Leistung einer Sicherheit im Zivilprozeß. Gleichwohl ist es zulässig, daß ein Dritter eine Prozeßsicherheit im eigenen Namen hinterlegt mit der Folge, daß der Anspruch auf Rückerstattung ihm zusteht. Die Zulässigkeit ergibt sich daraus, daß die Hinterlegung im Gesetz nicht ausgeschlossen ist, daß sie der Gegenpartei dieselbe Stellung wie die Hinterlegung durch eine Prozeßpartei gewährt und daß sie einem praktischen Bedürfnis entspricht. Es wird dem Dritten dadurch ermöglicht, dem Schuldner für einen bestimmten Zweck finanzielle Hilfe zu gewähren, ohne Gefahr zu laufen, daß andere Gläubiger des Schuldners auf den hinterlegten Betrag Zugriff nehmen.[9] Die Hinterlegung durch einen Dritten ist so anzusehen, als wenn ein Dritter ein Pfandrecht für eine fremde Schuld bestellt.[10]

Die Hinterlegung eines Dritten im eigenen Namen unterscheidet sich grundlegend von der Hinterlegung durch einen Vertreter. Im letzteren Fall ist Hinterlegungsbeteiligter i. S. des § 13 Abs. 2 HO allenfalls der Vertretene, nicht der Vertreter. Ein Anspruch auf Rückerstattung kann nur dem Vertretenen zustehen. Bei der Hinterlegung durch einen Dritten im eigenen Namen kommt dagegen nur der Dritte als Hinterlegungsbeteiligter und Empfangsberechtigter in Betracht. Mit Rücksicht auf diese Unterschiede ist es von Bedeutung, bei Hinterlegung durch einen „Fremden" jeweils zu klären, ob er im eigenen Namen oder aber als Vertreter eines anderen hinterlegen will.[11] Die Hinterlegungsstelle hat darauf einzuwirken, daß sich die Sachlage aus dem Annahmeantrag klar ergibt.

Will jemand für einen anderen im eigenen Namen hinterlegen, bringt er jedoch im Antrag irrtümlich zum Ausdruck, daß er als Vertreter handeln will, dann ist das im Antrag Erklärte maßgebend.[12]

II 1 e) Der Antrag auf Annahme zur Hinterlegung ist schriftlich zu stellen. Welche Angaben der Antrag enthalten soll und welche Unterlagen beizufügen sind, regeln die Ausführungsvorschriften der Länder zur HO.[13]

---

[9] Vgl. OLG Dresden OLGR 7, 330; OLG Hamm JW 1922, 1410 Nr. 27.
[10] RG JW 1900, 80 Nr. 23.
[11] Unklar ist die Angabe, es werde „aus Mitteln eines Dritten" hinterlegt, oder die Angabe eines Rechtsanwalts, er hinterlege „als Verteidiger des Angeklagten": vgl. den Sachverhalt in den Entscheidungen des OLG Schleswig Rpfleger 1955, 49 und des BGH Rpfleger 1955, 187, ferner des RG GruchBeitr. 51 (1907) 959 und JW 1923, 685 Nr. 3=Recht 1924 Nr. 1206.
[12] BGH Rpfleger 1955, 187 mit Anm. v. Just. – Führt die Auslegung des Antrags zu keinem klaren Ergebnis – bleibt also unklar, ob der Dritte im eigenen Namen oder als Vertreter handelt –, dann sind sowohl der Dritte als auch der Begünstigte als Beteiligte anzusehen. Vgl. Anh. zu § 13 Rdnr. 20.
[13] Vgl. dazu die Fundstellen in Anhang Nr. 3.

§ 6 18–21 2. Abschnitt. Annahme

18 Daß der Antrag genaue, eindeutige Angaben enthält, ist unerläßlich, wenn Schwierigkeiten bei der Herausgabe vermieden werden sollen. Insbesondere ist genau anzugeben, wer Hinterleger ist. Auf die Ausführungen oben zu Rdnr. 15 wird hingewiesen. Des weiteren sind alle Personen, die etwa als empfangsberechtigt in Betracht kommen, genau und vollständig aufzuführen. Die Liste der Empfangsberechtigten kann nachträglich noch erweitert werden, und zwar auch dann, wenn der Hinterleger auf das Recht zur Rücknahme verzichtet hat.[14]

II 2) *Annahmeersuchen der zuständigen Behörde*

19 Behörden können nicht beliebig um die Annahme zur Hinterlegung ersuchen. Nur die „zuständige" Behörde ist hierzu befugt (§ 6 Nr. 2 HO). Dem Ersuchen darf die Hnterlegungsstelle deshalb nur entsprechen, wenn die Behörde das Ersuchen auf eine besondere gesetzliche Grundlage stützen kann (vgl. z. B. § 117 Abs. 2 S. 3 ZVG, §§ 65, 81, 118 BauGB).

Inhalt und Form des Annahmeersuchens sind nicht näher geregelt. Zur Vereinfachung des Geschäftsganges empfiehlt es sich, die Bestimmungen über den Annahmeantrag entsprechend anzuwenden. In jedem Fall muß das Ersuchen alle für die Hinterlegung wichtigen Punkte, insbesondere die Bezeichnung der etwa Berechtigten, enthalten.

20 Von dem behördlichen Ersuchen um Annahme sind zu unterscheiden die Fälle, in denen eine Behörde als Teilnehmerin am privaten Rechtsverkehr hinterlegt (z. B. als Drittschuldner gem. § 853 ZPO). Hier gilt das oben Ausgeführte (Rdnr. 6 ff.).

II 3) *Rücknahme des Annahmeantrags oder des Annahmeersuchens*

21 Der Annahmeantrag und das behördliche Annahmeersuchen können, solange nicht die Hinterlegung in allen ihren Teilen bewirkt ist (vgl. oben Rdnr. 1) mangels entgegenstehender Vorschriften zurückgenommen werden. Nach diesem Zeitpunkt können Antrag oder Ersuchen nicht mehr zurückgenommen werden, weil alsdann Rechte Dritter entstanden sind (vgl. § 3 Rdnr. 12).[15]

Beispiel: A will dem B Sicherheit leisten und hat zu diesem Zweck beantragt, DM 1000,– zur Hinterlegung anzunehmen. Die Annahmeanordnung ist erlassen.

A kann den Annahmeantrag zurücknehmen, solange er noch nicht eingezahlt hat.

Hat A jedoch eingezahlt, so ist eine Rücknahme des Antrags nicht mehr möglich, weil B nunmehr Hinterlegungsbeteiligter geworden ist. Will A die Sicher-

---

[14] LG Essen NJW 1958, 950; BGH NJW 1960, 1003 Nr. 2.
[15] Eine andere Frage ist es, ob statt des Antrags die hinterlegte Sache zurückgenommen werden kann: vgl. § 376 Abs. 1 BGB und Anhang zu § 13 HO Rdnr. 1.

§ 6 Annahme zur Hinterlegung

heit zurückerhalten, so ist nach den §§ 12ff. HO zu verfahren (vgl. auch Anhang zu § 13 Rdnr. 32ff.).

II 4) *Prüfung des Annahmeantrags und des Annahmeersuchens*

Vor Erlaß der Annahmeanordnung hat die Hinterlegungsstelle zu prüfen, ob Annahmeantrag oder Annahmeersuchen die erforderlichen Angaben enthält, ob ggf. erforderliche Nachweise beigefügt sind und ob die gesetzlichen Voraussetzungen für eine Hinterlegung vorliegen.

Was letzteren Punkt anbelangt, so hat die Hinterlegungsstelle nicht den Sachverhalt zu erforschen und zu prüfen, ob nach Sachlage die Hinterlegung wirklich gerechtfertigt ist. Auszugehen ist vielmehr – jedenfalls in der Regel – von den Angaben des Hinterlegers, und zu prüfen ist lediglich, ob **diesen Angaben zufolge** ein Hinterlegungsgrund besteht (vgl. oben Rdnr. 9). Liegt dem Annahmebegehren eine gerichtliche oder behördliche Entscheidung zugrunde (§ 6 Nr. 1–2. Alt. –, Nr. 2 HO), so hat die Hinterlegungsstelle nicht zu prüfen, ob diese richtig ist. Die Verantwortung für die Rechtmäßigkeit trägt die Stelle, die entschieden hat.

II 5) *Ablehnung des Annahmeantrags oder des Annahmeersuchens*

Entscheidungen der Hinterlegungsstelle, durch die ein Annahmeantrag oder ein Annahmeersuchen abgelehnt wird, sind schriftlich zu begründen. Wegen der Anfechtung einer derartigen Entscheidung s. § 3 HO mit Anm.

II 6) *Erteilung der Annahmeanordnung*

II 6a) Die Annahmeanordnung ist ein Verwaltungsakt. Sie ist als solcher wirksam ohne Rücksicht darauf, ob die Voraussetzungen für die Annahme gegeben waren. Die Hinterlegungsstelle kann die Anordnung allerdings mangels gegenteiliger Vorschriften zurücknehmen, wenn sie nachträglich als ungerechtfertigt erachtet. Wenn jedoch eingezahlt oder eingeliefert, die Annahmeanordnung ausgeführt und damit die Hinterlegung bewirkt ist, dann haben die in der Hinterlegungserklärung bezeichneten Personen die rechtliche Stellung von Hinterlegungsbeteiligten erlangt, gleichgültig, ob ihnen materiell ein Recht auf den hinterlegten Gegenstand zusteht. Eine Rücknahme der Annahmeanordnung ist dann nicht mehr zulässig (vgl. § 3 Rdnr. 12).

Beispiel: A, der einen Antrag auf Annahme von DM 1000,– zur Hinterlegung zugunsten des B und C gestellt hat, ist unerkannt geisteskrank und damit geschäftsunfähig. In Unkenntnis dieses Umstandes erläßt die Hinterlegungsstelle die Annahmeanordnung.

Diese Annahmeanordnung ist wirksam, obwohl der Annahmeantrag nichtig gewesen ist (vgl. oben Rdnr. 6). Wird nunmehr aufgrund der Annahmeanordnung eingezahlt, so treten die formellen Wirkungen der Hinterlegung ein: B und C sind formell Hinterlegungsbeteiligte geworden. Eine Rückgabe an A kann ohne ihre Einwilligung nicht angeordnet werden.

25 II 6 b) Durch die Annahmeanordnung verfügt die Hinterlegungsstelle, daß ein bestimmter Gegenstand zur Hinterlegung anzunehmen sei (§ 6 HO). Diese Verfügung ergeht an die Hinterlegungskasse, und zwar an diejenige, die für den Bezirk der Hinterlegungsstelle zuständig ist (vgl. § 1 Rdnr. 6 ff.).

Von dem Erlaß der Annahmeanordnung wird der Antragsteller in Kenntnis gesetzt, und zwar auf verschiedene Weise, je nachdem, ob bereits eingezahlt oder eingeliefert ist oder nicht (s. unten Rdnr. 27, 28).

III) Einzahlung, Einlieferung

26 III 1) Einzahlung, Einlieferung nach Erlaß der Annahmeanordnung

III 1 a) Ist noch nicht eingezahlt oder eingeliefert worden, so benachrichtigt die Hinterlegungsstelle den Antragsteller von dem Erlaß der Annahmeanordnung und fordert ihn zugleich auf, die zu hinterlegenden Gegenstände innerhalb einer bestimmten Frist bei der zuständigen Hinterlegungskasse einzuzahlen oder einzuliefern, widrigenfalls der Antrag als zurückgenommen behandelt werde.

Von der schriftlichen Benachrichtigung kann selbstverständlich abgesehen werden, wenn der Antragsteller persönlich auf der Hinterlegungsstelle erschienen ist, auf den Erlaß der Annahmeanordnung wartet und im Anschluß hieran gleich einzahlen oder einliefern will.

27 III 1 b) Sobald die zu hinterlegenden Gegenstände aufgrund der Annahmeanordnung in den Besitz der Hinterlegungskasse gelangt sind, erteilt diese dem Hinterleger eine Quittung (**Hinterlegungsschein**).

28 III 2) Einzahlung, Einlieferung vor Erlaß der Annahmeanordnung

Der Hinterleger kann schon einzahlen oder einliefern, bevor er den Annahmeantrag stellt (vgl. oben Rdnr. 3). In diesem Fall behandelt die Hinterlegungskasse die Geldbeträge oder Wertgegenstände als Verwahrungen und erstattet der zuständigen Hinterlegungsstelle unverzüglich Anzeige von der Annahme als Verwahrung. Der Hinterlegungsschein wird noch nicht erteilt.

Die Hinterlegungsstelle fordert nunmehr den Hinterleger auf, den Annahmeantrag nachzuholen, und setzt ihm dazu eine angemessene Frist.

§ 7 Aufbewahrung von Zahlungsmitteln 1, 2 § 7

Wird nunmehr ein ordnungsgemäßer Annahmeantrag gestellt, so erteilt die Hinterlegungsstelle der Hinterlegungskasse die Annahmeanordnung. Eine Benachrichtigung des Hinterlegers unterbleibt. Die Hinterlegungskasse überführt die bisherige Verwahrung in die Hinterlegung und erteilt den Hinterlegungsschein. Aus letzterem ersieht der Hinterleger zugleich, daß eine Annahmeanordnung ergangen ist.

Wird der Annahmeantrag innerhalb der gesetzten Frist nicht gestellt, so verfügt die Hinterlegungsstelle die Rücksendung der Sachen.

Dritter Abschnitt
Verwaltung der Hinterlegungsmasse

[Aufbewahrung von Zahlungsmitteln]

§ 7 (1) **Gesetzliche und gesetzlich zugelassene Zahlungsmittel gehen in das Eigentum des Reichs über.**
(2) **Andere Zahlungsmittel werden unverändert aufbewahrt. Sie können mit Zustimmung der Beteiligten in gesetzliche oder gesetzlich zugelassene Zahlungsmittel umgewechselt werden. Der Reinerlös geht in das Eigentum des Reichs über.**

Übersicht

I) **Gesetzliche und gesetzlich zugelassene Zahlungsmittel**
  1) Begriffsbestimmung (1)
  2) Erwerb des Eigentums durch den Staat (2, 3)
  3) Sonderfälle (4, 5)
  4) Erwerb von Wertpapieren mit hinterlegtem Geld (6)

II) **Andere Zahlungsmittel**
  1) Begriffsbestimmung (7)
  2) Aufbewahrung, Umwechslung (8)

I) Gesetzliche und gesetzlich zugelassene Zahlungsmittel

I 1) **Gesetzliche Zahlungsmittel** sind die auf Deutsche Mark lautenden, von der Deutschen Bundesbank herausgegebenen Noten sowie die Bundesmünzen. **Gesetzlich zugelassene Zahlungsmittel** gibt es zur Zeit nicht. Vgl. im einzelnen § 5 Rdnr. 4. **1**

I 2) Gesetzliche Zahlungsmittel gehen mit der Hinterlegung **in das Eigentum desjenigen Landes über, dem die Hinterlegungsstelle angehört.**[1] Der Eigentumsübergang vollzieht sich kraft Gesetzes, sobald die Hinterlegung bewirkt ist, d. h. eine Annahmeanordnung erlas- **2**

---

[1] An die Stelle des in § 7 Abs. 1, 2 S. 3 erwähnten Reichs sind die Länder getreten (Art. 129 Abs. 4 GG).

sen und das zu hinterlegende Geld eingezahlt worden ist. Darauf, ob die Annahmeanordnung hätte erlassen werden dürfen, kommt es nicht an. Ebensowenig darauf, ob der Hinterleger eigenes oder fremdes Geld eingezahlt hat.[2]

3 Unter Umständen können die Zahlungsmittel in das Eigentum des Landes schon übergehen, bevor die Hinterlegung bewirkt ist, nämlich dann, wenn vor Erlaß der Annahmeanordnung eingezahlt wird (vgl. § 6 Rdnr. 3, 28). Dieser Eigentumsübergang vollzieht sich jedoch nicht nach § 7 Abs. 1 HO, sondern nach den gewöhnlichen Vorschriften, z. B. aufgrund von Einigung und Übergabe oder aufgrund einer Vermischung.[3] Ihm kommen auch nicht die Wirkungen zu, die mit dem Eigentumsübergang aufgrund ordnungsgemäß bewirkter Hinterlegung verbunden sind: Z. B. erwirbt derjenige, zu dessen Gunsten Sicherheit geleistet werden soll, noch kein Pfandrecht nach § 233 BGB an der Forderung des Hinterlegers auf Rückerstattung. Diese Wirkung tritt vielmehr erst mit dem späteren Erlaß der Annahmeanordnung ein.

4 I 3) § 7 Abs. 1 HO findet keine Anwendung, wenn die Einzahlung des zu hinterlegenden Geldes unbar mittels Zahlkarte, Scheck oder Banküberweisung bewirkt wird. Denn hier gelangen nicht körperliche Gegenstände – Scheine, Münzen – in den Besitz der Hinterlegungskasse, sondern es werden nur durch Gutschrift auf einem Bank- oder Postscheckkonto Forderungen gegen das kontoführende Geldinstitut begründet.

5 § 7 Abs. 1 HO findet gleichfalls keine Anwendung, wenn gesetzliche Zahlungsmittel ausnahmsweise als Kostbarkeiten hinterlegt worden sind (vgl. § 5 Rdnr. 12). Die Zahlungsmittel verbleiben in diesem Fall im Eigentum des Berechtigten und werden unverändert aufbewahrt (§ 9 Abs. 1 HO).

6 I 4) Auch wenn das Geld in das Eigentum des Staates übergegangen ist, haben die Beteiligten[4] die Möglichkeit, es während der Hinterlegung zum Ankauf von Wertpapieren zu verwenden. Die Hinterlegungsstelle ordnet auf Antrag eines Beteiligten den Ankauf an (§ 10 Abs. 3 Nr. 3 HO). Die Hinterlegungskasse führt die Anordnung aus.

---

[2] RG JW 1923, 685 Nr. 3.

[3] Obwohl der Staat also in jedem Fall hinterlegte gesetzliche Zahlungsmittel durch Vermischung in sein Eigentum überführen könnte, ist § 7 Abs. 1 HO doch nicht bedeutungslos. Diese Vorschrift stellt klar, daß eine Vermischung statthaft ist und eingezahlte Gelder nicht voneinander und von anderen Geldern getrennt gehalten werden müssen.

[4] Zum Begriff des an der Hinterlegung Beteiligten s. § 13 Rdnr. 8 ff.

§ 8 Verzinsung § 8

II) **Andere Zahlungsmittel**

II 1) Andere Zahlungsmittel sind ausländische Zahlungsmittel. Außer Kurs gesetzte Banknoten und Münzen sind keine Zahlungsmittel. Sie können u. U. als Kostbarkeiten oder als Urkunden hinterlegt werden. 7

II 2) Andere Zahlungsmittel gehen mit der Hinterlegung nicht in das Eigentum des Staates über. Sie bleiben im Eigentum des Berechtigten und werden **unverändert aufbewahrt.** Allerdings können sie in gesetzliche Zahlungsmittel umgewechselt werden, wenn alle Beteiligten dieser Maßnahme zustimmen. Ist diese Voraussetzung erfüllt, so weist die Hinterlegungsstelle die Hinterlegungskasse an, die Umwechslung vorzunehmen. Die Hinterlegungskasse verkauft die fremden Zahlungsmittel an eine Bank. Die Kosten der Umwechslung gehen zu Lasten der Hinterlegungsmasse. Der verbleibende Reinerlös bleibt hinterlegt, geht in das Eigentum des Landes über (§ 7 Abs. 2 S. 3 HO) und wird verzinst (§ 8 HO). 8

[Verzinsung]

§ 8 [Verzinsung] Geld, das in das Eigentum des Staates übergegangen ist, wird nach folgenden Bestimmungen verzinst:
1. **Die Verzinsung beginnt drei Monate nach Ablauf des Monats, in dem der Betrag eingezahlt worden ist; sie endigt mit dem Ablauf des Monats, der dem Tage der Auszahlungsverfügung vorhergeht.**
2. **Der Zinssatz beträgt 1 vom Tausend monatlich.**
3. **Die Zinsen werden jeweils mit dem Ablauf des Kalenderjahres oder, wenn das Geld vorher herausgegeben wird, mit der Herausgabe fällig.**
4. **Beträge unter 100 Deutsche Mark und Zinsen werden nicht verzinst. Beträge, die 100 Deutsche Mark übersteigen, werden bei der Zinsberechnung auf volle 100 Deutsche Mark nach unten abgerundet.**

Übersicht

I) **Vorbemerkung** (1)
II) **Zu verzinsende Beträge**
   1) Voraussetzungen der Verzinsung (2–4)
   2) Nicht zu verzinsende Beträge (5)
III) **Zinssatz** (6)
IV) **Zeit der Verzinsung** (7)
V) **Zusammenrechnung mehrerer Beträge** (8–10)
VI) **Fälligkeit und Herausgabe der Zinsen**
   1) Fälligkeit (11)
   2) Herausgabe (12)
   3) Verjährung, Erlöschen des Anspruchs auf Herausgabe der Zinsen (13)
   4) Berechnung der Zinsen (14)

§ 8 1–5   3. Abschnitt. Verwaltung der Hinterlegungsmasse

1 I) § 8 ist durch Gesetze der Länder[1] gleichlautend neu gefaßt worden.[2]

II) **Zu verzinsende Beträge**

2 II 1) Verzinst wird **Geld, das in das Eigentum des Staates übergegangen ist.** Es kann sich dabei handeln um hinterlegte gesetzliche Zahlungsmittel (§ 7 Abs. 1 HO), um den Erlös aus dem Umtausch anderer Zahlungsmittel (§ 7 Abs. 2 S. 2, 3 HO) und um Geld, das infolge Einlösung von Wertpapieren oder von Zins- und Gewinnanteilscheinen zur Masse geflossen ist (§ 10 Abs. 1 Nr. 1, 2 HO).

3 Verzinst wird nur **hinterlegtes** Geld, wie sich daraus entnehmen läßt, daß § 8 im Dritten Abschnitt „Verwaltung der Hinterlegungsmasse" steht. Es muß also nicht nur eingezahlt, sondern auch die Annahmeanordnung erlassen sein. Auf die Rechtmäßigkeit dieser Annahmeanordnung kommt es allerdings nicht an.

Ist dagegen Geld zur Hinterlegung vorzeitig eingezahlt worden (§ 6 Rdnr. 28) und wird später eine Annahmeanordnung nicht erlassen, so wird das Geld – obwohl es in das Eigentum des Staates übergegangen ist (§ 7 Rdnr. 3) – nicht verzinst, weil es zu einer formell ordnungsgemäßen Hinterlegung nicht gekommen ist.

4 Verzinst werden auch Beträge, die **unbar** eingezahlt sind, obwohl sich hier ein Eigentumsübergang nicht vollzogen hat (vgl. § 7 Rdnr. 4). Doch werden unbare Zahlungen und bare Zahlungen als gleichwertig angesehen,[3] und auch bei unbaren Zahlungen trifft der Gesichtspunkt zu, der eine Verzinsung als angemessen erscheinen läßt: daß nämlich der Staat die hinterlegten Gelder seinerseits verzinslich anlegen kann.

5 II 2) Beträge unter 100 DM werden **nicht verzinst.** Beträge über 100 DM werden auf volle 100 DM abgerundet. Der bei der Abrundung entfallende Teil wird nicht verzinst. Des weiteren unterbleibt eine Verzinsung der Zinsen, die aufgrund des § 8 HO erwachsen sind.[4]

Beispiele: 99,99 DM werden nicht verzinst
100,– DM werden verzinst
753,91 DM werden auf 700,– DM abgerundet.
Dieser Betrag wird verzinst.

---

[1] Vgl. Vorbem. Fn. 19.
[2] In Niedersachsen wurde durch das Rechtsvereinfachungsgesetz 1989 Art. 27 Nr. 11 (GVBl. 1989, 182) das Gesetz über die Verzinsung hinterlegten Geldes vom 21. 7. 1956 aufgehoben.
[3] Palandt/Heinrichs, BGB 51. Aufl. 1992, §§ 244/245 Rdnr. 5, § 270 Rdnr. 2.
[4] Es wird jedoch der zur Masse geflossene Erlös von Zinsscheinen und dergl. verzinst; vgl. Rdnr. 2.

III) Zinssatz

Der Zinssatz beträgt 1 vom Tausend monatlich (§ 8 Nr. 2 HO). **6**

IV) Zeit der Verzinsung

Die Zinsen werden nach vollen Kalendermonaten berechnet. **7**

Die Verzinsung beginnt drei Monate nach Ablauf des Monats, in dem eingezahlt worden ist. Dies gilt auch dann, wenn die Annahmeanordnung erst später erlassen sein sollte.

Die Verzinsung endet mit Ablauf des Monats, der dem Tage der Auszahlungsverfügung (Herausgabeanordnung) vorhergeht.

Beispiele:
1.) Die Annahme wird angeordnet am 26. Mai,
eingezahlt wird am 28. Mai,
die Auszahlung wird verfügt am 10. August:
Zinsen werden nicht gezahlt.

2.) Die Annahme wird angeordet am 26. Mai,
eingezahlt wird am 1. Juni,
die Auszahlung wird verfügt am 30. Oktober:
Zinsen werden nicht gezahlt.

3. Eingezahlt wird am 30. Mai,
die Annahme wird angeordnet am 5. Juni,
die Auszahlung wird verfügt am 10. November:
Zinsen werden gezahlt für September und Oktober.

V) Zusammenrechnung mehrerer Beträge

Setzt sich eine Hinterlegungsmasse aus mehreren (auch zu verschiedenen Zeiten eingezahlten) Beträgen zusammen, so werden sie für die Verzinsung zusammengerechnet. **8**

Sind mehrere Beträge unter 100 DM zu derselben Masse hinterlegt worden, so werden sie verzinsungsfähig, sobald sie zusammen den Mindestbetrag von 100 DM erreicht haben. Die Verzinsung beginnt drei Monate nach Ablauf des Monats, in dem die Mindestgrenze erreicht wird.

Beispiel: Es werden zur Hinterlegung eingezahlt
am 15. Mai   DM 45,–
am 15. Juni   DM 45,–
am 15. Juli   DM 54,-
Die Summe von DM 135,– wird für die Verzinsung auf DM 100,– abgerundet (§ 8 Nr. 4 HO) und ab November verzinst.

9 Erhöhen sich zinsfähige Beträge im Laufe der Hinterlegung durch weitere Hinterlegungen oder durch Einlösung von Wertpapieren, Zins- und Gewinnanteilscheinen und dergl., so wird der jeweils höhere Betrag drei Monate nach Ablauf des Monats verzinst, in dem sich die hinterlegte Summe erhöht hat.

Beispiel: Es werden zur Hinterlegung eingezahlt
am 15. Februar   DM 900,–
am 15. April   DM 900,–
am 15. Juni   DM 750,–
Die Auszahlung wird verfügt am 10. November.
Es sind Zinsen erwachsen
im März, April und Mai keine
im Juni   für DM   900,–
im Juli   für DM   900,–
im August   für DM 1800,–
im September   für DM 1800,–
im Oktober   für DM 2500,–

10 Vermindert sich die Hinterlegungsmasse durch Auszahlung von Teilbeträgen, so wird mit Beginn des Monats, in dem die Auszahlung eines Teilbetrages verfügt wird, nur noch der verbleibende Restbetrag verzinst.

Beispiel: Es werden zur Hinterlegung eingezahlt
am 15. Januar   DM 2000,–
Auszahlungsverfügungen ergehen
am 5. Juli   über DM 1000,–
am 5. Juli   über DM 650,–
am 5. September   über DM 300,–
am 5. Oktober   über die restlichen DM 50,–.
Es sind Zinsen erwachsen
im Februar, März und April keine,
im Mai   für DM 2000,–
im Juni   für DM 1000,–
im Juli und August für DM 300,–
vom September ab werden keine Zinsen mehr gezahlt.

VI) Fälligkeit und Herausgabe der Zinsen

11 VI 1) Die Zinsen werden jeweils **mit dem Ablauf des Kalenderjahres** fällig oder – wenn das hinterlegte Geld vorher herausgegeben wird – **mit der Herausgabe** (§ 8 Nr. 3 HO). Wird nur ein Teil des Kapitals herausgegeben, so werden nur die Zinsen für diesen Teil des Kapitals fällig. Hierbei ist es ohne Bedeutung, ob der auszuzahlende Teilbetrag unter der 100-DM-Grenze (§ 8 Nr. 4 S. 1 HO) bleibt, denn diese Mindestgrenze spielt nur für die Verzinsung als solche, nicht aber für die Verteilung der Zinsen eine Rolle. Setzt sich die Hinterlegungs-

§ 9 Aufbewahrung von Wertpapieren u.a. § 9

masse aus mehreren zu verschiedenen Zeiten eingezahlten Beträgen zusammen und werden aus einer solchen Masse Teilbeträge ausgezahlt, so ist dies für die Verzinsung als Auszahlung aus den am frühsten eingezahlten Beträgen zu behandeln.

Beispiel: Es werden zur Hinterlegung eingezahlt
am 10. Januar DM 1500,
am 10. März DM 1000,–
am 10. Mai DM   800,–
Am 5. Oktober wird die Auszahlung von DM 2750,— verfügt.
Es werden fällig
für Mai und Juni Zinsen aus DM 1500,–
für Juli und August Zinsen aus DM 2500,–
für September Zinsen aus DM 2750,–.

IV 2) Zur Herausgabe der Zinsen muß ebenso wie zur Herausgabe 12 des Kapitals die Empfangsberechtigung nachgewiesen und eine Herausgabeanordnung der Hinterlegungsstelle ergangen sein (vgl. § 12 Rdnr. 11). Es kann also nicht etwa der Hinterleger nach Ablauf eines jeden Kalenderjahres die Zinsen ohne weiteres abheben.

VI 3) Sind Zinsen für eine längere Zeit aufgelaufen, so verjährt der 13 Anspruch auf die Rückstände nicht etwa in vier Jahren (§ 197 BGB). Der Anspruch auf Herausgabe der Zinsen unterliegt – ebenso wie der Anspruch auf Herausgabe des Kapitals – allein den Vorschriften der §§ 19 ff. HO über das Erlöschen des Herausgabeanspruchs. Der Anspruch erlischt also grundsätzlich mit dem Ablauf von dreißig Jahren nach der Hinterlegung, dann aber ohne Rücksicht darauf, wann die Zinsen fällig geworden sind.

VI 4) Die Zinsen werden nicht jeweils am Ende des Kalenderjahres, 14 sondern grundsätzlich nur dann berechnet, wenn sie ausgezahlt werden sollen. Selbstverständlich sind die Zinsen auch dann zu berechnen, wenn ein Beteiligter an der Feststellung des Zinsguthabens im Hinblick auf einen bevorstehenden Herausgabeantrag oder aus sonstigen Gründen ein Interesse hat.

[Aufbewahrung von Wertpapieren, Urkunden und Kostbarkeiten]
§ 9 (1) **Wertpapiere und sonstige Urkunden sowie Kostbarkeiten werden unverändert aufbewahrt.**
(2) **Die Hinterlegungsstelle ist berechtigt, durch einen Sachverständigen den Wert von Kostbarkeiten abschätzen oder ihre Beschaffenheit feststellen zu lassen. Die Kosten trägt der Hinterleger.**

Übersicht

I) **Begriffsbestimmung** (1)   III) **Kostbarkeiten** (3–5)
II) **Werthinterlegungen** (2)

I) Begriffsbestimmung

1 Dazu, was unter Wertpapieren, sonstigen Urkunden und Kostbarkeiten zu verstehen ist, s. § 5 Rdnr. 5 ff.

II) Werthinterlegungen[1]

2 An hinterlegten Wertpapieren, sonstigen Urkunden und Kostbarkeiten erlangt der Staat **kein Eigentum.** Die Gegenstände verbleiben im Eigentum dessen, der bisher Eigentümer gewesen ist. Sie werden – soweit sich nicht durch die Verwaltung von Wertpapieren zwangsläufig etwas anderes ergibt (vgl. § 10 HO) – unverändert aufbewahrt und in Natur wieder herausgegeben.

III) Kostbarkeiten

3 Die Hinterlegungsstelle ist nach § 9 Abs. 2 HO berechtigt, den Wert von Kostbarkeiten durch einen Sachverständigen **abschätzen** oder ihre Beschaffenheit von einem Sachverständigen **feststellen** zu lassen. Sie kann auch beide Maßnahmen zugleich treffen. Von dieser Befugnis soll die Hinterlegungsstelle aber nur dann Gebrauch machen, wenn besondere Umstände dies erforderlich erscheinen lassen und nicht unverhältnismäßig hohe Kosten entstehen. Solche besonderen Umstände liegen z. B. vor, wenn eine alte Handschrift hinterlegt wird und nicht bekannt ist, ob durch eines Aufbewahrung in üblicher Weise Schäden entstehen können.

4 Die **Kosten** der Abschätzung oder Untersuchung durch einen Sachverständigen werden zunächst aus der Staatskasse bezahlt. Sie sind vom Hinterleger aber zu erstatten (§ 9 Abs. 2 S. 2 HO). Sie sollen in der Regel erst „bei Beendigung des Rechtszuges" angesetzt werden, wenn kein Verlust für die Staatskasse zu befürchten ist (vgl. § 13 Abs. 2 KostVfg).[2]

5 Wer im Innenverhältnis zwischen Hinterleger und Empfänger der Kostbarkeit die Kosten der Abschätzung usw. zu tragen hat, richtet sich nach allgemeinem Recht, vgl. insbesondere § 381 BGB, wonach die Kosten der Hinterlegung dem Gläubiger zur Last fallen, sofern nicht der Schuldner die hinterlegte Sache zurücknimmt.

---

[1] Vgl. zu diesem Begriff § 5 Rdnr. 3.
[2] Vgl. §§ 24–26 Rd. Nr. 5 mit Fn. 3.

§ 10 Besorgung von Geschäften § 10

[Besorgung von Geschäften während der Hinterlegung]
§ 10 (1) Während der Hinterlegung werden folgende Geschäfte besorgt:
1. Die Einlösung von Wertpapieren, die ausgelost, gekündigt oder aus einem anderen Grunde fällig sind, sowie der Umtausch, die Abstempelung oder dergleichen bei Wertpapieren, die hierzu aufgerufen sind; ist die Einlösung neben anderen Möglichkeiten vorgesehen, so wird die Einlösung besorgt; ist ein Spitzenbetrag vorhanden, dessen Umtausch oder dergleichen nicht möglich ist, so kann die Hinterlegungsstelle seine bestmögliche Verwertung anordnen;
2. die Einlösung fälliger Zins- und Gewinnanteilscheine;
3. die Beschaffung von neuen Zins- und Gewinnanteilscheinen sowie von Erneuerungsscheinen dazu.

Ist die Besorgung eines Geschäfts nach Nummer 1 oder Nummer 2 bei ausländischen Wertpapieren mit unverhältnismäßigen Schwierigkeiten oder Kosten verbunden, so kann die Hinterlegungsstelle statt dessen die bestmögliche Verwertung anordnen.

(2) Die bezeichneten Geschäfte werden jedoch nur besorgt:
1. wenn die Notwendigkeit zu ihrer Vornahme aus dem Deutschen Reichsanzeiger oder der vom Reichsminister der Justiz bestimmten Verlosungstabelle hervorgeht oder
2. wenn die Notwendigkeit zu ihrer Vornahme aus den Wertpapieren selbst hervorgeht oder
3. wenn ein Beteiligter die Vornahme eines dieser Geschäfte beantragt und die Voraussetzungen für die Vornahme dargetan hat.

Die Hinterlegungsstelle kann gleichwohl anordnen, daß die Besorgung der Geschäfte unterbleibt, wenn besondere Bedenken entgegenstehen; in diesem Fall hat sie die Personen, die zur Zeit der Anordnung an der Hinterlegung beteiligt sind, hiervon alsbald zu benachrichtigen, soweit dies ohne unverhältnismäßige Schwierigkeiten möglich ist.

(3) Die Hinterlegungsstelle kann auf Antrag eines Beteiligten
1. eine von Absatz 1 abweichende Regelung treffen,
2. anordnen, daß bei Wertpapieren weitere Geschäfte besorgt werden, wenn ein besonderes Bedürfnis hierfür hervorgetreten ist,
3. anordnen, daß hinterlegtes Geld zum Ankauf von Wertpapieren verwendet wird.

Sie hat vorher die übrigen Beteiligten zu hören, soweit dies ohne unverhältnismäßige Schwierigkeiten möglich ist.

Übersicht

I) **Allgemeines**
  1) Geltungsbereich der Vorschrift (1, 2)
  2) Beginn der Verwahrung von Wertpapieren (3, 4)

II) **Besorgung der Geschäfte des § 10 Abs. 1 von Amts wegen**
  1) Die in Betracht kommenden Geschäfte (5–10)

§ 10 1–3   3. Abschnitt. Verwaltung der Hinterlegungsmasse

2) Voraussetzung der Besorgung (11)
3) Bedenken gegen ein Geschäft (12)
III) **Besorgung der Geschäfte des § 10 Abs. 1 auf Antrag** (13)
IV) **Abweichen von § 10 Abs. 1; weitere Geschäfte** (14–17)
V) **Sparkassenbücher** (18)

I) Allgemeines

1 I 1) Im Interesse der Beteiligten ist Vorsorge getroffen, daß hinterlegte Wertpapiere in gewissem Umfange verwaltet werden. Der Katalog der zu besorgenden Geschäfte (§ 10 Abs. 1 HO) läßt erkennen, daß hier an eine Art der Verwaltung gedacht ist, wie sie von Banken, die Wertpapiere verwahren und verwalten, ständig geschäftsmäßig vorgenommen wird. § 10 gilt deshalb nicht für Wertpapiere aller Art,[1] sondern nur für solche, für die eine bankmäßige Verwahrung in Betracht kommen kann, d. h. für Wertpapiere im Sinne des Gesetzes über die Verwahrung und Anschaffung von Wertpapieren vom 4. 2. 1937,[2] des sog. Depotgesetzes. § 1 Abs. 1 dieses Gesetzes lautet:

> Wertpapiere im Sinne dieses Gesetzes sind Aktien, Kuxe, Zwischenscheine, Reichsbankanteilscheine, Zins-, Gewinnanteil- und Erneuerungsscheine, auf den Inhaber lautende oder durch Indossament übertragbare Schuldverschreibungen, ferner andere Wertpapiere, wenn diese vertretbar sind, mit Ausnahme von Banknoten und Papiergeld.

2 Demgemäß gehört es beispielsweise nicht zu den Aufgaben der Hinterlegungsbehörden, Wechsel oder kaufmännische Anweisungen einzuziehen; diese sind vielmehr nur ordnungsgemäß zu verwahren.

3 I 2) Die nach § 10 HO zu verwaltenden Wertpapiere werden wie alle anderen Gegenstände eingeliefert.

Wegen der Verwaltung der hinterlegten Wertpapiere veranlaßt die Hinterlegungskasse zunächst nichts, denn nach § 2 der Verordnung zur Durchführung der Hinterlegungsordnung vom 12. 3. 1937[3] beginnt die Verwaltung von Wertpapieren gem. § 10 HO **grundsätzlich erst, wenn die Hinterlegung drei Monate gedauert hat.** Durch diese Regelung soll verhindert werden, daß eine umfangreiche Verwaltungsarbeit auch bei solchen Wertpapieren einsetzt, die nach kurzer Zeit aus der Hinterlegung wieder herausgenommen werden.

---

[1] Vgl. § 5 Rdnr. 5 ff.
[2] RGBl. 1937 I 171, BGBl. III 4130–1.
[3] Abgedruckt als Anhang Nr. 1.

§ 10 Besorgung von Geschäften   4–11 § 10

Nach § 2 S. 2 der vorgenannten Verordnung kann die Hinter- 4
legungsstelle auf Antrag eines Beteiligten[4] anordnen, daß die allgemeine Verwaltung der Wertpapiere oder einzelne Geschäfte nicht erst nach drei Monaten, sondern sofort vorgenommen werden. Derartigen Anträgen soll die Hinterlegungsstelle nur dann entsprechen, wenn der Antragsteller hierfür zwingende Gründe dartut, z. B. drohender Rechtsverlust.

II) **Besorgung der Geschäfte des § 10 Abs. 1 HO von Amts wegen**

II 1) Die im § 10 HO aufgezählten Geschäfte sind typisch für die 5
Verwahrung von Wertpapieren und werden deshalb von Amts wegen wahrgenommen. Es sind dies

– die Einlösung ausgeloster, gekündigter oder aus einem anderen 6
  Grunde fällig gewordenen Wertpapiere (Absatz 1 Nr. 1). Ist die Einlösung neben anderen Möglichkeiten vorgesehen – wird etwa den Gläubigern die Wahl gelassen zwischen der Einlösung und dem Umtausch in eine neue Anleihe –, so wird die Einlösung besorgt. Allerdings kann die Hinterlegungsstelle auf Antrag eines Beteiligten etwas anderes anordnen (vgl. unten Rdnr. 15);

– der Umtausch, die Abstempelung oder dergl. bei dazu aufgerufenen 7
  Wertpapieren (Absatz 1 Nr. 1). Ergibt sich beim Umtausch wegen der Art der Stückelung ein nicht umtauschbarer Rest (Spitzenbetrag), so ordnet die Hinterlegungsstelle die rentabelste Verwertung an.

– die Einlösung fälliger Zins- und Gewinnanteilscheine (Absatz 1 8
  Nr. 2);

– die Beschaffung von neuen Zins- und Gewinnanteilscheinen sowie 9
  von Erneuerungsscheinen dazu (Absatz 1 Nr. 3).

Bei ausländischen Wertpapieren verursacht die Besorgung eines der 10
in § 10 Abs. 1 Nr. 1, 2 HO genannten Geschäfte unter Umständen unverhältnismäßige Schwierigkeiten oder Kosten. In diesem Fall kann die Hinterlegungsstelle die bestmögliche Verwertung der ausländischen Wertpapiere anordnen (§ 10 Abs. 1 letzter Satz HO).

II 2) Um die Arbeitslast der Hinterlegungsbehörden und ihre Verant- 11
wortung nicht über Gebühr zu vermehren, ist in § 10 Abs. 2 HO bestimmt, daß die in Absatz 1 bezeichneten Geschäfte von Amts wegen nur besorgt werden,

---

[4] Zum Begriff des an der Hinterlegung Beteiligten s. § 13 Rdnr. 8 ff.

§ 10 12–14   3. Abschnitt. Verwaltung der Hinterlegungsmasse

- wenn die Notwendigkeit ihrer Vornahme aus dem Deutschen Reichsanzeiger (jetzt: Bundesanzeiger) oder aus einer von der Justizverwaltung bestimmten Verlosungstabelle hervorgeht (Absatz 2 Nr. 1) oder
- wenn die Notwendigkeit der Besorgung der Geschäfte aus den Wertpapieren selbst hervorgeht (Absatz 2 Nr. 2).

12 II 3) Ergeben sich ausnahmsweise Bedenken gegen die Vornahme eines von Amts wegen zu besorgenden Geschäfts, so kann die Hinterlegungsstelle anordnen, daß die Besorgung des Geschäfts unterbleibt (§ 10 Abs. 2 letzter Satz HO). Hiervon hat die Hinterlegungsstelle die Personen, die zur Zeit der Anordnung an der Hinterlegung beteiligt sind, alsbald zu benachrichtigen, soweit dies ohne unverhältnismäßige Schwierigkeiten möglich ist. Einer besonderen Form – etwa der Zustellung – bedarf diese Mitteilung nicht.

13 III) **Besorgung der Geschäfte des § 10 Abs. 1 HO auf Antrag**

Die in § 10 Abs. 1 HO bezeichneten Geschäfte werden von Amts wegen nur besorgt, wenn die in Absatz 2 Nr. 1, 2 bestimmten einschränkenden Voraussetzungen zutreffen. Es ist deshalb denkbar, daß im Einzelfall diese Voraussetzungen nicht erfüllt sind und ein Geschäft deshalb unterbleibt. Für diesen Fall gibt Absatz 2 Nr. 3 jedem Beteiligten das Recht, bei der Hinterlegungsstelle die Vornahme des Geschäfts zu beantragen. Der Beteiligte muß der Hinterlegungsstelle dartun, daß die Voraussetzungen der Vornahme eingetreten (z. B. Erträge fällig geworden und nunmehr zu erheben) sind. Das Geschäft wird dann vorgenommen wie ein von Amts wegen zu besorgendes. Die Besorgung darf nur abgelehnt werden, wenn ihr besondere Bedenken entgegenstehen. Der Anhörung der übrigen Beteiligten bedarf es nicht.

14 IV) **Abweichen von § 10 Abs. 1 HO; weitere Geschäfte**

Damit bei der Verwaltung der Hinterlegungsmasse nicht schematisch verfahren werden muß und damit berechtigten Wünschen und Interessen der Beteiligten Rechnung getragen werden kann, ist der Hinterlegungsstelle durch § 10 Abs. 3 HO eine gewisse Handlungsfreiheit gegeben. Die Hinterlegungsstelle kann jedoch nicht von Amts wegen, sondern nur auf Antrag eines Beteiligten tätig werden. Auch hat die Hinterlegungsstelle die übrigen Beteiligten zu hören, soweit dies ohne unverhältnismäßige Schwierigkeiten möglich ist. Sie trifft ihre Entscheidung nach pflichtgemäßem Ermessen. Im einzelnen kann die Hinterlegungsstelle

§ 11 Anzeige an den Gläubiger   § 11

- eine von § 10 Abs. 1 HO abweichende Regelung treffen (Absatz 3 Nr. 1), z. B. anordnen, daß gewisse Geschäfte nicht besorgt werden oder daß ein Papier nicht eingelöst, sondern umgetauscht wird, wenn Einlösung und Umtausch nebeneinander vorgesehen sind (vgl. oben Rdnr. 6); 15
- anordnen, daß bei Wertpapieren weitere Geschäfte besorgt werden, wenn ein besonderes Bedürfnis hierfür hervorgetreten ist (Absatz 3 Nr. 2). Hier ist in erster Linie an Geschäfte gedacht, deren Unterbleiben für die Beteiligten Rechtsnachteile zur Folge hätte, z. B. an den Verkauf von Bezugsrechten. Es kann sich aber auch um andere Geschäfte handeln, z. B. um den Verkauf eines Wertpapiers, das gemäß § 235 umgetauscht werden soll; 16
- anordnen, daß hinterlegtes Geld zum Ankauf von Wertpapieren verwendet wird (Absatz 3 Nr. 3). Dies kommt vor allem dann in Betracht, wenn es darum geht, Bezugsrechte auszuüben oder Geld, das infolge Einlösung von Wertpapieren zur Masse geflossen ist, erneut anzulegen. 17

V) Sparkassenbücher

Für Sparkassenbücher gilt § 10 HO nicht, weil diese keine Wertpapiere im Sinne des Depotgesetzes sind (vgl. oben Rdnr. 1). 18

[Anzeige an den Gläubiger]

§ 11 Ist zur Befreiung eines Schuldners von seiner Verbindlichkeit hinterlegt, so soll die Hinterlegungsstelle den Schuldner unter Bezugnahme auf § 382 des Bürgerlichen Gesetzbuchs zu dem Nachweis auffordern, daß und wann der Gläubiger die in § 374 Abs. 2 des Bürgerlichen Gesetzbuchs vorgeschriebene Anzeige von der Hinterlegung empfangen hat. Führt der Schuldner den Nachweis nicht innerhalb von drei Monaten nach der Aufforderung, so ist die Hinterlegungsstelle ermächtigt, in seinem Namen und auf seine Kosten dem Gläubiger die Anzeige zu machen; die Aufforderung muß einen Hinweis auf diese Rechtsfolge enthalten.

Übersicht

I) **Vorbemerkung** (1–4)
II) **Die Anzeige nach § 374 Abs. 2 BGB**
  1) Inhalt, Zustellung, Unterbleiben wegen Untunlichkeit (5–7)
  2) Wirkung (8)
  3) Kosten (9)

III) **Aufgaben der Hinterlegungsstelle nach § 11 HO**
  1) Auffordern des Schuldners, den Empfang der Anzeige durch den Gläubiger nachzuweisen (10, 11)
  2) Anzeige im Namen des Schuldners (12–14)
  3) Kosten (15)

§ 11 1–7 3. Abschnitt. Verwaltung der Hinterlegungsmasse

1 I) § 11 HO bezieht sich auf die Fälle, in denen nach § 372 BGB hinterlegt worden ist.

Die in § 11 angeführten Vorschriften des BGB lauten:

2 **§ 374 Abs. 2 BGB:**
Der Schuldner hat dem Gläubiger die Hinterlegung unverzüglich aufzuzeigen; im Falle der Unterlassung ist er zum Schadensersatz verpflichtet. Die Anzeige darf unterbleiben, wenn sie untunlich ist.

3 **§ 382 BGB:**
Das Recht des Gläubigers auf den hinterlegten Betrag[1] erlischt mit dem Ablaufe von dreißig Jahren nach dem Empfange der Anzeige von der Hinterlegung, wenn nicht der Gläubiger sich vorher bei der Hinterlegungsstelle meldet; der Schuldner ist zur Rücknahme berechtigt, auch wenn er auf das Recht zur Rücknahme verzichtet hat.

4 Die Anzeige nach § 374 Abs. 2 BGB ist von Bedeutung wegen der in § 382 BGB geregelten Rechtsfolgen. Hieran wiederum knüpft die Vorschrift des § 19 HO über das Erlöschen des Herausgabeanspruchs an.

II) Die Anzeige nach § 374 Abs. 2 BGB

5 II 1) Über Form und Inhalt der Anzeige ist nichts bestimmt. Sie muß den Gläubiger in die Lage versetzen, seine Rechte bei der Hinterlegungsstelle geltend zu machen. Der Schuldner kann eine Abschrift des Hinterlegungsscheins als Anzeige verwenden. Den Hinterlegungsschein selbst zu übersenden, ist er nicht verpflichtet.[2]

6 Hat der Schuldner hinterlegt, weil er nicht weiß, wer Gläubiger ist, so muß er die Hinterlegung allen anzeigen, die als Berechtigte in Frage kommen. Die Anzeige könnte in einem einfachen Brief übersandt werden. Nach § 382 BGB kommt es jedoch darauf an, wann der Gläubiger die Anzeige **empfangen** hat, und dieser Zeitpunkt ist nach § 11 HO der Hinterlegungsstelle **nachzuweisen.** Um diesen Nachweis erbringen zu können, empfiehlt es sich, die Anzeige in eingeschriebenem Brief gegen Rückschein zu übersenden, gegen Empfangsbestätigung zu übergeben oder durch den Gerichtsvollzieher gem. § 132 BGB zustellen zu lassen.

7 Ist der Gläubiger unbekannten Aufenthalts oder selbst unbekannt,[3] so kann die Anzeige öffentlich zugestellt werden (§ 132 Abs. 2 BGB).

---

[1] Hiernach bezieht sich § 382 BGB nur auf hinterlegtes Geld. Die Fassung ist jedoch ungenau; § 382 BGB ist auch auf alle anderen hinterlegten Gegenstände anzuwenden (Heinrichs in Münchner Kommentar zum BGB, 2. Auflage 1985, § 382, Anm. 1).
[2] RG JW 1903, Beilage 79 Nr. 182.
[3] Z. B. dann, wenn der ursprüngliche Gläubiger verstorben ist und dessen Erben nicht bekannt sind.

Dies ist jedoch wegen des damit verbundenen Aufwandes und wegen der geringen Wahrscheinlichkeit, daß der Gläubiger von der öffentlich zugestellten Erklärung erfährt, im allgemeinen **untunlich** und kann deshalb gem. § 374 Abs. 2 S. 2 BGB unterbleiben. Auch dann ist die Anzeige untunlich, wenn unverhältnismäßig viele Personen als Gläubiger in Betracht kommen.

II 2) Durch den Empfang der Anzeige wird gem. § 382 BGB eine dreißigjährige Frist in Lauf gesetzt, mit deren Ablauf das Recht des Gläubigers auf den hinterlegten Betrag erlischt. Unterbleibt eine Anzeige gem. § 374 Abs. 2 S. 2 BGB als untunlich, so beginnt nach dem Wortlaut des § 382 BGB die Frist nicht zu laufen. Jedoch kann die Vorschrift des § 374 Abs. 2 S. 2 eine untunliche Anzeige nur dann wirklich entbehrlich machen, wenn die an eine Anzeige geknüpften Rechtsfolgen gleichwohl eintreten. In diesem Sinne ist § 382 BGB auszulegen; und zwar kann die Frist – da eine Anzeige unterbleibt – nur mit der Hinterlegung beginnen.[4]

II 3) Die **Kosten** der Anzeige sind Kosten der Hinterlegung und fallen im Verhältnis der Beteiligten dem Gläubiger zur Last (§ 381 BGB). Der Schuldner kann deshalb von einem zu hinterlegenden Betrag die entstehenden Auslagen einbehalten.

III) **Aufgaben der Hinterlegungsstelle nach § 11 HO**

III 1) Im Hinterlegungsverfahren ist die Anzeige des Schuldners an den Gläubiger von Bedeutung für das Erlöschen des Anspruchs auf Herausgabe (vgl. § 19 HO).

Die Hinterlegungsstelle soll deshalb den Schuldner (Hinterleger) unter Bezugnahme auf § 382 BGB **auffordern,** ihr nachzuweisen, daß und wann der Gläubiger die in § 374 Abs. 2 BGB vorgeschriebene Anzeige von der Hinterlegung empfangen hat. In der Aufforderung muß der Schuldner darauf hingewiesen werden, daß die Hinterlegungsstelle ermächtigt sei, in seinem Namen und auf seine Kosten dem Gläubiger die Hinterlegung anzuzeigen, falls er den erforderten Nachweis nicht innerhalb von drei Monaten nach der Aufforderung führe. Die Aufforderung **muß** einen Hinweis auf diese Rechtsfolge enthalten; d. h. die Rechtsfolge kann nur eintreten, wenn auf sie hingewiesen ist. Die Aufforderung ist nach den §§ 208 ff. ZPO förmlich zuzustellen.

III 2) In welcher Weise der Schuldner (Hinterleger) der Hinterlegungsstelle nachzuweisen hat, daß und wann der Gläubiger gemäß

---

[4] Vgl. Palandt/Heinrichs, BGB, 51. Aufl. 1992, § 382 Rd. Nr. 1.

§ 374 Abs. 2 BGB benachrichtigt worden ist, schreibt § 11 HO nicht vor. Im allgemeinen wird der Nachweis durch Zustellungsurkunde, Postrückschein oder Empfangsbestätigung, nicht aber durch Posteinlieferungsschein geführt werden.

13 Wird der Hinterlegungsstelle der erforderliche Nachweis nicht innerhalb der Frist von drei Monaten erbracht und auch nicht dargetan, daß die Anzeige wegen Untunlichkeit (§ 374 Abs. 2 S. 2 BGB) unterbleiben kann, so ist die Hinterlegungsstelle ermächtigt – eine formgerechte Aufforderung vorausgesetzt –, **im Namen und auf Kosten des Schuldners dem Gläubiger** (oder den als Gläubiger in Betracht kommenden Personen) **die Anzeige zu machen.** Die Hinterlegungsstelle wird die Anzeige jedoch nicht ohne weiteres absenden, sondern prüfen, ob dies angezeigt ist oder nicht. Ist die Hinterlegungsstelle z. B. davon überzeugt, daß der Schuldner die Frist von drei Monaten aus besonderen Gründen nicht hat einhalten können, oder hat ihr der Schuldner zwar Belegstücke eingereicht, die sie aber nicht für ausreichend hält, so wird sie erneut eine angemessene Frist setzen. Ebenso wird sie von der Ermächtigung einstweilen keinen Gebrauch machen, wenn sie mit einer Herausgabe in absehbarer Zeit rechnen kann. Die Anzeige wird dem Gläubiger gemäß den §§ 208 ff. ZPO zugestellt.

14 Die Hinterlegungsstelle kann von der Anzeige an den Gläubiger absehen, wenn auch der Schuldner eine Anzeige wegen Untunlichkeit nicht zu machen braucht.

15 III 3) Wegen der **Kosten,** die durch die Anzeige der Hinterlegungsstelle an den Gläubiger entstehen, gilt das zu § 9 Rdnr. 7 Gesagte entsprechend.

Dazu, wer im Verhältnis zwischen Schuldner und Gläubiger diese Kosten zu tragen hat, s. oben Rdnr. 6.

Vierter Abschnitt
Herausgabe

[Herausgabeanordnung]
§ 12 Die Herausgabe bedarf einer Verfügung der Hinterlegungsstelle.

Übersicht

I) **Begriffsbestimmungen** (1)
II) **Herausgabeanordnung**
   1) Voraussetzungen (2)
   2) Rücknahme (3)
   3) Inhalt (4–10)
   4) Erteilung
      a) Adressat der Herausgabeanordnung (11)
      b) Vorherige Zahlung von Kosten (12)
      c) Benachrichtigung des Empfängers vom Erlaß (13)
      d) Verbleib von eingereichten Urkunden (14)
   5) Ausführung (15)
   6) Anfechtung (16)

I) Begriffsbestimmungen

1 Herausgabe im Sinne der Hinterlegungsordnung bedeutet nicht nur die Herausgabe von unverändert aufbewahrten Gegenständen – den sog. Werthinterlegungen –, sondern auch die Auszahlung von hinterlegtem Geld – den sog. Geldhinterlegungen –.[1]

II) Herausgabeanordnung

II 1) *Voraussetzungen*

2 Die Herausgabeanordnung ergeht nicht von Amts wegen, sondern nur
– auf Antrag (§ 13 HO) oder
– auf Ersuchen der zuständigen Behörde (§ 15 HO).

Wegen der Voraussetzungen, die erfüllt sein müssen, damit eine Herausgabeanordnung erlassen werden kann, s. die Erläuterungen zu den genannten Vorschriften.

II 2) *Rücknahme*

3 Die Herausgabeanordnung kann – solange sie nicht ausgeführt ist – zurückgenommen werden.[2] Von dieser Möglichkeit wird die Hinter-

---
[1] Über die Begriffe „Wert-" und „Geldhinterlegungen" s. § 5 Rdnr. 3.
[2] Zur Rücknahme von Verfügungen der Hinterlegungsstelle vgl. § 3 Rdnr. 17.

legungsstelle Gebrauch machen, wenn sie ihre Entscheidung nachträglich als unrichtig erkennt oder wenn nachträglich der Anspruch auf Herausgabe gepfändet wird oder ein anderer Umstand auftritt, der die Entscheidung unrichtig macht.[3]

II 3) *Inhalt*

4   Die Herausgabeanordnung muß alle für die Herausgabe wesentlichen Angaben enthalten. Dies sind im einzelnen:

5 – die genaue Bezeichnung der herauszugebenden Masse (bei Geldhinterlegungen ist auch anzugeben, wieviel aus dem Kapitalbestand und wieviel aus dem Zinsguthaben zu zahlen ist);

6 – die genaue Bezeichnung
   – des Hinterlegers,
   – desjenigen, der den Herausgabeantrag gestellt hat,
   – des Empfängers, ggf. auch des empfangsberechtigten Vertreters;

7 – eine kurze Angabe über den Grund, der zur Herausgabe führt (z. B. Bewilligung der Beteiligten, rechtskräftige Entscheidung);

8 – nähere Bestimmungen über die Art der Herausgabe durch die Kasse
   – bei Geldhinterlegungen: Es ist regelmäßig die Überweisung auf ein Konto des Empfängers anzuordnen;
   – bei Werthinterlegungen: Es ist regelmäßig die postgebührenfreie Übersendung anzuordnen;
   – bei Herausgabe nach dem Ausland: Es ist zu prüfen, ob besondere Anordnungen über die Art der Herausgabe erforderlich sind

9 – die Angabe des zu vereinnahmenden Kostenbetrages, wenn der Masse Kosten entnommen werden sollen (§ 55 Abs. 3 KostVfG);[4]

10 – ein entsprechender Vermerk, wenn die Hinterlegungskasse Meldepflichten nach der Außenwirtschaftsverordnung zu erfüllen oder den Empfänger darauf aufmerksam zu machen hat, daß es sich um eine meldepflichtige Auslandszahlung handelt.

II 4) *Erteilung*

11   II 4a) Die Herausgabeanordnung wird **der Hinterlegungskasse** erteilt, nicht der Oberjustizkasse, der Gerichtszahlstelle oder etwa demjenigen, der die Herausgabe beantragt hat.

---

[3] Zur Frage, was der Geschädigte zu unternehmen hat, wenn an einen Nichtberechtigten herausgegeben worden ist, vgl. § 18 Rdnr. 2, 3. Dazu, was zweckmäßigerweise geschieht, wenn eine Herausgabeanordnung mit der Beschwerde angefochten wird, vgl. § 3 Rdnr. 16.

[4] Vgl. §§ 24–26 Rdnr. 5 Mit Fn. 3.

§ 12 Herausgabeanordnung

II 4b) Soll die Herausgabe **von der Zahlung der Kosten abhängig** gemacht werden, so ist die Herausgabeanordnung erst zu erlassen, wenn die Kosten eingezahlt sind (§ 55 Abs. 4 KostVfg).[4]

II 4c) **Die Hinterlegungsstelle benachrichtigt den Empfänger** von dem Erlaß der Herausgabeanordnung und von den Bestimmungen, die über die Art der Herausgabe getroffen worden sind.

Ist der Empfänger nicht personengleich mit dem Antragsteller oder der ersuchenden Behörde, dann erhalten auch diese von dem Erlaß der Herausgabeanordnung Nachricht.

II 4d) Urkunden, die eingereicht sind, um die Berechtigung des Empfängers nachzuweisen, und die die Grundlage für die Herausgabeanordnung bilden, werden grundsätzlich zu den Hinterlegungsakten genommen. Werden sie ausnahmsweise zurückgegeben, dann sind für die Hinterlegungsakten beglaubigte Abschriften zu fertigen. Ausnahmsweise (z. B. bei Rückgabe einer Urteilsausfertigung) kann ein kurzer Vermerk in den Hinterlegungsakten genügen.

II 5) *Ausführung*

Die Hinterlegungskasse hat Bedenken gegen die sachliche Richtigkeit der Herausgabeanordnung der Hinterlegungsstelle mitzuteilen (z. B. dann, wenn ein bei der Kasse vermerkter Pfändungsbeschluß von der Hinterlegungsstelle nicht beachtet worden ist), muß aber ansonsten der Herausgabeanordnung Folge leisten.

Die Hinterlegungsstelle erhält von der Hinterlegungskasse keine Nachricht darüber, daß die Herausgabe geschehen ist, wenn sie nicht im Einzelfall aus besonderen Gründen darum ersucht hat.

Kann eine Herausgabeanordnung nicht ausgeführt werden, weil der Empfänger die **Annahme verweigert** oder weil die Sendung als **unzustellbar** zurückkommt, so gibt die Hinterlegungskasse der Hinterlegungsstelle hiervon Nachricht. Die Hinterlegungsstelle verfügt in diesem Fall die erneute Annahme zur Hinterlegung. Hiermit beginnt ein völlig neues Hinterlegungsverfahren. An ihm ist zunächst nur der betreffende Empfänger beteiligt. Hat die herauszugebende Masse aus Kapital und Zinsen bestanden, so wird nunmehr die Gesamtsumme als Kapital hinterlegt. Die Anlauffrist für die Verzinsung (§ 8 Nr. 1 HO) beginnt von neuem.

II 6) *Anfechtung*

Die Herausgabeanordnung ebenso wie die Ablehnung eines Herausgabeantrags sind Entscheidungen im Sinne des § 3 HO. Über die Anfechtung dieser Entscheidungen vgl. § 3 und die Erläuterungen hierzu, insbesondere Rdnr. 24.

§ 13

[Nachweis der Berechtigung des Empfängers]

§ 13 (1) **Die Verfügung ergeht auf Antrag, wenn die Berechtigung des Empfängers nachgewiesen ist.**
(2) **Der Nachweis ist namentlich als geführt anzusehen:**
1. wenn die Beteiligten die Herausgabe an den Empfänger schriftlich oder zur Niederschrift der Hinterlegungsstelle eines Gerichts oder eines Urkundsbeamten der Geschäftsstelle bewilligt oder seine Empfangsberechtigung in gleicher Weise anerkannt haben;
2. wenn die Berechtigung des Empfängers durch rechtskräftige Entscheidung mit Wirkung gegen die Beteiligten oder gegen das Reich festgestellt ist.

Aus einem nachher entstandenen Grunde kann auch in diesen Fällen die Berechtigung beanstandet werden.

Übersicht

I) **Voraussetzungen des Erlasses einer Herausgabeanordnung** (1)
II) **Herausgabeantrag**
  1) Form und Inhalt (2)
  2) Antragsrecht, Vertretung, Empfangsvollmacht
    a) Antragsrecht (3)
    b) Vertretung (4)
    c) Empfangsvollmacht (5)
III) **Entscheidung über den Herausgabeantrag** (6, 7)
IV) **Beteiligte**
  1) Bedeutung des Begriffs des Beteiligten (8)
  2) Bestimmung der Beteiligten nach formellen und materiellen Gesichtspunkten (9, 10)
    a) Formelle Gesichtspunkte (11)
    b) Materielle Gesichtspunkte (12)
    c) Änderung des Kreises der Beteiligten (13)
    d) Vertreter und Beteiligung (14)
V) **Nachweis der Empfangsberechtigung** (15)
  1) Nachweis der Empfangsberechtigung im allgemeinen (16–19)
  2) Bewilligung der Herausgabe als Nachweis der Empfangsberechtigung
    a) Bewilligung und Anerkennung der Empfangsberechtigung (20)
    b) Form der Bewilligung (21, 22)
    c) Bewilligung durch einen Vertreter (23)
    d) Einzelheiten über die Bewilligung (24, 29)
    e) Ersetzung der Bewilligung durch ein Urteil (30)
  3) Nachweis der Empfangsberechtigung durch rechtskräftige Entscheidung
    a) Allgemeines (31)
    b) In Betracht kommende Entscheidungen (32–34)
    c) Feststellung der Rechtskraft (35)
VI) **Prüfung besonderer Erfordernisse** (36)
VII) **Beanstandung aus einem nachträglich entstandenen Grund** (37)

I) Voraussetzungen des Erlasses einer Herausgabeanordnung

1   Die Hinterlegungsstelle darf nicht von Amts wegen verfügen, daß die Hinterlegungsmasse herauszugeben sei (Herausgabeanordnung; s. dazu § 12 mit Anm.), sondern nur
– auf Antrag oder
– auf Ersuchen der zuständigen Behörde.

§ 13 HO behandelt die Herausgabe auf Antrag. Die Herausgabe auf Ersuchen einer Behörde wird in § 15 geregelt.

II) Herausgabeantrag

II 1) *Form und Inhalt*

Der Antrag auf Herausgabe ist schriftlich zu stellen. Über den notwendigen Inhalt des Antrags ist näheres nicht bestimmt, doch ergibt sich aus der Natur der Sache, daß jedenfalls die herauszugebende Masse und derjenige, an den herausgegeben werden soll, genau zu bezeichnen sind. Auch über die Empfangsberechtigung hat sich der Antragsteller zu äußern und über deren Nachweis, sofern sie nicht offenkundig ist. Der Antrag ist an die Hinterlegungsstelle zu richten, denn diese hat über die Herausgabe zu entscheiden.

Die Bediensteten der Hinterlegungsstelle haben dem persönlich erschienenen Antragsteller bei der Abfassung des Antrags behilflich zu sein. Auf die Berichtigung oder Vervollständigung eines fehlerhaften Antrags haben sie hinzuwirken.

II 2) *Antragsrecht, Vertretung, Empfangsberechtigung*

II 2a) Das Gesetz sagt nichts darüber, wer einen Herausgabeantrag stellen kann. Hieraus kann nicht geschlossen werden, daß jedermann hierzu berechtigt sei. Der Kreis der als Antragsteller in Betracht kommenden Personen ist vielmehr sinnvoll abzugrenzen. Es ist darauf abzustellen, ob der Antragsteller den Antrag auf **sein Recht** stützt, d. h. geltend macht, die beantragte Herausgabe aus Rechtsgründen fordern zu können. Der Antragsteller muß deshalb zum Kreis der Beteiligten (s. unten Rdnr. 8ff.) gehören. Dies schließt es nicht aus, daß zulässigerweise auch die Herausgabe an einen Dritten beantragt werden kann: so, wenn der Dritte als Zahlstelle angegeben wird. Unzulässig ist dagegen ein Antrag, den jemand als Geschäftsführer ohne Auftrag für einen Beteiligten stellt. Ausnahmsweise kann auch ein Dritter, der keinerlei Rechtsgrund für sein Verlangen angibt, einen Herausgabeantrag stellen: nämlich dann, wenn er die Einwilligung aller Beteiligten in die Herausgabe beibringt. Hierdurch wird der Dritte selbst zum Beteiligten.

II 2b) Wird der Herausgabeantrag von einem **Vertreter** gestellt, so ist die Vertretungsmacht nachzuweisen. In Betracht kommt vor allem das Vorlegen einer Vollmachtsurkunde, deren öffentliche oder amtliche Beglaubigung gem. § 14 HO verlangt werden kann. Ist die herauszugebende Masse Gegenstand eines Rechtsstreits gewesen oder ist sie im Rechtsstreit als Sicherheit hinterlegt worden, so reicht zur Stellung des Herausgabeantrags die Prozeßvollmacht im allgemeinen aus. Als Nachweis wird es regelmäßig genügen, daß der Prozeßbevollmächtigte im Kopf des Urteils oder Vergleichs als solcher genannt ist. Ein Vormund oder Pfleger weist seine Vertretungsmacht durch Vorlegen der Bestallung nach, ein Konkursverwalter durch Vorlegen der urkundlichen Bescheinigung seiner Bestellung (§ 81 KO). Die Genannten können sich auch auf die Vormundschafts-, Pflegschafts- oder Konkursakten beziehen, wenn diese bei demselben Amtsgericht geführt werden, das auch als Hinterlegungsstelle tätig wird. In ähnlicher Weise kann etwa ein Prokurist zum Nachweis seiner Vertretungsmacht auf das Handelsregister verweisen.

5   II 2c) Wer befugt ist, den Herausgabeantrag für einen anderen zu stellen, braucht nicht zugleich befugt zu sein, die herauszugebende Masse **für den anderen in Empfang zu nehmen.** Es ist deshalb darauf zu achten, ob die Vertretungsmacht sich auch hierauf erstreckt. Die gewöhnliche Prozeßvollmacht ermächtigt nur zum Empfang der von dem Gegner zu erstattenden Kosten, nicht etwa auch zum Empfang des streitbefangenen Gegenstandes (§ 81 ZPO). Die Prüfung, ob eine Empfangsvollmacht vorliegt, wird insbesondere dann geboten sein, wenn ein Rechtsanwalt die Prozeßvollmacht in einem Prozeß nicht vorzulegen brauchte (§ 88 Abs. 2 ZPO) und nun die Herausgabe zu seinen Händen beantragt. Hat der Vertreter seine Berechtigung zum Empfange der herauszugebenden Masse nicht nachgewiesen, so ist an den Vertretenen herauszugeben.

6   III) **Entscheidung über den Herausgabeantrag**

Über den Herausgabeantrag entscheidet die Hinterlegungsstelle (§ 12) durch den Rechtspfleger (§ 30 RpflG). Die Entscheidung kann darin bestehen, daß der Antrag abgelehnt wird. In diesem Fall ist sie schriftlich zu begründen. Will der Rechtspfleger dem Herausgabeantrag entsprechen, so erläßt er eine Herausgabeanordnung. Über deren Inhalt, Erteilung und Ausführung vgl. die Anmerkungen zu § 12 HO. Welche Voraussetzungen erfüllt sein müssen, bevor die Herausgabe angeordnet werden darf, ist unten (Rdnr. 15 ff.) erläutert.

7   Bevor der Rechtspfleger endgültig entscheidet, kann er eine **Zwischenverfügung** erlassen. Darin kündigt er die Ablehnung des Herausgabeantrags für den Fall an, daß der Antragsteller nicht innerhalb einer festzusetzenden, angemessenen Frist behebbare Hindernisse, die der Herausgabe entgegenstehen, beseitige.[1] Zur Unzulässigkeit eines Vorbescheides im Hinterlegungsverfahren vgl. Rdnr. 9 zu § 3 HO.

Wegen der Anfechtung ergehender Entscheidungen s. § 3 mit Anm.

---

[1] Eine derartige Zwischenverfügung hindert den Rechtspfleger nicht, später noch weitere Hindernisse, die ihm zunächst entgangen sind, zu beanstanden.

IV) **Beteiligte**

IV 1) Die Herausgabeanordnung berührt wesentlich die Rechtsstellung der am Hinterlegungsverfahren beteiligten Personen – der „Beteiligten". Dieser Begriff steht deshalb im Mittelpunkt des § 13 HO. Als Beteiligte bezeichnet das Gesetz die Personen, die berechtigt sind, durch Anträge und Erklärungen am Verfahren mitzuwirken. Die Beteiligten können der Umwechslung von Zahlungsmitteln zustimmen (§ 7 Abs. 2 HO) oder auf die Verwaltung von Wertpapieren einwirken (§ 10 Abs. 2, 3 HO). Sie können vor allem die Herausgabe der Hinterlegungsmasse an einen bestimmten Empfänger dadurch erschweren oder sogar verhindern, daß sie die Bewilligung der Herausgabe verweigern (§ 13 Abs. 2 Nr. 1 HO).

IV 2) Der Kreis der Beteiligten wird von der Hinterlegungsordnung nicht näher umgrenzt.[2] Aus den Mitwirkungsrechten, die den Beteiligten eingeräumt sind, läßt sich jedoch schließen, daß am Verfahren diejenigen Personen beteiligt sein sollen, zu deren Vermögen die Hinterlegungsmasse möglicherweise gehört. Damit sind „Beteiligte" im Sinne der Hinterlegungsordnung **diejenigen, die möglicherweise zum Empfang der Hinterlegungsmasse berechtigt sind.**

Bei der genauen Abgrenzung dieses Personenkreises wird man sowohl auf **formelle** als auch auf **materielle** Gesichtspunkte abzustellen haben.

Aus materiellen Gründen ist Beteiligter, bei welchem eine Prüfung des materiellen Rechts ergibt, daß er möglicherweise zum Empfang der Hinterlegungsmasse berechtigt ist. Da dies für die Hinterlegungsstelle mangels genauer Kenntnis des der Hinterlegung zugrunde liegenden Rechtsverhältnisses oft schwierig festzustellen ist, sind auch formelle Gesichtspunkte zu berücksichtigen. Solche formellen Aspekte sind äußerlich erkennbare Umstände, die regelmäßig den Schluß auf eine Beteiligung im materiellen Sinn zulassen. Personen, bei denen derartige Umstände vorliegen, sind so lange als Beteiligte anzusehen, bis sich zweifelsfrei feststellen läßt, daß sie in materieller Hinsicht tatsächlich nicht beteiligt sind.

IV 2a) **Aus formellen Gründen** sind am Hinterlegungsverfahren beteiligt
– der Hinterleger (d. h. derjenige, der den Annahmeantrag gestellt hat oder in dessen Namen dieser Antrag gestellt worden ist), es sei denn,

---

[2] Demgegenüber wird etwa im Zivilprozeß der Kreis der am Verfahren Beteiligten durch Klage, Streitverkündung, Haupt- und Nebenintervention genau bestimmt.

§ 13 12, 13   4. Abschnitt. Herausgabe

daß er zur Rücknahme der Hinterlegung nicht berechtigt ist. Ob dies der Fall ist oder nicht, läßt sich allgemein nicht beantworten. Es hängt davon ab, aus welchem Rechtsgrund hinterlegt worden ist. Vgl. wegen der Einzelfälle den Anhang zu § 13 HO;
- die Personen, die im Annahmeantrag als möglicherweise empfangsberechtigt bezeichnet worden sind;[3]
- die Personen, die der Hinterleger nachträglich als möglicherweise empfangsberechtigt bezeichnet hat;[4]
- derjenige, zu dessen Gunsten alle übrigen Beteiligten die Herausgabe bewilligt haben; denn dieser ist aufgrund der Bewilligungen als empfangsberechtigt und damit auch als Beteiligter anzusehen.

12 IV 2 b) Über die vorgenannten Personen hinaus sind **aus materiellrechtlichen Gründen** diejenigen beteiligt, die nach dem der Hinterlegung zugrunde liegenden Rechtsverhältnis – wie sich dieses aus dem Annahmeantrag, etwaigen späteren Ergänzungen, beigefügten Urkunden und sonstigen Unterlagen ergibt – möglicherweise empfangsberechtigt sind. Dritte, die der Hinterlegungsstelle gegenüber geltend machen, daß sie Beteiligte seien, haben eine mögliche Empfangsberechtigung darzutun und zu belegen, bevor sie als Beteiligte anerkannt werden können.

Wird durch Hinterlegung von Geld Sicherheit geleistet, dann hat der Hinterleger einen Anspruch auf Rückerstattung und ist deshalb am Hinterlegungsverhältnis beteiligt (§ 233 BGB). Daran ändert sich auch dann nichts, wenn das Geld aus den Mitteln eines anderen stammt. Dieser hat keinen Anspruch auf Herausgabe und ist nicht Beteiligter.[5]

13 IV 2 c) **Der Kreis der Beteiligten kann sich** während der Dauer des Hinterlegungsverfahrens **ändern.** Aus dem Kreis der Beteiligten scheidet aus,
- wer die Herausgabe allgemein – „an den, den es angeht" – bewilligt (vgl. unten Rdnr. 29);[6]

---

[3] Es sei denn, daß diese unzweifelhaft nicht zum Empfang der Hinterlegungsmasse berechtigt sind.

[4] Hierzu ist der Hinterleger befugt, und zwar auch dann, wenn er auf das Recht zur Rücknahme der Hinterlegung verzichtet hat: vgl. LG Essen NJW 1958, 950; BGH NJW 1960, 1003 Nr. 2.

[5] RG GruchBeitr. 51 (1907) 959; RG WarnR 1921 Nr. 91; RG JW 1923, 685 Nr. 3 = Recht 1924 Nr. 1206; RG SeuffArch. 89 (1935) Nr. 13 S. 29; OLG Schleswig SchlHA 1954, 324 = Rpfleger 1955, 49 und BGH Rpfleger 1955, 187; s. ferner BGH LM § 142 BGB Nr. 1 = NJW 1952, 782 (Leitsatz).

[6] Anders, wenn die Herausgabe an einen bestimmten anderen Beteiligten bewilligt wird: Die Stellung als Beteiligter kann wieder Bedeutung gewinnen, wenn dem Herausgabeantrag nicht entsprochen wird (etwa weil andere Beteiligte der Herausgabe widersprechen und Herausgabe an sich selbst verlangen). A. A. anscheinend OLG Celle Nds. Rpfl. 1972, 197.

§ 13 Nachweis der Berechtigung des Empfängers **14, 15** § 13

- wer seinen Anspruch auf Herausgabe abtritt. Damit die Antretung anerkannt werden kann, hat der bisherige Beteiligte sie anzuzeigen oder hat der Abtretungsempfänger[7] eine Abtretungsurkunde einzureichen (§§ 409, 410 BGB);
- wessen Anspruch auf Herausgabe erlischt (vgl. § 19 Rdnr. 2).

Des weiteren kann eine Änderung im Kreis der Beteiligten eintreten, z. B.

- durch Beerbung;
- dadurch, daß der Hinterleger, der auf das Recht der Rücknahme verzichtet hat und deshalb nicht Beteiligter ist, einen Anspruch auf Herausgabe neu erwirbt (vgl. § 19 Rdnr. 3);
- dadurch, daß der Hinterleger nachträglich weitere Personen als möglicherweise empfangsberechtigt bezeichnet (vgl. oben Rdnr. 11);
- dadurch, daß der Gläubiger eines Beteiligten dessen Anspruch auf Herausgabe pfänden[8] und sich zur Einziehung überweisen läßt. Hierdurch erlangt der Gläubiger die Befugnis, die Rechte des beteiligten Schuldners weitgehend an dessen Stelle ausüben und insbesondere Herausgabe an sich statt an den Schuldner verlangen zu können (vgl. unten Rdnr. 34). Im übrigen aber sind Gläubiger und Schuldner nebeneinander Beteiligte. Soll etwa an einen dritten Beteiligten herausgegeben werden, so ist ihrer beider Bewilligung erforderlich.

IV 2 d) Der gesetzliche oder rechtsgeschäftliche Vertreter eines Beteiligten ist seinerseits nicht auch Beteiligter. Hiervon zu unterscheiden ist der Fall, daß anstelle des unmittelbar Beteiligten oder Verpflichteten ein Dritter im eigenen Namen hinterlegt hat (vgl. § 6 Rdnr. 13 ff.). In diesem Fall handelt der Dritte nicht als Vertreter, sondern ist selbst Hinterleger und damit Beteiligter. **14**

V) **Nachweis der Empfangsberechtigung** **15**

Die Herausgabe darf erst angeordnet werden, wenn geklärt ist, welcher Beteiligte zum Empfang der Hinterlegungsmasse berechtigt ist und welcher nicht.[9] Dies ist eine Frage des materiellen Rechts, die nach dem Rechtsverhältnis zu beurteilen ist, das der Hinterlegung im

---

[7] Der auch bisher schon Beteiligter gewesen sein kann.
[8] Dazu, wer den Justizfiskus als Drittschuldner vertritt, vgl. Anhang Nr. 5.
[9] Bei der Herausgabe von Kapital und Zinsen muß auch die Berechtigung zum Empfang der Zinsen nachgewiesen sein, weil die Zinsen nicht ohne weiteres dem zustehen, der das Kapital empfangen hat. Über die Erstreckung des Pfandrechts an einer Forderung auf die Zinsen vgl. § 1289 BGB; zur Erstreckung des Pfandrechts an einem Wertpapier auf Zins- und Gewinnanteilscheine s. § 1296 BGB.

Einzelfall zugrunde liegt. Hierüber hat die Hinterlegungsstelle zu entscheiden. Sie hat zu beurteilen, ob die Empfangsberechtigung des Beteiligten, an den herausgegeben werden soll, zweifelsfrei nachgewiesen ist. Verbleibende Zweifel hat die Hinterlegungsstelle nicht zu klären, sondern hat dies den Beteiligten zu überlassen (vgl. unten Rdnr. 18). Einer Prüfung des materiellen Rechts ist die Hinterlegungsstelle enthoben, wenn die in § 13 Abs. 2 HO genannten formellen Voraussetzungen vorliegen, wenn also die Berechtigung des Empfängers rechtskräftig festgestellt oder von den anderen Beteiligten anerkannt worden ist (s. dazu unten Rdnr. 20 ff. und 31 ff.). Sind diese Voraussetzungen erfüllt, dann ist die Empfangsberechtigung ohne Prüfung des materiellen Rechts als nachgewiesen anzusehen.

16 V 1) *Nachweis der Empfangsberechtigung im allgemeinen*

Es obliegt dem Antragsteller, die Berechtigung des Empfängers – d. h. in der Regel seine eigene – zum Empfang der Hinterlegungsmasse nachzuweisen. Wenn der Nachweis nicht bereits nach § 13 Abs. 2 HO als geführt anzusehen ist (s. dazu unten Rdnr. 29 ff.), ist der Hinterlegungsstelle nachzuweisen, daß der geltend gemachte Anspruch auf Herausgabe nach materiellem Recht wirklich besteht. Welche Tatsachen nachgewiesen werden müssen, hängt davon ab, aus welchem Rechtsgrund im Einzelfall hinterlegt worden ist; s. hierzu den Anhang zu § 13 HO.

17 Der Form nach wird der Nachweis im allgemeinen durch **Vorlegen von Urkunden** geführt, etwa durch Vorlegen schriftlicher Erklärungen, der Ausfertigung von Urteilen, von Pfändungs- und Überweisungsbeschlüssen oder von Erbscheinen.[10] Befindet sich der Nachweis der Empfangsberechtigung bei Akten des Gerichts, zu dem die Hinterlegungsstelle gehört, so genügt die Bezugnahme auf diese Akten. Auch in sonstigen geeigneten Fällen wird die Hinterlegungsstelle Akten beiziehen, auf die verwiesen worden ist.

18 Die Hinterlegungsstelle prüft, ob die ihr vorliegenden Urkunden echt sind und ob sie ausreichen, um die Empfangsberechtigung dessen, an den herausgegeben werden soll, nachzuweisen und die Empfangsberechtigung der übrigen Beteiligten auszuschließen. Darüber hinaus ist

---

[10] Oder auch durch Vorlegen einer Verfügung von Todes wegen, die in einer öffentlichen Urkunde enthalten ist, sowie der Niederschrift über die Eröffnung der Verfügung. Diese Unterlagen genügen als Nachweis der Erbfolge gegenüber dem Grundbuchamt (vgl. § 35 Abs. 1 S. 2 GBO) und dem Registergericht (vgl. Baumbach/Duden/Hopt, HGB 28. Aufl. 1989, § 12 Anm. 2 C) und müssen deshalb auch im Hinterlegungsverfahren genügen. – Wegen des Verbleibs der eingereichten Urkunden s. § 12 Rdnr. 14.

es nicht ihre Aufgabe, in eine Prüfung unklarer oder streitiger Rechtsverhältnisse einzutreten.[11] Soweit hier entschieden werden muß, hat die Hinterlegungsstelle die Beteiligten an das Prozeßgericht oder an die sonst zuständige Stelle zu verweisen.

Beispiel: A und B sind Hinterlegungsbeteiligte. A beantragt die Herausgabe an sich, B weigert sich, die Herausgabe zu bewilligen. A trägt der Hinterlegungsstelle nunmehr Tatsachen vor, aus denen er folgert, daß er die Herausgabe an sich zu Recht fordern könne, und benennt als Beweismittel mehrere Zeugen.

Es ist nicht Sache der Hinterlegungsstelle, die Beweise zu erheben und im Hinterlegungsverfahren den Streit zwischen den Beteiligten mit zu entscheiden. Sie wird dem Antragsteller vielmehr anheimstellen, den B vor den ordentlichen Gerichten auf Abgabe der Bewilligung zu verklagen (falls sie nicht etwa die Voraussetzungen zur Anwendung des § 16 HO für gegeben hält).

Wenn es hiernach auch Sache des Antragstellers ist, die erforderlichen Nachweise für die Empfangsberechtigung beizubringen, so wird die Hinterlegungsstelle ihm hierbei jedoch tunlichst behilflich sein. Sie kann sich etwa bemühen, eine Einigung der Beteiligten herbeizuführen. Notfalls hat sie von § 16 HO Gebrauch zu machen. Ziel der Hinterlegungsstelle sollte es sein, die Hinterlegungsmassen den Berechtigten möglichst schnell zuzuführen.

V 2) *Bewilligung der Herausgabe als Nachweis der Empfangsberechtigung (§ 13 Abs. 2 Nr. 1 HO)*

V 2a) In § 13 Abs. 2 Nr. 1 HO werden die Bewilligung der Herausgabe und die Anerkennung der Empfangsberechtigung nebeneinander erwähnt. Beide haben dieselben Wirkungen. Im folgenden wird der Einfachheit halber nur von der Bewilligung gesprochen.

V 2b) Was die **Form** der Bewilligung anbelangt, so werden im Gesetz genannt

– die Schriftform sowie
– die Erklärung zur Niederschrift
  – der Hinterlegungsstelle,
    – eines Gerichts oder
    – eines Urkundsbeamten der Geschäftsstelle.

Hierdurch wird jedoch eine andere geeignete Form – etwa die Form der notariellen Beurkundung – nicht ausgeschlossen, wie sich dem Wort „namentlich" in § 13 Abs. 2 HO entnehmen läßt.

---

[11] OLG Karlsruhe JVBl. 1972, 165 = OLGZ 1972, 385; s. dazu Drischler und Hannig, JVBl. 1972, 151 und 226.

§ 13 22–26 4. Abschnitt. Herausgabe

22 Ist die Bewilligung schriftlich erklärt, so kann die Hinterlegungsstelle, um sich über die Echtheit der Unterschrift Gewißheit zu verschaffen, nach § 14 HO die amtliche oder öffentliche Beglaubigung verlangen. Vgl. hierzu die Anm. zu § 14.

23 V 2 c) Hat ein **Vertreter** die Herausgabe bewilligt, so ist dessen Vertretungsmacht nachzuweisen, z. B. durch Vorlegen der Vollmachtsurkunde, der Bestallung als Vormund, eines Handelsregisterauszugs oder der Bescheinigung eines Notars über die Vertretungsberechtigung (§ 21 BNotO).[12] Vgl. auch oben Rdnr. 4.

24 V 2 d) Die Bewilligung ist eine **verfahrensrechtliche, einseitige, empfangsbedürftige, abstrakte Willenserklärung**; sie ist der Eintragungsbewilligung nach § 19 GBO vergleichbar.

25 Die Bewilligung ist **verfahrensrechtlicher** Natur. Durch sie gestattet ein Beteiligter der Hinterlegungsstelle, die Herausgabe an einen anderen Beteiligten anzuordnen. Die Herausgabeanordnung wird durch sie formell gerechtfertigt, denn die Hinterlegungsstelle braucht nicht zu prüfen, ob die bewilligte Herausgabe auch materiell mit dem Rechtsverhältnis in Einklang steht, das der Hinterlegung zugrunde liegt. Da die Bewilligung eine Verfahrenshandlung ist, gelten die Ausführungen zu § 6 Rdnr. 6, 7 auch hier.[13]

26 Die Bewilligung ist **abstrakt,** denn sie braucht nicht erkennen zu lassen, aus welchem Grunde der Beteiligte sich veranlaßt gesehen oder verpflichtet gefühlt hat, die Herausgabe an einen anderen zu bewilligen. Die Wirksamkeit der Bewilligung ist von der Wirksamkeit des zugrunde liegenden Rechtsverhältnisses nicht abhängig. Eine solche Abhängigkeit kann auch nicht dadurch hergestellt werden, daß das Grundverhältnis zur Bedingung der Bewilligung gemacht wird. Denn um die Herausgabeanordnung auf eine sichere Grundlage zu stellen, darf die Bewilligung nicht von Bedingungen, Zeitbestimmungen und sonstigen Vorbehalten abhängig gemacht werden, es sei denn von solchen, deren Eintreten oder Fehlen urkundlich nachweisbar ist und deshalb von der Hinterlegungsstelle sicher nachgeprüft werden kann.[14]

---

[12] Wegen des Verbleibs der eingereichten Urkunden s. § 12 Rdnr. 14.
[13] Die Bewilligung kann als Verfahrenshandlung nicht angefochten, jedoch solange die Herausgabeanordnung nicht ergangen ist – widerrufen werden. Wird die Bewilligung angefochten, so wird man dies als Widerruf anzusehen haben. Selbst wenn man die Bewilligung – wie bei der Eintragungsbewilligung nach § 19 GBO – als nicht frei widerruflich ansieht, entsteht durch den Widerruf eine zweifelhafte Rechtslage, deren Klärung die Hinterlegungsstelle den Beteiligten überlassen wird.
[14] In anderen Fällen kann möglicherweise nach § 16 HO verfahren werden.

§ 13 Nachweis der Berechtigung des Empfängers

Die Bewilligung ist eine **einseitige** Erklärung. Sie ist nicht vertraglicher Art und bedarf insbesondere nicht der Annahme. Sie ist – wie sich aus der Zweckbestimmung ergibt – **empfangsbedürftig** und kann gegenüber der Hinterlegungsstelle oder gegenüber dem Antragsteller abgegeben werden, der sie dann der Hinterlegungsstelle einreicht. 27

Die Bewilligung ist eine Willenserklärung und als solche der **Auslegung** zugänglich. Sie braucht nicht ausdrücklich die Worte „Ich bewillige ..." oder „Ich erkenne die Empfangsberechtigung des ... an" zu enthalten. Auch andere Wendungen wie „Ich genehmige ...", „Ich bin damit einverstanden, daß ..." oder „Ich verzichte auf meine Rechte ..." reichen aus. Die Erklärung muß allerdings unzweifelhaft erkennen lassen, daß der Beteiligte die Herausgabe bewilligen will. In Zweifelsfällen kann die Hinterlegungsstelle den Beteiligten über den Sinn seiner Erklärung befragen. 28

Die Bewilligung kann sich entweder auf einen bestimmten Antrag beziehen oder kann ganz allgemein gehalten sein, so daß gewissermaßen die Herausgabe „an den, den es angeht" bewilligt wird. 29

V 2e) Die Bewilligung eines Beteiligten wird durch ein rechtskräftiges Urteil, durch das er zur Abgabe der Bewilligung verurteilt ist, ersetzt. Aufgrund des Urteils gilt die Bewilligung als erklärt (§ 894 ZPO). 30

V 3) *Nachweis der Empfangsberechtigung durch rechtskräftige Entscheidung (§ 13 Abs. 2 Nr. 2 HO)*

V 3a) Rechtskräftige Entscheidungen, die die Berechtigung des Empfängers mit Wirkung gegen die Beteiligten oder gegen den Justizfiskus feststellen, binden auch die Hinterlegungsstelle. Diese hat dem Antrag, der auf eine Entscheidung der genannten Art gestützt wird, zu entsprechen, ohne die Berechtigung des Empfängers ihrerseits nochmals zu prüfen. Ist die Berechtigung des Empfängers mit Wirkung nur gegenüber einzelnen Beteiligten rechtskräftig festgestellt worden, so müssen die Rechte der übrigen Beteiligten besonders – z. B. durch Beibringen von Bewilligungen – ausgeräumt werden. Ein gegen den Justizfiskus ergangenes Urteil genügt in jedem Fall als Nachweis der Empfangsberechtigung. Dies wird in § 13 Abs. 2 Nr. 2 im Hinblick auf § 3 Abs. 3 HO ausdrücklich hervorgehoben. 31

V 3b) Als rechtskräftige Entscheidungen im Sinne des § 13 Abs. 2 Nr. 2 HO kommen vor allem in Betracht 32

§ 13   33–35   4. Abschnitt. Herausgabe

- Urteile;[15], [16]
- Beschlüsse gem. § 109 Abs. 2 und § 715 ZPO, durch die die Rückgabe einer Sicherheit angeordnet wird;[17]
- Beschlüsse gem. § 124 StPO, durch die eine zur Abwendung des Vollzugs eines Haftbefehls geleistete Sicherheit der Staatskasse für verfallen erklärt wird.

33   Keine Entscheidungen im Sinne des § 13 Abs. 2 Nr. 2 HO sind Beschlüsse, durch die eine zur Abwendung des Vollzugs eines Haftbefehls geleistete Sicherheit freigegeben (§ 123 Abs. 3 StPO)[18] oder durch die festgestellt wird, daß eine solche Sicherheit frei geworden sei (§ 123 Abs. 2 StPO). Derartige Beschlüsse sind, da sie nicht mit einem befristeten Rechtsmittel angefochten werden können, nicht der Rechtskraft fähig und können aus begründetem Anlaß von Amts wegen oder auf Antrag zurückgenommen oder geändert werden.

34   Desgleichen gehören nicht hierher Pfändungs- und Überweisungsbeschlüsse oder im Verwaltungszwangsverfahren ergangene Pfändungs- und Einziehungsverfügungen, aufgrund derer der Gläubiger eines Beteiligten dessen Anspruch auf Herausgabe der Hinterlegungsmasse geltend macht. Diese Verfügungen und Entscheidungen stellen nicht die Empfangsberechtigung fest, sondern ersetzen die Erklärungen, die der Vollstreckungsschuldner (Beteiligte) abgeben müßte, um dem Vollstreckungsgläubiger das Recht zur Einziehung der Forderung zu verschaffen.[19]

35   V 3 c) Um die Rechtskraft festzustellen, wird die Hinterlegungsstelle, wenn es sich nicht um eine unanfechtbare Entscheidung – etwa um das in der Berufungsinstanz ergangene Urteil eines Landgerichts oder um ein Urteil des Bundesgerichtshofes – handelt, die Vorlegung eines Zeugnisses über die Rechtskraft (§ 706 ZPO) verlangen.

---

[15] Ein Urteil, durch das ein Beteiligter verurteilt wird, die Herausgabe an einen anderen zu bewilligen, gehört nicht hierher: vgl. dazu oben Rdnr. 30.

[16] Ein Prozeßvergleich ist einer rechtskräftigen Entscheidung im Sinne des § 13 Abs. 2 Nr. 2 HO nicht gleichzusetzen. Er ist jedoch in der Regel geeignet, die Bewilligung der Herausgabe im Sinne des § 13 Abs. 2 Nr. 1 HO nachzuweisen: vgl. OLG Frankfurt OLGZ 1974, 358 = Rpfleger 1974, 227.

[17] Beschlüsse gem. §§ 109, 715 ZPO ergehen durch den Rechtspfleger (§ 20 Nr. 3 RpflG) und sind mit der befristeten Erinnerung anfechtbar (§ 11 Abs. 1 RpflG), die Beschlüsse gem. § 109 Abs. 2 ZPO sodann auch mit der sofortigen Beschwerde (§ 11 Abs. 3 RpflG, § 109 Abs. 4 ZPO).

[18] Zur Herausgabe aufgrund von Beschlüssen der genannten Art s. Anhang zu § 13 Rdnr. 70.

[19] Vgl. z. B. § 836 ZPO, § 315 AO 1977 (BGBl. 1976 I 613).

§ 13 Anhang: Auszahlungsfälle **zu § 13**

VI) **Prüfung besonderer Erfordernisse**

Vor Erlaß der Herausgabeanordnung hat die Hinterlegungsstelle 36 nicht nur zu prüfen, ob „die Berechtigung des Empfängers nachgewiesen ist" (§ 13 Abs. 1 HO), sondern auch darauf zu achten, ob weitere Voraussetzungen erfüllt sein müssen. Hier kommen etwa in Betracht
- die Genehmigung des Vormundschaftsgerichts zur Herausgabe von Wertpapieren des Mündels, die mit der Bestimmung hinterlegt worden sind, daß die Herausgabe nur mit vormundschaftsgerichtlicher Genehmigung verlangt werden könne (§§ 1814, 1818 BGB);
- die Mitzeichnung eines Mitgliedes des Gläubigerausschusses zu Erklärungen des Konkursverwalters (§ 137 KO);
- die Genehmigung der Aufsichtsbehörde einer Stiftung oder der Fideikommißbehörde (§ 28, 29 HO).

VII) **Beanstandung aus einem nachträglich entstandenen** 37
Grunde (§ 13 Abs. 2 Satz 2 HO)

§ 13 Abs. 2 Satz 2 HO dient der Klarstellung. Die Rechtslage erstarrt nicht etwa, sobald der Nachweis der Empfangsberechtigung mit den in § 13 Abs. 2 aufgezählten Mitteln geführt ist, so daß nachträglich eintretende Veränderungen – etwa dadurch, daß ein Beteiligter seine Bewilligung widerruft oder daß der Herausgabeanspruch eines Beteiligten gepfändet wird – nicht mehr zu berücksichtigen wären. Die Hinterlegungsstelle hat vielmehr, solange noch nicht herausgegeben ist, neue Tatsachen zu beachten und zu prüfen, u. U. sogar die schon erlassene Herausgabeanordnung zurückzuziehen. S. hierzu auch § 12 Rdnr. 3.

Anhang zu § 13
Übersicht über die wichtigsten Auszahlungsfälle

In § 13 Abs. 2 HO ist geregelt, wann die Berechtigung zum Empfang der Hinterlegungsmasse als geführt anzusehen ist. Die Aufzählung in § 13 Abs. 2 ist nicht erschöpfend, wie sich aus dem Worte „namentlich" ergibt. Ob und wann herausgegeben werden kann, auch ohne daß die Voraussetzungen des § 13 Abs. 2 HO vorliegen, soll für eine Reihe von Fällen im folgenden dargestellt werden.

zu § 13   4. Abschnitt. Herausgabe

Übersicht

I) **§§ 372 ff. BGB:** Hinterlegung zur Befreiung von einer Verbindlichkeit insbesondere bei Annahmeverzug oder bei Ungewißheit über die Person des Gläubigers
  1) Herausgabe an den Hinterleger (Schuldner),
     a) wenn diesem das Recht zur Rücknahme zusteht (1, 2)
     b) wenn diesem das Recht zur Rücknahme nicht zusteht (3–7)
  2) Herausgabe an den Gläubiger
     a) Allgemeines (8, 9)
     b) Einzelfälle (10–18)

II) **§§ 372 ff. in Verbindung mit den §§ 268, 1142, 1150, 1192, 1223, 1224, 1249 BGB:** Hinterlegung durch einen Dritten aufgrund eines Ablösungs- oder Befriedigungsrechts (19, 20)

III) **§§ 432, 2039 BGB:** Hinterlegung, die geschuldet wird, weil einer von mehreren Gläubigern Hinterlegung verlangt (21–23)

IV) **§ 853 ZPO:** Hinterlegung bei mehrfacher Pfändung einer Geldforderung (24–28)

V) **§ 75 ZPO:** Hinterlegung durch den Beklagten zugunsten mehrerer streitender Gläubiger (29–31)

VI) **§§ 232 ff. BGB:** Sicherheitsleistung aus materiell-rechtlichen Gründen (32)
  1) Herausgabe an den Sicherheitsberechtigten (33–35)
  2) Herausgabe an den Hinterleger (36)
  3) Sonderfälle (37, 38)
  4) Sicherheitsleistung durch Dritte (39)

VII) **Sicherheitsleistung im Zivilprozeß** (40–41)
  1) Sicherheitsleistung durch den Schuldner
     a) §§ 707, 719 ZPO (42, 43)
     b) §§ 711, 712 ZPO (44, 45)
     c) § 732 Abs. 2, §§ 766, 769 ZPO (46, 47)
     d) § 890 Abs. 3 ZPO (48)
     e) §§ 923, 925, 927 ZPO (49, 50)
  2) Sicherheitsleistung durch den Gläubiger
     a) §§ 707, 719 ZPO (51, 52)
     b) §§ 709, 711 ZPO (53, 54)
     c) § 732 Abs. 2, §§ 766, 769 ZPO (55)
     d) §§ 921, 925 ZPO (56–61)
  3) Sicherheitsleistung im Falle einer Widerspruchsklage (§§ 771, 769 ZPO)
     a) Einstellung der Zwangsvollstreckung gegen Sicherheitsleistung durch den Dritten (Intervenienten) (62, 63)
     b) Fortsetzung der Zwangsvollstreckung nach Sicherheitsleistung durch den beklagten Vollstreckungsgläubiger (64, 65)

VIII) **§ 805 ZPO:** Hinterlegung des Erlöses einer gepfändeten Sache bei Klage auf vorzugsweise Befriedigung (66, 67)

IX) **§ 815 Abs. 2 ZPO:** Hinterlegung von gepfändetem Geld, an dem ein die Veräußerung hinderndes Recht eines Dritten besteht (68)

X) **§ 49 Abs. 3 ZVG:** Hinterlegung des Bargebots durch den Ersteher (69)

XI) **§ 116 Abs. 1 Nr. 4 StPO:** Sicherheitsleistung, damit ein Haftbefehl außer Vollzug gesetzt werde (70, 71)

§ 13 Anhang: Auszahlungsfälle **1–4 zu § 13**

I) §§ 372 ff. BGB: Hinterlegung zur Befreiung von einer Verbindlichkeit insbes. bei Annahmeverzug oder bei Ungewißheit über die Person des Gläubigers

I 1) *Herausgabe an den Hinterleger (Schuldner)*

I 1 a) *Wenn dem Schuldner das Recht zur Rücknahme zusteht:* **1**

Der Schuldner hat grundsätzlich das Recht, die hinterlegte Sache zurückzunehmen (§ 376 Abs. 1 BGB), d. h. die Hinterlegung zu widerrufen. Einem Herausgabeantrag des Schuldners[1] ist deshalb zu entsprechen, ohne daß es einer Bewilligung des Gläubigers bedarf.

Das Recht zur Rücknahme ist nach § 377 Abs. 1 BGB der Pfändung **2** nicht unterworfen (anders als der durch Ausübung des Rücknahmerechts begründete Herausgabeanspruch). Es gehört nach § 1 KO deshalb auch nicht zur Konkursmasse des Schuldners. Während des Konkurses kann der Schuldner das Recht zur Rücknahme nicht ausüben (§ 377 Abs. 2 BGB). Er kann allerdings auch nach Konkurseröffnung auf das Rücknahmerecht verzichten. Nach Konkurseröffnung kann auch der Gläubiger noch die Annahme gem. § 376 Abs. 2 Nr. 2 BGB erklären.

I 1 b) *Wenn dem Schuldner das Recht zur Rücknahme nicht zusteht:* **3**

In diesem Fall kann einem Antrag des Schuldners auf Herausgabe grundsätzlich nicht entsprochen werden.

Die Rücknahme ist nach § 376 Abs. 2 BGB ausgeschlossen, **4**

– wenn der Schuldner (Hinterleger) der Hinterlegungsstelle erklärt, daß er auf das Recht zur Rücknahme verzichte. Diese Erklärung braucht nicht zugleich mit dem Annahmeantrag (§ 6 Nr. 1 HO) abgegeben zu werden; dies kann auch nachträglich geschehen. Sie bedarf keiner Form, ist unwiderruflich und ist unwirksam, wenn sie unter einer Bedingung oder einer Zeitbestimmung abgegeben wird.[2] Wird der Verzicht auf die Rücknahme dem Gläubiger gegenüber erklärt, so reicht dies nicht aus; doch liegt hierin u. U. die schuldrechtliche Verpflichtung, das Rücknahmerecht nicht auszuüben.

– wenn der Gläubiger der Hinterlegungsstelle die Annahme erklärt. In jedem Antrag auf Herausgabe liegt zugleich die Annahmeerklärung. Hat der Schuldner zugunsten mehrerer als Gläubiger in Betracht kommender Personen hinterlegt, so genügt es, wenn eine einzige von diesen die Annahme erklärt.

---

[1] Dies ist derjenige, der hinterlegt hat oder in dessen Namen hinterlegt worden ist.
[2] Gestaltungsrechte vertragen keine Bedingung: vgl. BGHZ 32, 375, 383.

zu § 13 5–8 4. Abschnitt. Herausgabe

– wenn der Hinterlegungsstelle ein zwischen dem Gläubiger und dem Schuldner ergangenes rechtskräftiges Urteil vorgelegt wird, das die Hinterlegung für rechtmäßig erklärt. Wie die Urteilsformel lautet, ist gleichgültig. Es kann ein auf Feststellungs- oder auf Zwischenfeststellungsklage ergangenes Urteil sein, ferner ein Urteil, durch das die Klage des Gläubigers auf Leistung abgewiesen wird, weil der Schuldner die ihm nach § 379 Abs. 1 BGB zustehende Einrede erhoben hat.

5 Tritt ein Umstand ein, der die Rücknahme ausschließt, dann scheidet damit der Schuldner (Hinterleger) aus dem Hinterlegungsverhältnis aus; er ist nicht mehr Beteiligter im Sinne der Hinterlegungsordnung.[3]

6 Einem Antrag des Schuldners, die hinterlegte Sache an ihn herauszugeben, kann die Hinterlegungsstelle grundsätzlich nicht entsprechen; sie kann dies nur dann, wenn die Voraussetzungen des § 13 Abs. 2 HO erfüllt sind: wenn also entweder der Gläubiger die Herausgabe an den Schuldner bewilligt oder wenn dieser durch ein rechtskräftiges Urteil nachweist, daß er zum Empfang berechtigt ist. Trotz Verzichts des Schuldners auf die Rücknahme und trotz Annahmeerklärung des Gläubigers kann ein solches Urteil ergehen: etwa dann, wenn die Schuld, zu deren Erfüllung der Schuldner hinterlegt hat, nicht besteht oder wenn die Hinterlegung nicht rechtmäßig ist, weil es an einem Hinterlegungsgrund gefehlt hat.[4]

7 Auch wenn der Schuldner auf das Recht zur Rücknahme verzichtet hat, entsteht ein Anspruch des Schuldners auf Herausgabe der hinterlegten Sache dann neu, wenn 30 Jahre verstrichen sind, seit der Gläubiger die Anzeige des Schuldners (§ 374 Abs. 2 BGB) oder der Hinterlegungsstelle (§ 11 HO) von der Hinterlegung empfangen hat: vgl. §§ 382, 1171 Abs. 3 BGB. Der Anspruch ist innerhalb eines weiteren Jahres geltend zu machen; danach erlischt er (§ 19 HO).

I 2) *Herausgabe an den Gläubiger*

8 I 2a) Zur Herausgabe an den Gläubiger bedarf es der Bewilligung des Schuldners nicht. Dies gilt einmal dann, wenn der Schuldner (Hinterleger) auf das Recht zur Rücknahme verzichtet hat (§ 376 Abs. 2 Nr. 1 BGB). In diesem Fall ist der Schuldner an der Hinterlegung nicht mehr beteiligt (s. oben Rdnr. 4). Dies gilt aber auch dann, wenn der Schuldner noch das Recht hat, die hinterlegte Sache zurückzunehmen

---

[3] Vgl. RGZ 87, 375, 381. Dies schließt es nicht aus, daß der Hinterleger nachträglich weitere Personen als mögliche Gläubiger benennt und diese damit zu Beteiligten macht: LG Essen NJW 1958, 950; BGH NJW 1960, 1003 Nr. 2.
[4] Vgl. RG JW 1936, 2406 Nr. 24=HRR 1936 Nr. 589.

§ 13 Anhang: Auszahlungsfälle

(§ 376 Abs. 1 BGB). Sobald der Gläubiger die Herausgabe beantragt, erklärt er damit zugleich die Annahme (§ 376 Abs. 2 Nr. 2 BGB), dadurch erlischt das Recht des Schuldners auf Rücknahme, und er scheidet aus dem Hinterlegungsverhältnis aus. Er braucht die Herausgabe deshalb nicht gem. § 13 Abs. 2 Nr. 1 HO zu bewilligen. Eine auf § 380 BGB gestützte Klage des Gläubigers gegen den Schuldner (Hinterleger) auf Bewilligung der Herausgabe ist abzuweisen.[5]

Etwas anderes gilt ausnahmsweise dann, wenn zwar der Schuldner 9 auf das Recht der Rücknahme verzichtet oder der Gläubiger die Annahme erklärt hat, wenn aber zweifelhaft ist, ob die Schuld, deren Erfüllung die Hinterlegung dienen sollte, wirklich besteht oder ob die Hinterlegung rechtmäßig ist. In derartigen Fällen ist der Schuldner als an der Hinterlegung beteiligt anzusehen.[6] Zur Herausgabe genügt der einseitige Antrag des Gläubigers nicht, weil es ja gerade zweifelhaft ist, ob die §§ 372 ff. BGB anzuwenden sind.

I 2 b) Ob die Hinterlegungsstelle dem Herausgabeantrag des Gläubi- 10 gers ohne weiteres entsprechen kann oder ob sie weitere Nachweise verlangen muß, ist nach Lage des einzelnen Falles zu entscheiden.

aa) Ist hinterlegt worden, weil sich der Gläubiger im Verzuge der An- 11 nahme befunden hat, so braucht der Gläubiger nur den Herausgabeantrag zu stellen.

bb) Ist hinterlegt worden, weil der Schuldner aus einem anderen in 12 der Person des Gläubigers liegenden Grunde seine Verbindlichkeit nicht erfüllen konnte, dann muß dieses Erfüllungshindernis beseitigt sein, bevor dem Herausgabeantrag entsprochen werden kann.

– Hat das Erfüllungshindernis darin bestanden, daß der Aufenthalt des 13 Gläubigers unbekannt gewesen ist, dann genügt zur Herausgabe der Antrag des Gläubigers.

– Ist hinterlegt worden, weil der geschäftsunfähige Gläubiger keinen 14 gesetzlichen Vertreter hatte, so muß erst ein gesetzlicher Vertreter bestellt sein, bevor an diesen herausgegeben werden kann.

– Ist die Forderung des Gläubigers aufgrund eines Arrestbefehls ge- 15 pfändet worden, so kann der Schuldner nur an Pfändungspfandgläubiger und Gläubiger gemeinschaftlich leisten (vgl. § 930 Abs. 1, § 804 ZPO, §§ 1257, 1273 Abs. 2, §§ 1279, 1281 BGB).[7] Dies wiederum setzt voraus, daß sich Pfandgläubiger und Gläubiger verständigen und zum Empfang der Leistung zusammenwirken (vgl.

---

[5] RGZ 87, 375.
[6] RGZ 87, 375, 382.
[7] RG JW 1912, 753 Nr. 18 = SeuffArch. 68 Nr. 71; RGZ 104, 34, 35; 108, 318, 320.

zu § 13 16–18 4. Abschnitt. Herausgabe

§§ 1285, 1288 BGB). Solange dies nicht geschieht, besteht ein Erfüllungshindernis, so daß der Schuldner gem. § 372 BGB für Pfandgläubiger und Gläubiger gemeinschaftlich hinterlegen kann.[8], [9] Tut er dies, so kann – solange das Pfändungspfandrecht besteht und weder Pfandgläubiger noch Gläubiger etwas anderes bewilligen – nur an diese gemeinschaftlich herausgegeben werden, was gleichfalls ein Zusammenwirken voraussetzt. Erst nach Vorlegung des Überweisungsbeschlusses ist an den Pfändungspfandgläubiger allein herauszugeben, denn durch die Überweisung erhält dieser das Recht, die Forderung anstelle des Gläubigers einzuziehen.

16 cc) Hat der Schuldner wegen Ungewißheit über die Person des Gläubigers hinterlegt, so kann erst herausgegeben werden, wenn die Ungewißheit beseitigt ist, z. B.:

17 – Der Schuldner hat hinterlegt, weil mehrere Personen Gläubiger zu sein behaupten und ungewiß ist, wem die Forderung zusteht (etwa weil die Forderung abgetreten und zugleich gepfändet worden ist).[10], [11] Hier kann erst dann an einen der Prätendenten herausgegeben werden, wenn dieser nachweist, daß die anderen zum Empfang nicht berechtigt sind. Der Nachweis wird regelmäßig gem. § 13 Abs. 2 HO erbracht,[12] kann jedoch auch auf andere Weise geführt werden. So scheidet ein Prätendent etwa dann aus, wenn der von ihm erwirkte Pfändungsbeschluß aufgehoben ist oder wenn er auf die in § 843 ZPO vorgesehene Weise auf sein Pfändungspfandrecht verzichtet hat.

18 – Der Schuldner hat hinterlegt, weil der Gläubiger gestorben und unklar ist, an wen er die Forderung vererbt hat. In diesem Falle kann nur an den herausgegeben werden, der sich als Erbe legitimiert (in der Regel durch Vorlegen eines Erbscheins),[13] oder statt an den Erben an den Testamentsvollstrecker, Nachlaßpfleger oder Nachlaßverwalter.

---

[8] Stein/Jonas, Komm. zur ZPO, 20. Aufl. 1991, § 829 Anm. VII 1 c.
[9] Er muß hinterlegen, wenn einer der Empfangsberechtigten dies verlangt: § 1281 BGB.
[10] Vgl. RGZ 144, 391, 393. Ist die Forderung mehrfach gepfändet, aber nicht auch abgetreten worden, so ist der Schuldner nach § 853 ZPO, dagegen nicht nach § 372 BGB zur Hinterlegung berechtigt. S. zu § 853 ZPO unten Rdnr. 24 ff.
[11] Zur Konkurrenz von Gläubigern aus Abtretung und Gläubigern aus Pfändungspfandrecht bei hinterlegter Schuldsumme, insbesondere zum Verteilungsverfahren s. Henrichs, Drischler und Just, Rpfleger 1954, 491 und 1955, 222.
[12] Vgl. auch § 16 HO.
[13] Oder durch Vorlegen einer Verfügung von Todes wegen, die in einer öffentlichen Urkunde enthalten ist, sowie der Niederschrift über die Eröffnung der Verfügung (vgl. § 13 Fn. 10).

II) §§ 372 ff. in Verbindung mit den §§ 268, 1142, 1150, 1192, 1223, 1224, 1249 BGB: Hinterlegung durch einen Dritten aufgrund eines Ablösungs- oder Befriedigungsrechts

19

Hat ein Dritter, der kraft eigenen Rechts den Gläubiger befriedigen kann, hinterlegt, so tritt der Dritte an die Stelle des Schuldners. Mit dieser Maßgabe gelten dieselben Grundsätze für die Herausgabe wie im Falle des § 372 BGB.

Bisweilen hinterlegt ein Dritter, ohne im Annahmeantrag deutlich anzugeben, ob er kraft eigenen Rechts oder für den Schuldner als dessen Vertreter hinterlegen will. In derartigen Zweifelsfällen muß – wenn die Bewilligung des Hinterlegers erforderlich ist – die Bewilligung des Dritten und des Schuldners verlangt werden.

20

III) §§ 432, 2039 BGB: Hinterlegung, die geschuldet wird, weil einer von mehreren Gläubigern Hinterlegung verlangt[14],[15]

21

Der Schuldner ist verpflichtet zu hinterlegen, dies ist die geschuldete Leistung. Der Schuldner wird deshalb – wenn er hinterlegt – nach § 362, nicht nach § 378 BGB von seiner Verbindlichkeit befreit. Dabei ist allerdings zu beachten, daß der Schuldner nur dann richtig erfüllt, wenn er bei Hinterlegung auf das Recht zur Rücknahme verzichtet. Eine Hinterlegung unter Vorbehalt der Rücknahme kann nicht von der Schuld befreien,[16] weil der Gläubiger erneut Hinterlegung fordern könnte, wenn der Schuldner die hinterlegte Sache zurücknehmen würde. Deshalb ist im Zweifel anzunehmen, daß der Schuldner auf das Recht zur Rücknahme verzichten will, wenn er aufgrund der §§ 432, 2039 BGB hinterlegt. Es empfiehlt sich gleichwohl, den Verzicht im Annahmeantrag ausdrücklich auszusprechen.

Denkbar ist es, daß der Schuldner sich im Annahmeantrag das Recht zur Rücknahme ausdrücklich vorbehält. Dann hat die Hinterlegung keine schuldbefreiende Wirkung. Diese Wirkung kann jedoch später eintreten, wenn das Rücknahmerecht aufgrund der entsprechend anwendbaren Vorschrift des § 376 Abs. 2 BGB erlischt.

22

Daraus ergibt sich:

23

– Hat der Schuldner (Hinterleger) sich ausnahmsweise das Recht zur Rücknahme vorbehalten, so gelten die Ausführungen zu §§ 372 ff. BGB (oben Rdnr. 1 ff.).

---

[14] Oder auch, weil Hinterlegung vereinbart worden ist: vgl. RG Recht 1921 Nr. 2777.
[15] Ähnliche Fälle: §§ 660, 1077, 1281, 2114 BGB, ferner § 853 ZPO. Wegen der letztgenannten Vorschrift s. unten Rdnr. 24 ff.
[16] Vgl. Palandt/Heinrichs, BGB, 51. Aufl. 1992, § 378 Rd.Nr. 1.

- In anderen, d.h. in den Regelfällen ist eine Herausgabe an den Schuldner nicht statthaft, es sei denn, die Voraussetzungen des § 13 Abs. 2 HO liegen vor.
- Die Herausgabe an die Gläubiger bedarf einer Bewilligung des Schuldners nicht. Es ist an alle Gläubiger gemeinschaftlich herauszugeben. An einen einzelnen kann nur herausgegeben werden, wenn die anderen dies bewilligen (§ 13 Abs. 2 HO) oder nachgewiesen wird – etwa durch Vorlegen der Ausfertigung eines notariellen Auseinandersetzungsvertrages –,[17] daß der Antragsteller die Forderung allein geltend machen kann.

24 **IV) § 853 ZPO: Hinterlegung bei mehrfacher Pfändung einer Geldforderung**

Wird eine Geldforderung mehrfach gepfändet (§ 829 ZPO),[18] so ist der Drittschuldner berechtigt und – auf Verlangen eines Gläubigers, dem die Forderung überwiesen ist (§ 835 ZPO) – verpflichtet, den geschuldeten Betrag zugunsten aller Gläubiger zu hinterlegen. Die Hinterlegung hat nur dann befreiende Wirkung, wenn der Drittschuldner zugleich dem Amtsgericht, dessen Pfändungsbeschluß ihm zuerst zugestellt worden ist, die Sachlage anzeigt und an dieses Amtsgericht die zugestellten Beschlüsse aushändigt.[19] Mit der wirksamen Hinterlegung scheidet der Schuldbetrag aus dem Vermögen des Drittschuldners aus. Die §§ 373 ff. BGB gelten dann nicht. Ein Recht zur Rücknahme steht dem Schuldner – auch ohne ausdrücklichen Verzicht – nicht zu.[20] Was die Auszahlung der hinterlegten Summe anbelangt, so gilt folgendes:

25 – Eine Auszahlung an den Drittschuldner ist nicht statthaft.

26 – Eine Auszahlung an den Schuldner (Gläubiger des Drittschuldners) kommt nur in Betracht, wenn die Pfändungspfandrechte erloschen sind und dies nachgewiesen wird oder wenn die Gläubiger die Auszahlung bewilligen (§ 13 Abs. 2 HO).

---

[17] Andere Formen des Nachweises: Im Falle des § 1077 BGB kann der Gläubiger durch Vorlegen einer Sterbeurkunde beweisen, daß der Nießbrauch an der Forderung erloschen ist. Im Fall des § 2114 BGB kann der Nacherbe mittels eines Erbscheins oder auch nur einer Sterbeurkunde beweisen, daß der Nacherbfall eingetreten ist. Zum Fall des § 1281 BGB, wenn aufgrund eines Pfändungsbeschlusses hinterlegt worden ist, s. oben Rdnr. 15.

[18] Ist die Forderung nicht nur gepfändet, sondern auch abgetreten worden, dann gilt nicht § 853 ZPO, sondern u. U. § 372 BGB (vgl. Stöber in Zöller, ZPO, 17. Auflage 1991, § 853 Rd.Nr. 2).

[19] KG OLGR 14, 184.

[20] Stöber in Zöller, ZPO, 17. Auflage 1991, § 853 Rd.Nr. 5.

§ 13 Anhang: Auszahlungsfälle   **27–32 zu § 13**

- Reicht der hinterlegte Betrag für alle Gläubiger aus, so kann der jedem zustehende Teilbetrag ausgezahlt werden, wenn die Gläubiger sich dies gegenseitig bewilligen (§ 13 Abs. 2 HO) und wenn nachgewiesen wird, daß kein Gläubiger mehr erhält, als ihm aufgrund seines Pfandrechts zukommt. Statt dieses Nachweises genügt auch die Bewilligung des Schuldners (Gläubigers des Drittschuldners).   27

- Reicht die hinterlegte Summe nicht aus, so findet ein Verteilungsverfahren statt (§ 872 ZPO). Ausgezahlt wird auf Ersuchen des Amtsgerichts (§ 15 HO) in Ausführung des Teilungsplanes.   28

V) § 75 ZPO: Hinterlegung durch den Beklagten zugunsten mehrerer streitender Gläubiger   29

Der Beklagte wird von seiner Verbindlichkeit befreit, wenn er bei der Hinterlegung auf das Recht zur Rücknahme verzichtet. Am Hinterlegungsverhältnis ist er nicht beteiligt.

- Herausgegeben wird an einen der streitenden Gläubiger, und zwar an denjenigen, dem der hinterlegte Betrag durch rechtskräftiges Urteil zugesprochen wird.   30

- Ergeht in dem Rechtsstreit, der unter den Gläubigern fortgesetzt wird, aus irgendwelchen Gründen eine Entscheidung in der Sache nicht, so kann der Beklagte (Hinterleger) Anspruch auf die Hinterlegungsmasse erheben, da er auf das Recht zur Rücknahme nicht schlechthin, sondern nur zugunsten der streitenden Gläubiger verzichtet hat. Zur Herausgabe an ihn bedarf es jedoch der Bewilligung der Gläubiger.   31

VI) §§ 232 ff. BGB: Sicherheitsleistung aus materiell-rechtlichen Gründen[21]   32

Nach zahlreichen Vorschriften des materiellen Rechts kann oder muß Sicherheit geleistet werden. Bisweilen wird eine Pflicht, Sicherheit zu leisten, auch vertraglich begründet. Für derartige Fälle bestimmen die §§ 232 ff. BGB, wie Sicherheit zu leisten ist.[22] Dies kann u. a. geschehen durch Hinterlegung von Geld oder bestimmten Wertpapieren (§ 232 Abs. 1, § 234).[23] Mit der Hinterlegung erwirbt

---

[21] Wegen der Sicherheitsleistung aus prozeßrechtlichen Gründen s. unten Rdnr. 40 ff.

[22] Über die Höhe der zu leistenden Sicherheit sagen die §§ 232 ff. nichts. Diese bestimmt sich nach den Umständen (so ausdrücklich § 843 Abs. 2 BGB).

[23] Andere als in § 234 genannte Wertpapiere – z. B. Sparkassenbücher (RGZ 124, 217, 219) – sind zur Sicherheitsleistung nicht geeignet. Sie können jedoch hinterlegt werden, wenn dies vereinbart ist. Ein gesetzliches Pfandrecht entsteht dann allerdings nicht. Zu diesen Fällen s. unten Rdnr. 37.

der Berechtigte, d. h. derjenige, dem Sicherheit geleistet wird, ein Pfandrecht an der Hinterlegungsmasse, soweit diese unverändert aufbewahrt wird, und ein Pfandrecht an der Forderung auf Rückerstattung, soweit die Hinterlegungsmasse in das Eigentum des Fiskus übergeht (§ 233 BGB, §§ 7, 9 HO). Für die Herausgabe gilt folgendes:

33 VI 1) *Herausgabe an den Sicherheitsberechtigten*

Wenn mangels entsprechender Voraussetzungen eine Herausgabe nach § 13 Abs. 2 HO nicht möglich ist, dann ist zu unterscheiden:

34 – Ist Geld hinterlegt worden, so entsteht ein Pfandrecht an der Forderung auf Rückerstattung (§ 233 BGB, § 7 HO). Wie sich aus den §§ 1257, 1273 Abs. 2, §§ 1279, 1282 BGB ergibt, ist – ohne daß es der Einwilligung des Hinterlegers bedarf – an den Pfandgläubiger (Berechtigten) auszuzahlen, wenn er den Eintritt der Pfandreife (§ 1228 Abs. 2 BGB) nachweist, d. h. daß die durch Hinterlegung besicherte Forderung ihm zusteht und daß diese Forderung fällig ist. Der Nachweis wird durch ein rechtskräftiges Urteil,[24] das gewöhnlich auf Zahlung lautet,[25] erbracht.[26] Mehr als ihm nach dem Urteil zusteht, darf an den Berechtigten nicht gezahlt werden (§ 1282 Abs. 1 Satz 2 BGB). Die Zahlung gilt als Erfüllung der gesicherten Forderung (§ 1288 Abs. 2 BGB).

35 – Sind Wertpapiere der in § 234 BGB genannten Art hinterlegt worden, so entsteht ein Pfandrecht an diesen Wertpapieren (§ 233 BGB, § 9 HO). Wenn Pfandreife eingetreten ist, kann der Pfandgläubiger (Berechtigte) verlangen, daß die Wertpapiere ihm zum Zwecke des Verkaufs ausgehändigt werden (§§ 1257, 1273 Abs. 2, 1228 Abs. 2, § 1231 BGB). Die Pfandreife wird – wie im vorerwähnten Falle – durch Vorlegen eines rechtskräftigen, in der Regel auf Zahlung lautenden Urteils nachgewiesen. Der Berechtigte kann die an ihn herausgegebenen Wertpapiere freihändig verkaufen lassen, weil sie

---

[24] Hat der Berechtigte nur ein vorläufig vollstreckbares Urteil erwirkt, so muß er die Forderung des Hinterlegers auf Rückerstattung pfänden und sich überweisen lassen. Er kann diese Forderung dann anstelle des Hinterlegers gegenüber der Hinterlegungsstelle geltend machen.
[25] Ist die Forderung, die durch Hinterlegung gesichert worden ist, keine Geldforderung (vgl. etwa § 257 BGB: hier ist sie auf die Befreiung von einer Verbindlichkeit gerichtet), dann tritt Pfandreife erst ein, wenn die Forderung in eine Geldforderung übergegangen ist: § 1228 Abs. 2 Satz 2 BGB.
[26] Ein im Urkundenprozeß ergangenes rechtskräftiges Vorbehaltsurteil genügt nicht, da es keine endgültige Entscheidung enthält. So AG Köln JMBl. NW 1970, 17.

§ 13 Anhang: Auszahlungsfälle 36–39 **zu § 13**

gem. § 234 BGB stets einen Kurswert haben müssen (§§ 1293, 1295, 1233, 1235 Abs. 2, § 1221 BGB).

VI 2) *Herausgabe an den Hinterleger* 36

Die Hinterlegungsmasse darf an den Hinterleger allein auf dessen Antrag hin nicht herausgegeben werden. Dadurch würde das Pfandrecht des Berechtigten verletzt werden. Eine derartige Herausgabe würde im übrigen auch dem Wesen der Sicherheitsleistung widersprechen, mit dem es nicht vereinbar ist, daß der Sicherheit Leistende über das Sicherungsgut beliebig verfügt. Daraus folgt: Kommt eine Herausgabe nach § 13 Abs. 2 HO nicht in Betracht, so kann an den Hinterleger nur herausgegeben werden, wenn nachgewiesen wird, daß eine Sicherheit nicht mehr erforderlich ist. Dies kann etwa geschehen durch Vorlegen eines rechtskräftigen Urteils, aus dem sich ergibt, daß die Forderung, zu deren Sicherung hinterlegt worden ist, nicht besteht; ferner durch Vorlegen von Quittungen, aus denen sich zuverlässig ergibt, daß die zu sichernde Forderung durch Erfüllung erloschen ist.

VI 3) *Sonderfälle* 37

Er ist denkbar, daß vereinbart wird, als Sicherheit Wertpapiere zu hinterlegen, die nach § 234 BGB zur Sicherheitsleistung nicht geeignet sind. Dies gilt etwa für Wechsel, die niemals mündelsicher sind (§§ 234, 1807 BGB), oder Sparkassenbücher, die keine Inhaberpapiere, sondern nur Legitimationspapiere i. S. des § 808 BGB sind.[27]

Des weiteren ist denkbar, daß aufgrund besonderer Vereinbarung 38 Urkunden oder Kostbarkeiten als Sicherheiten hinterlegt werden, was nach § 232 BGB zur Sicherheitsleistung nicht genügt.

In allen diesen Fällen entsteht ein Pfandrecht gem. § 233 BGB nicht. Gleichwohl darf die Hinterlegungsmasse an den Hinterleger nicht allein deshalb herausgegeben werden, weil dieser es beantragt. Dies würde dem Wesen der Sicherheitsleistung widersprechen (vgl. oben Rdnr. 36). Bei der Herausgabe ist vielmehr nach § 13 Abs. 2, § 16 HO zu verfahren. Daß auf andere als die hier vorgesehene Weise der Nachweis der Empfangsberechtigung geführt werden könnte, ist schwer vorstellbar und kommt praktisch wohl nicht in Betracht.

VI 4) *Sicherheitsleistung durch Dritte* 39

Es kann geschehen, daß anstelle dessen, der zur Sicherheitsleistung berechtigt oder verpflichtet ist, ein Dritter im eigenen Namen hinter-

---

[27] RGZ 124, 217, 219.

legt.[28] Dies entspricht der Bestellung eines Pfandrechts für eine fremde Schuld.[29] Der Dritte tritt an die Stelle des Betroffenen, der selbst an der Hinterlegung nicht beteiligt ist.

40 VII) Sicherheitsleistung im Zivilprozeß

Hinterlegungen zum Zwecke der Sicherheitsleistung im Zivilprozeß sind recht häufig (vgl. z. B. §§ 89, 110 ff., 707, 709, 711, 712, 719, 732, 769, 770, 771, 890, 921, 923, 925, 927, 936, 939 ZPO).[30] Sie setzen eine gerichtliche Anordnung oder Zulassung voraus. Diese ergeht durch Urteil in den Fällen der §§ 709, 711, 712, 770, 925, 927, 939, durch Zwischenurteil (§ 303) im Falle des § 110, durch Arrestbefehl oder einstweilige Verfügung in den Fällen der §§ 921, 923, 936, in allen übrigen Fällen durch Beschluß. Die Entscheidung muß stets angeben, in welcher Höhe Sicherheit zu leisten ist, weil sie andernfalls nicht vollziehbar wäre. Die Art der Sicherheit kann das Gericht angeben, braucht dies aber nicht zu tun (§ 108 ZPO). Über Art und Höhe der Sicherheit können die Parteien Vereinbarungen treffen. Ist über die Art der Sicherheit weder vom Gericht etwas bestimmt noch von den Parteien etwas vereinbart worden, dann gilt § 108 ZPO: es ist Sicherheit zu leisten durch Hinterlegung von Geld oder solchen Wertpapieren, die nach § 234 Abs. 1, 3 BGB zur Sicherheitsleistung geeignet sind. Durch die Hinterlegung treten nach allgemeiner Ansicht[31] die in § 233 BGB bestimmten Wirkungen ein: es entsteht ein Pfandrecht an den Wertpapieren oder – bei Hinterlegung von Geld – an der Forderung auf Rückerstattung (vgl. oben Rdnr. 32).

41 Die Sicherheit ist an den Hinterleger **zurückzugeben,** wenn das Gericht die Rückgabe anordnet. Eine derartige Anordnung kann gem. §§ 109, 715 ZPO beantragt und erwirkt werden. Darüber hinaus ist die als Sicherheit dienende Hinterlegungsmasse dann **herauszugeben** – und zwar entweder an den Hinterleger oder an den Sicherheitsberechtigten –, wenn die Voraussetzungen des § 13 Abs. 2 HO gegeben sind oder wenn der Antragsteller nachweist, daß die Hinterlegungsmasse ihm zusteht. Zu dem letztgenannten Punkt ist im einzelnen zu bemerken:

---

[28] Zur Zulässigkeit einer solchen Hinterlegung s. § 6 Rdnr. 13 ff.
[29] RG JW 1900, 80 Nr. 23.
[30] § 838 ZPO enthält einen Fall der Sicherheitsleistung aus materiell-rechtlichem Grunde; er gehört nicht hierher, sondern zu Rdnr. 32.
[31] RGZ 56, 146; RG JW 1910, 830; OLG Posen OLGR 4, 371.

§ 13 Anhang: Auszahlungsfälle 42–44 zu § 13

VII 1) *Sicherheitsleistung durch den Schuldner*

Es kommen hier vor allem folgende Fälle in Betracht:

VII 1a) **§§ 707, 719 ZPO:** Einstellung der Zwangsvollstreckung 42 gegen Sicherheitsleistung des Schuldners, der Berufung, Einspruch usw. eingelegt hat

An den Schuldner (Hinterleger) kann herausgegeben werden, wenn
– die Einstellung gegen Sicherheitsleistung in eine solche ohne Sicherheitsleistung geändert worden ist;[32]
– der Schuldner in vollem Umfang[33] obsiegt hat und das Urteil rechtskräftig ist;
– der Schuldner sich gegen ein vorläufig vollstreckbares Urteil gewandt hat und die vorläufige Vollstreckbarkeit außer Kraft getreten ist (durch ein abänderndes Urteil, das nicht rechtskräftig zu sein braucht; vgl. § 717 ZPO).

An den Gläubiger kann herausgegeben werden, wenn 43
– das bisher vorliegende Urteil rechtskräftig geworden oder die Forderung dem Gläubiger wenigstens zum Teil rechtskräftig zuerkannt ist; vgl. hierzu oben Rdnr. 34, 35;[34]
– die Einstellung der Zwangsvollstreckung aufgehoben ist und der Gläubiger den Herausgabeanspruch des Schuldners hat pfänden und sich überweisen lassen.

VII 1b) **§§ 711, 712 ZPO:** Sicherheitsleistung durch den Schuldner 44 zur Abwendung der Vollstreckung aus einem vorläufig vollstreckbaren Urteil

An den Schuldner (Hinterleger) kann herausgegeben werden, wenn

---

[32] Dagegen nicht dann, wenn die Einstellung der Zwangsvollstreckung überhaupt aufgehoben wird. Die Sicherheit haftet nicht nur für die Forderung (einschl. Zinsen und Kosten), die den Gegenstand des Rechtsstreits bildet, sondern auch für den Schaden, der dem Gläubiger möglicherweise durch den Aufschub der Vollstreckung entstanden ist (RGZ 25, 373, 376; 141, 194, 196).

[33] Hat der Schuldner nur teilweise obsiegt, so kann er die Sicherheit, auch soweit diese die Forderung des Gläubigers übersteigt, nicht ohne weiteres zurückverlangen, weil sie auch für den etwaigen Verzögerungsschaden haftet (s. Fn. 32). Aus diesem Grund genügt auch nicht der Nachweis einer vollständigen oder teilweisen Befriedigung des Gläubigers. Es empfiehlt sich in derartigen Fällen, nach § 16 HO, § 109 ZPO vorzugehen.

[34] Soweit die Sicherheit nicht an den Gläubiger herauszugeben ist (vgl. Rdnr. 36 a. E.), ist sie nicht etwa ohne weiteres an den Schuldner auszuzahlen: es darf dem Gläubiger nicht unmöglich gemacht werden, auch noch den Rest der Sicherheit wegen eines etwaigen Verzögerungsschadens (vgl. Fn. 32) in Anspruch zu nehmen, nachdem er hierüber einen Titel erwirkt hat. Es kann allerdings wegen des Restes nach § 16 HO, § 109 ZPO verfahren werden.

zu § 13 45–48   4. Abschnitt. Herausgabe

- er in vollem Umfang rechtskräftig obsiegt hat;
- die vorläufige Vollstreckbarkeit des Urteils durch ein abänderndes Urteil, das nicht rechtskräftig zu sein braucht, außer Kraft getreten ist.

45 An den Gläubiger kann herausgegeben werden, wenn das vorläufig vollstreckbare Urteil ganz oder teilweise rechtskräftig geworden ist (s. dazu oben Rdnr. 42 mit Rdnr. 33–35).

46 VII 1 c) **§ 732 Abs. 2, §§ 766, 769 ZPO:** Einstellung der Zwangsvollstreckung gegen Sicherheitsleistung[35] des Schuldners, der gegen die Vollstreckung Einwendungen erhebt

An den Schuldner (Hinterleger) kann herausgegeben werden, wenn
- er in vollem Umfang rechtskräftig obsiegt hat;
- die Einstellung gegen Sicherheitsleistung in eine solche ohne Sicherheitsleistung geändert worden ist.

47 An den Gläubiger kann herausgegeben werden, wenn
- die Einwendungen des Schuldners rechtskräftig zurückgewiesen sind; dies gilt nicht, wenn nur die Ausführung einer einzelnen Vollstreckungsmaßnahme untersagt worden war.[36]
- die Einstellung der Zwangsvollstreckung aufgehoben ist und der Gläubiger den Herausgabeanspruch des Schuldners hat pfänden und sich überweisen lassen.

48 VII 1 d) **§ 890 Abs. 3 ZPO:** Bestellung einer Sicherheit durch den Schuldner für den Schaden, der durch fernere Zuwiderhandlung gegen eine Unterlassungs- oder Duldungspflicht entstehen könnte

An den Schuldner (Hinterleger) kann herausgegeben werden, wenn der die Bestellung einer Sicherheit anordnende Beschluß als zu Unrecht ergangen aufgehoben wird. Die Herausgabe an den Gläubiger ist statthaft, wenn der Schuldner zum Ersatz des Schadens rechtskräftig verurteilt ist.[37], [38]

---

[35] Die Sicherheit haftet für die Forderung sowie für den durch die verzögerte Vollstreckung etwa entstehenden Schaden (vgl. Fn. 32). Wird nur die Fortsetzung einer bestimmten Vollstreckungsmaßnahme untersagt (etwa im Falle des § 766 ZPO), so haftet die Sicherheit nur für den Schaden, der dadurch entsteht, daß diese Vollstreckungsmaßnahme nicht ausgeführt werden kann (RGZ 37, 430; RG JW 1900, 80 Nr. 23; RGZ 141, 194, 196); denn der Gläubiger ist nicht gehindert, andere Vollstreckungsmaßnahmen zu ergreifen.

[36] Vgl. Fn. 35. Auszahlung an den Gläubiger, ohne daß die Voraussetzungen des § 13 Abs. 2 HO vorliegen, setzt in diesem Falle voraus, daß der Gläubiger ein rechtskräftiges Urteil über den ihm entstandenen Schaden vorlegt.

[37] Liegt erst ein vorläufig vollstreckbares Urteil vor, so kann der Gläubiger den Herausgabeanspruch des Schuldners pfänden und sich überweisen lassen.

[38] Ist die in dem Beschluß bestimmte Frist abgelaufen, so kann nach § 109 ZPO, § 16 HO verfahren werden.

§ 13 Anhang: Auszahlungsfälle   49–52 **zu § 13**

VII 1e) **§§ 923, 925, 927 ZPO:** Sicherheitsleistung[39] durch den **49**
Schuldner, um die Vollziehung eines Arrestes zu hemmen oder um die
Aufhebung oder Abänderung eines Arrestes zu erreichen

An den Schuldner (Hinterleger) kann herausgegeben werden, wenn
- eine rechtskräftige Entscheidung ergangen ist, derzufolge die Arrestforderung nicht besteht;
- der Arrestbefehl durch vollstreckbare Entscheidung als zu Unrecht ergangen aufgehoben ist;[40]
- der Gläubiger befriedigt ist.

An den Gläubiger kann herausgegeben werden, wenn über die Ar- **50**
restforderung ein rechtskräftiges Urteil vorliegt; vgl. hierzu Rdnr. 33–35.[41]

VII 2) *Sicherheitsleistung durch den Gläubiger*

Hier kommen vor allem folgende Fälle in Betracht:

VII 2a) **§§ 707, 719 ZPO:** Fortsetzung der Zwangsvollstreckung **51**
aus einem angegriffenen Urteil nach Sicherheitsleistung durch den
Gläubiger

An den Gläubiger (Hinterleger) kann herausgegeben werden, wenn
- die der Hinterlegung zugrunde liegende Anordnung aufgehoben ist und die Zwangsvollstreckung deshalb ohne Sicherheitsleistung fortgesetzt werden kann;
- die Angriffe des Schuldners gegen das bisherige Urteil rechtskräftig zurückgewiesen sind.[42]

An den Schuldner kann herausgegeben werden, wenn **52**
- dieser rechtskräftig obsiegt hat und durch Urkunden nachweist, daß und wieviel er auf die (angebliche) Forderung des Gläubigers gezahlt hat; vgl. hierzu oben Rdnr. 33–35;

---

[39] Die Sicherheit haftet dem Gläubiger für dessen Forderung gegen den Schuldner (RGZ 20, 396).
[40] Rechtskräftig braucht die Entscheidung nicht zu sein: RG JW 1910, 830 Nr. 63=GruchBeitr. 54 (1910) 1158.
[41] Vgl. Fn. 37.
[42] Ist das bisherige Urteil nur teilweise bestätigt worden, so kann der Gläubiger doch nicht einen Teil der Sicherheit, der in seiner Höhe dem Obsiegen des Schuldners entspricht, zurückverlangen. Die Sicherheit haftet dem Schuldner nicht nur für die beigetriebenen oder zur Abwendung der Vollstreckung gezahlten Beträge, sondern auch für den durch die ungerechtfertigte Vollstreckung entstandenen Schaden (vgl. § 717 Abs. 2 ZPO); ob ein solcher entstanden ist, läßt sich nicht ohne weiteres feststellen. Falls der Schuldner eine teilweise Herausgabe der Sicherheit nicht bewilligt, kann gem. § 16 HO, § 109 ZPO vorgegangen werden.

zu § 13 53–56 4. Abschnitt. Herausgabe

- der Schuldner wegen seiner Schadensersatzansprüche aus § 717 Abs. 2 ZPO ein rechtskräftiges Urteil erwirkt hat; vgl. hierzu oben Rdnr. 33–35;

- der Schuldner wegen seiner Schadensersatzansprüche ein vorläufig vollstreckbares Urteil erwirkt hat und den Herausgabeanspruch des Gläubigers hat pfänden und sich überweisen lassen.

53 VII 2 b) **§§ 709, 711 ZPO:** Sicherheitsleistung durch den Gläubiger vor Beginn der Zwangsvollstreckung aus einem vorläufig vollstreckbaren Urteil

An den Gläubiger (Hinterleger) kann herausgegeben werden, wenn
- das vorläufig vollstreckbare Urteil rechtskräftig geworden ist;[43]
- das bisher gegen Sicherheitsleistung vorläufig vollstreckbare Urteil nach den §§ 534, 560 ZPO für uneingeschränkt vorläufig vollstreckbar erklärt ist;
- die Berufung des Schuldners (Beklagten) gegen das Urteil zurückgewiesen worden[43] und das zweitinstanzliche Urteil ohne Sicherheit vorläufig vollstreckbar ist und in ihm dem Schuldner auch nicht nachgelassen wird, die Vollstreckung durch Sicherheitsleistung abzuwenden.[44]

54 Wegen der Herausgabe an den Schuldner s. oben Rdnr. 51.

55 VII 2 c) **§ 732 Abs. 2, §§ 766, 769 ZPO:** Fortsetzung der Zwangsvollstreckung, gegen die der Schuldner Einwendungen erhebt, nach Sicherheitsleistung[45] durch den Gläubiger

Die Ausführungen oben unter Rdnr. 51, 52 gelten entsprechend. Im Falle des § 766 ZPO kann allerdings dann, wenn die Einwendungen des Schuldners gegen einzelne Vollstreckungsmaßnahmen für begründet erachtet worden sind, die Sicherheit nicht allein auf dessen Antrag hin an ihn herausgegeben werden, denn es läßt sich nicht ohne weiteres feststellen, ob und ggf. in welcher Höhe ihm ein Schaden entstanden ist.

56 VII 2 d) **§§ 921, 925 ZPO:** Sicherheitsleistung[46] durch den Gläubiger vor Anordnung, Vollziehung oder Bestätigung eines Arrestes

---

[43] Für den Fall, daß das Urteil teilweise abgeändert worden ist, vgl. oben Fn. 42.

[44] RG JW 1903, 374 Nr. 8; KG OLGR 29, 59; OLG Hamm NJW 1971, 1186.

[45] Die Sicherheit haftet entspr. § 717 Abs. 2 ZPO für die beigetriebenen oder zur Abwendung der Vollstreckung gezahlten Beträge, ferner für den durch die ungerechtfertigte Vollstreckung entstandenen Schaden. Im Falle des § 766 ZPO (Erinnerung gegen einzelne Vollstreckungsmaßnahmen) haftet die Sicherheit nur für den Schaden, der gerade durch diese Maßnahmen verursacht wird.

[46] Die Sicherheit haftet für den in § 945 ZPO umschriebenen Anspruch auf Schadensersatz.

§ 13 Anhang: Auszahlungsfälle

An den Gläubiger (Hinterleger) kann nicht schon dann herausgegeben werden, wenn der Arrest rechtskräftig angeordnet ist (wenn das ihn anordnende Urteil rechtskräftig oder der Beschluß rechtskräftig bestätigt ist). Denn die Veranlassung für die Sicherheitsleistung ist in diesem Stadium noch nicht weggefallen, weil noch die Möglichkeit besteht, daß der Gläubiger im Hauptprozeß mit seiner Klage abgewiesen wird und damit eine Schadensersatzpflicht nach § 945 ZPO gegeben ist.[47]

An den Gläubiger (Hinterleger) kann aufgrund urkundlichen Nachweises erst herausgegeben werden, wenn **57**

– der Arrestbefehl dahin geändert ist, daß die Sicherheitsleistung entfällt;

– der Arrestbefehl nicht vollzogen ist und infolge Ablaufs der Vollziehungsfrist (§ 929 Abs. 2 ZPO) auch nicht mehr vollzogen werden kann. Die negative Tatsache, daß der Arrestbefehl nicht vollzogen ist, wird indessen urkundlich kaum nachzuweisen sein. Es dürfte sich unter diesen Umständen empfehlen, nach den §§ 109, 943 Abs. 2 ZPO oder nach § 16 HO zu verfahren.

Ist der Schuldner in der Hauptsache rechtskräftig verurteilt oder hat **58** er den Gläubiger befriedigt, so kann der Gläubiger die Herausgabe verlangen

– aufgrund der entsprechenden Urkunden, sofern die Sicherheitsleistung nur wegen ungenügender Glaubhaftmachung des **Anspruchs** angeordnet worden war (§ 921 Abs. 2 S. 1 ZPO);[48]

– erst nach Vorschaltung des Verfahrens nach den §§ 109, 943 Abs. 2 ZPO, sofern die Sicherheitsleistung die Glaubhaftmachung des **Arrestgrundes** ersetzen sollte.[49]

In der Praxis werden diese beiden Fälle kaum zu unterscheiden sein, **59** so daß es regelmäßig zu einem dieser Verfahren kommen wird. Dies gilt insbesondere dann, wenn die Sicherheit nicht **vor** der Arrestanordnung für erforderlich erklärt (vgl. § 922 Abs. 3 ZPO), sondern in dem Arrestbefehl selbst die Vollziehung von der Leistung der Sicherheit abhängig gemacht worden ist.

---

[47] RGZ 72, 27.
[48] RGZ 11, 430.
[49] „Durch die Rechtskraft des in der Hauptsache ergangenen Urteils ist zwar der formell noch fortbestehende dingliche Arrest, da die Wirksamkeit desselben nicht über diejenige der nunmehr zulässigen Zwangsvollstreckung hinausgreift, **für die Zukunft** bedeutungslos geworden; es ist aber die Möglichkeit vorhanden, daß der Beklagte durch den Arrest **schon vorher** Nachteile erlitten hat, wegen deren er die Kaution in Anspruch zu nehmen vermag" (RGZ 11, 430).

zu § 13 60–64   4. Abschnitt. Herausgabe

60   Auch dann kommt das Verfahren nach den §§ 109, 943 Abs. 2 ZPO oder nach § 16 HO in Betracht, wenn der Arrest vor längerer Zeit aufgehoben worden ist.[50]

61   An den Schuldner kann herausgegeben werden, wenn dieser
- wegen seiner Schadensersatzansprüche aus § 945 ZPO ein rechtskräftiges Urteil erwirkt hat; vgl. hierzu oben Rdnr. 21, 22;
- wegen seiner Schadensersatzansprüche ein vorläufig vollstreckbares Urteil erwirkt hat und den Herausgabeanspruch des Gläubigers hat pfänden und sich überweisen lassen.

VII 3) *Sicherheitsleistung im Falle einer Widerspruchsklage (§§ 771, 769 ZPO)*

62   VII 3 a) Einstellung der Zwangsvollstreckung gegen Sicherheitsleistung[51] durch den Dritten (Intervenienten)

An den Dritten (den Hinterleger) kann herausgegeben werden, wenn
- die Einstellung der Zwangsvollstreckung gegen Sicherheitsleistung in eine solche ohne Sicherheitsleistung geändert oder überhaupt aufgehoben ist;
- der Dritte in vollem Umfang rechtskräftig obsiegt hat.

63 An den beklagten Vollstreckungsgläubiger kann herausgegeben werden, wenn dieser
- wegen seiner Schadensersatzansprüche ein rechtskräftiges Urteil gegen den Dritten erwirkt hat; vgl. hierzu oben Rdnr. 33–35;
- wegen der genannten Ansprüche ein vorläufig vollstreckbares Urteil erwirkt hat und den Herausgabeanspruch des Dritten hat pfänden und sich überweisen lassen.

64   VII 3 b) Fortsetzung der Zwangsvollstreckung nach Sicherheitsleistung[52] durch den beklagten Vollstreckungsgläubiger

An den beklagten Gläubiger (den Hinterleger) kann herausgegeben werden, wenn

---

[50] RGZ 61, 300.

[51] Die Sicherheit haftet für den Schaden, der dem beklagten Vollstreckungsgläubiger u. U. aus der zeitweiligen Einstellung der Zwangsvollstreckung entsteht (RGZ 86, 36, 39; OLG Hamburg OLGR 33, 101). Werden Vollstreckungsmaßregeln gegen Sicherheitsleistung aufgehoben, so haftet die Sicherheit für den Betrag, den der Gläubiger bei Fortsetzung der Zwangsvollstreckung erhalten hätte (RGZ 86, 36, 39; 141, 194, 198). Für die Kosten des Interventionsprozesses haftet die Sicherheit nicht (RGZ 97, 127, 131).

[52] Die Sicherheit haftet dem Intervenienten für den Schaden, der ihm durch die Pfändung und Verwertung seiner Sachen entsteht.

§ 13 Anhang: Auszahlungsfälle 65–68 **zu § 13**

– die Anordnung, Sicherheit zu leisten, aufgehoben ist;
– die Widerspruchsklage rechtskräftig abgewiesen ist.

An den Dritten (Intervenienten) kann herausgegeben werden, wenn 65 dieser

– wegen seiner Schadensersatzansprüche ein rechtskräftiges Urteil gegen den Gläubiger erwirkt hat; vgl. hierzu oben Rdnr. 33–35;
– wegen seiner Ansprüche ein vorläufig vollstreckbares Urteil erwirkt hat und den Herausgabeanspruch des Gläubigers hat pfänden und sich überweisen lassen.

VIII) § 805 ZPO: Hinterlegung des Erlöses einer gepfändeten Sache bei Klage auf vorzugsweise Befriedigung 66

Die Hinterlegung geschieht auf Anordnung des Gerichts (§ 805 Abs. 4 ZPO). Hinterleger ist der Gerichtsvollzieher. Es ist zu hinterlegen zugunsten der in der Anordnung bezeichneten Parteien.

Was die Herausgabe anbelangt, so gilt folgendes: 67

– Hat der Dritte in dem Rechtsstreit gegen den Pfändungsgläubiger obsiegt, so genügt dieses Urteil nicht, um die Empfangsberechtigung des Dritten nachzuweisen, denn die Rechtskraft wirkt nur im Verhältnis zwischen ihm und dem Pfändungsgläubiger.[53] Der Dritte muß noch die Bewilligung des Schuldners oder einen sie ersetzenden rechtskräftigen Titel vorlegen.[54]
– Ist der Dritte mit seiner Klage gegen den Pfändungsgläubiger abgewiesen worden, so bedarf es zur Herausgabe an den Gerichtsvollzieher der Bewilligung des Schuldners nicht, weil ein Titel gegen den Schuldner vorliegt und nur wegen des Widerspruchs des Dritten hinterlegt worden ist. Mit Einwilligung des Gerichtsvollziehers kann auch an den Pfändungsgläubiger unmittelbar herausgegeben werden.

IX) § 815 Abs. 2 ZPO: Hinterlegung von gepfändetem Geld, an dem ein die Veräußerung hinderndes Recht eines Dritten besteht 68

Der Gerichtsvollzieher hinterlegt gepfändetes Geld von Amts wegen, wenn ihm glaubhaft gemacht wird, daß an dem Geld ein die Veräußerung hinderndes Recht eines Dritten bestehe. Wenn nicht innerhalb von zwei Wochen eine Entscheidung über die Einstellung der

---

[53] Anders, wenn der Dritte gem. § 805 Abs. 3 ZPO die Klage zugleich gegen den Gläubiger und den Schuldner gerichtet und gegenüber beiden obsiegt hat.
[54] A. A. LG Dresden ZZP 44, 274 ff.

zu § 13   69, 70   4. Abschnitt. Herausgabe

Zwangsvollstreckung beigebracht wird, hat der Gerichtsvollzieher die Zwangsvollstreckung fortzusetzen, d. h. das hinterlegte Geld an sich herausgeben zu lassen und dem Gläubiger abzuliefern. Die Hinterlegungsstelle hat dem Gerichtsvollzieher auf seinen Antrag hin das hinterlegte Geld ohne weiteres herauszugeben, wenn er bei der Hinterlegung sich die Rücknahme innerhalb von zwei Wochen vorbehalten hat.[55] Hat sich der Gerichtsvollzieher die Rücknahme nicht vorbehalten, so ist diese gleichwohl auf seinen Antrag hin zu bewirken, wenn er dienstlich versichert, daß ihm eine Entscheidung über die Einstellung der Zwangsvollstreckung nicht vorliege. Diese Erklärung kann als genügender Nachweis angesehen werden.[56] Der Gerichtsvollzieher kann auch die Herausgabe unmittelbar an den Gläubiger bewilligen und es diesem überlassen, die Herausgabe an sich zu beantragen.

69   X) § 49 Abs. 3 ZVG: Hinterlegung des Bargebots durch den Ersteher

Über die Empfangsberechtigung bestimmt das Vollstreckungsgericht im Teilungsplan. Für die Herausgabe ergeben sich folgende Möglichkeiten:

- Das Vollstreckungsgericht ersucht um Auszahlung an sich, um die Verteilung im Verteilungstermin selbst zu bewirken;
- es ersucht um Auszahlung an die nach dem Verteilungsplan Empfangsberechtigten;
- es erteilt den Berechtigten entsprechend dem Teilungsplan Anweisung auf den hinterlegten Betrag (gemäß dem auch hier anwendbaren § 117 Abs. 3 ZVG) und überläßt es den Empfangsberechtigten, die Auszahlung – gestützt auf die Anweisung – gemäß § 13 HO selbst zu beantragen.

70   XI) § 116 Abs. 1 Nr. 4 StPO: Sicherheitsleistung, damit ein Haftbefehl außer Vollzug gesetzt werde

An der Hinterlegung beteiligt sind der Hinterleger (der Beschuldigte oder ein anderer: § 116 Abs. 1 Nr. 4 StPO) und die Staatskasse, der die Sicherheit u. U. verfällt. Die Hinterlegungsmasse kann an den Hinterleger herausgegeben werden, wenn

- der Vertreter der Staatskasse[57] dies bewilligt (§ 13 Abs. 2 Nr. 1 HO);

---

[55] Stöber in Zöller, ZPO, 17. Auflage 1991, § 815 Rd.Nr. 5.
[56] Es handelt sich nicht um den Fall eines behördlichen Ersuchens gemäß § 15 HO, weil der Gerichtsvollzieher keine Behörde ist (s. zum Begriff der Behörde § 6 Fn. 7).
[57] Vgl. Anhang Nr. 5.

§ 14 Nachweis der Echtheit einer Unterschrift 1 § 14

- die Staatsanwaltschaft die Herausgabe anordnet (§ 15 HO). Dies hat zu geschehen, wenn ein Beschluß vorliegt, durch den die Sicherheit freigegeben wird[58] oder durch den festgestellt wird, daß die Sicherheit frei geworden sei.[59] Einen derartigen Beschluß hat die Staatsanwaltschaft zu vollstrecken, indem sie das Erforderliche veranlaßt (§ 36 Abs. 2 StPO).

Zur Herausgabe nach Verfall der Sicherheit vgl. § 124 StPO und § 13 Abs. 2 Nr. 2 HO mit Rdnr. 32.

[Nachweis der Echtheit einer Unterschrift]

§ 14 (1) **Ist die für den Nachweis der Empfangsberechtigung wesentliche Erklärung eines Beteiligten schriftlich abgegeben, so kann die Hinterlegungsstelle verlangen, daß die Echtheit der Unterschrift durch eine zur Führung eines öffentlichen Siegels berechtigte Person unter Beidrückung ihres Siegels oder Stempels bescheinigt wird; sie kann auch verlangen, daß die Unterschrift öffentlich beglaubigt wird.**

(2) **Das gleiche gilt, wenn eine Vollmachtsurkunde eingereicht wird.**

Übersicht

I) **Beglaubigung beim Nachweis der Empfangsberechtigung** (1)
  1) Amtliche Beglaubigung (2, 3)
  2) Öffentliche Beglaubigung (4)
  3) Ermessen der Hinterlegungsstelle (5, 6)

II) **Beglaubigung von Vollmachten** (7, 8)

I) Beglaubigung beim Nachweis der Empfangsberechtigung 1

Liegt der Hinterlegungsstelle die schriftliche Erklärung[1] eines Beteiligten[2] vor, die für den Nachweis der Empfangsberechtigung wesentlich ist – z. B. eine Herausgabebewilligung oder eine Abtretungserklärung –, so kann Anlaß bestehen, die Echtheit der Unterschrift zu überprüfen. Zu diesem Zweck kann die Hinterlegungsstelle verlangen,

- daß die Echtheit der Unterschrift durch eine zur Führung eines öffentlichen Siegels berechtigte Person bescheinigt

oder

- daß die Unterschrift öffentlich beglaubigt werde.

---

[58] Vgl. § 123 Abs. 3 StPO.
[59] Vgl. § 123 Abs. 2 StPO.
[1] Zum Begriff der Schriftform s. § 126 BGB; vgl. auch § 416 ZPO.
[2] Zum Begriff des Beteiligten vgl. § 13 Rdnr. 8 ff.

2 I 1) Die **Bescheinigung der Echtheit** durch eine siegelführende Person entspricht der amtlichen Beglaubigung im Sinne des § 65 S. 1 BeurkG. Die amtliche Beglaubigung von Unterschriften ist durch die Verwaltungsverfahrensgesetze bundesrechtlich und landesrechtlich geregelt worden. Doch braucht die Hinterlegungsstelle nicht darauf zu achten, ob die Bescheinigung den Anforderungen der Verwaltungsverfahrensgesetze entspricht. Sie braucht auch nicht zu prüfen, ob die Bescheinigung von einer Stelle herrührt, die für amtliche Beglaubigungen zuständig ist oder nicht. Sie kann sich mit der Bescheinigung einer jeden Person begnügen, die zur Führung eines öffentlichen Siegels berechtigt ist: etwa mit der Bescheinigung eines Gemeinde- oder Polizeibeamten, eines Schiedsmannes oder eines Pfarrers.

3 Die Bescheinigung muß mit dem (Präge-)Siegel oder dem Stempel (Farbdrucksiegel) versehen sein und bezeugen, daß die Unterschrift, die der Beteiligte unter die schriftliche Erklärung gesetzt hat, echt ist. Die Unterschrift ist echt, wenn sie von dem Beteiligten wirklich herrührt. Daß dies der Fall ist, muß in der Bescheinigung zum Ausdruck kommen. Diese muß deshalb ersehen lassen, **wessen** Unterschrift als echt bescheinigt wird.

4 I 2) Der Begriff der **öffentlichen Beglaubigung** ergibt sich aus § 129 BGB.

Zur öffentlichen Beglaubigung der Unterschrift, die gemäß § 40 BeurkG vorzunehmen ist, sind in erster Linie zuständig die Notare (§ 129 BGB, § 20 BNotO), ferner die Konsularbeamten (§ 10 des Konsulargesetzes),[3] in Baden-Württemberg die Ratsschreiber (§ 32 Abs. 4 LFGG),[4] in Hessen und Rheinland-Pfalz die Ortsgerichtsvorsteher (§ 13 des Hess. Ortsgerichtsgesetzes i. d. F. des Gesetzes vom 2. 4. 1980,[5] rh.-pf. Landesgesetz über die Beglaubigungsbefugnisse der Ortsgerichte.[6]

5 I 3) Die Hinterlegungsstelle wird die Echtheitsbescheinigung oder die öffentliche Beglaubigung nicht in allen Fällen verlangen, sondern nur dann, wenn dies nötig ist, um ihr Gewißheit über die Echtheit der Unterschrift zu verschaffen. Unter Umständen lassen sich Zweifel über die Echtheit der Unterschrift auch auf andere Weise beheben, etwa durch Rückfrage bei dem Aussteller der Erklärung.

---

[3] Vom 11. 9. 1974 (BGBl. I 2317).
[4] Landesgesetz über die freiwillige Gerichtsbarkeit vom 12. 2. 1975 (Ges.Bl. 116).
[5] Hess.GVBl. 113.
[6] Vom 15. 7. 1970 (Rh.-Pf.GVBl. 228).

§ 15 Behördliches Ersuchen um Herausgabe **§ 15**

Ob die Hinterlegungsstelle eine Echtheitsbescheinigung oder eine 6
öffentliche Beglaubigung verlangen will, steht in ihrem Ermessen. Verlangt sie eine Echtheitsbescheinigung, läßt der Aussteller der Erklärung jedoch seine Unterschrift öffentlich beglaubigen, dann genügt dies selbstverständlich, denn die öffentliche Beglaubigung hat einen höheren Rang als die Echtheitsbescheinigung, weil sie stets öffentlichen Glauben genießt (§ 418 ZPO).

II) **Beglaubigung von Vollmachten**

Nach § 14 Abs. 2 HO kann die Hinterlegungsstelle auch bei Voll- 7
machtsurkunden verlangen, daß die Echtheit der Unterschrift bescheinigt oder die Unterschrift öffentlich beglaubigt werde. Dies kommt nur in Betracht, wenn die Vollmacht schriftlich erteilt, nicht dagegen, wenn die Bevollmächtigung beurkundet worden ist, denn die Beurkundung begründet öffentlichen Glauben (§ 415 ZPO).

Aus der uneingeschränkten Fassung des § 14 Abs. 2 HO folgt, daß 8
eine Echtheitsbescheinigung oder eine öffentliche Beglaubigung nicht nur verlangt werden kann, wenn die Vollmacht für den Nachweis der Empfangsberechtigung wesentlich ist, sondern z. B. auch dann, wenn der Bevollmächtigte einen Herausgabeantrag stellt oder Beschwerde gegen die Ablehnung dieses Antrags einlegt. Ob die Hinterlegungsstelle einen Nachweis der Echtheit fordert, wird wesentlich davon abhängen, wozu die Vollmacht ermächtigt. Bei einer Vollmacht zur Stellung eines Herausgabeantrags oder zur Einlegung der Beschwerde wird eine Echtheitsbescheinigung (öffentliche Beglaubigung) meist entbehrlich, dagegen bei einer Vollmacht zur Entgegennahme der Hinterlegungsmasse (vgl. § 13 Rdnr. 5) meist erforderlich sein.

[Behördliches Ersuchen um Herausgabe]

§ 15 (1) **Die Verfügung ergeht ferner, wenn die zuständige Behörde um Herausgabe an sie selbst oder an eine von ihr bezeichnete Stelle oder Person ersucht. Geht das Ersuchen von einer obersten Reichsbehörde oder von einer ihr unmittelbar unterstellten höheren Reichsbehörde aus, so ist deren Zuständigkeit von der Hinterlegungsstelle nicht zu prüfen. Das gleiche gilt, wenn das Ersuchen von einem Gericht des Reichs ausgeht.**

(2) Ergibt sich gegen die Berechtigung des Empfängers ein Bedenken, das die ersuchende Behörde nicht berücksichtigt hat, so ist es ihr mitzuteilen; die Verfügung ist auszusetzen. Hält die Behörde ihr Ersuchen gleichwohl aufrecht, so ist ihm stattzugeben.

§ 15 1–5   4. Abschnitt. Herausgabe

Übersicht

I) **Vorbemerkung** (1)
II) **Behördliche Herausgabeersuchen**
   1) Beispiele (2)
   2) Inhalt (3)
   3) Prüfung des Herausgabeersuchens (4–6)
   4) Mitteilung von Bedenken gegen das Herausgabeersuchen (7)
III) **Behörden als Hinterlegungsbeteiligte** (8)

1   I) Eine Herausgabeanordnung (s. § 12 HO mit Anm.) ergeht entweder auf Antrag (§ 13 HO) oder auf Ersuchen der zuständigen Behörde. Diesen letzteren Fall regelt § 15 HO.

II) Behördliche Herausgabeersuchen

2   II 1) Behördliche Herausgabeersuchen sind ebenso wie behördliche Annahmeersuchen (vgl. § 6 Rdnr. 19) nur zulässig, wenn für sie eine gesetzliche Grundlage besteht. Fälle dieser Art sind z. B.

– das Ersuchen des Vollstreckungsgerichts zum Zwecke der Ausführung eines Teilungsplans (§ 876 ZPO, §§ 115, 117 Abs. 3 ZVG);

– das Ersuchen des Vollstreckungsgerichts um Herausgabe der Bietersicherheit (§ 108 Abs. 1 ZVG);

– das Ersuchen der Staatsanwaltschaft um Herausgabe einer Sicherheit, die geleistet worden ist, damit ein Haftbefehl außer Vollzug gesetzt werde (s. hierzu Anhang zu § 13 HO Rdnr. 70).[1]

3   II 2) Das Herausgabeersuchen muß hinreichend bestimmt sein. Es muß die Hinterlegungsstelle bezeichnen, an die es gerichtet ist, ferner die Hinterlegungssache, zu der es gehört. Es muß angeben, was herausgegeben werden soll, und den Empfänger nennen. Empfänger kann sein die ersuchende Behörde selbst, aber auch ein anderer (§ 15 Abs. 1 Satz 1 HO).

4   II 3) Die Hinterlegungsstelle hat bei derartigen behördlichen Ersuchen nur zu prüfen, ob das Ersuchen sich im Rahmen der gesetzlichen Zuständigkeit der ersuchenden Behörde hält. Dagegen kann sie das Ersuchen nicht ablehnen, weil sie es sachlich für ungerechtfertigt hält. Die Verantwortung hierfür trägt die ersuchende Behörde.

5   Um das Verfahren zu erleichtern, ist die Prüfungspflicht der Hinterlegungsstelle noch weiter eingeschränkt für den Fall, daß das Herausgabeersuchen ausgeht

– von einer obersten Reichs- (jetzt: Bundes- oder Landes-)behörde, z. B. einem Ministerium,

---

[1] Vgl. hierzu auch Just und Drischler, Rpfleger 1955, 37.

§ 16 Bestimmung einer Frist zur Erhebung der Klage   § 16

- von einer ihr unmittelbar unterstellten höheren Reichs- (jetzt: Bundes- oder Landes-)behörde, z. B. dem Bundesverwaltungsamt, dem Bundespatentamt, einer Oberfinanzdirektion, oder
- von einem Gericht des Reichs (jetzt: des Bundes oder eines Landes).

In diesen Fällen hat die Hinterlegungsstelle auch die Zuständigkeit 6 nicht zu prüfen. Eine Ablehnung des Ersuchens kommt also nicht in Betracht.

II 4) Erkennt die Hinterlegungsstelle, daß in einem Herausgabeersuchen, dem sie nach § 15 Abs. 1 HO an sich zu entsprechen hat, ein Bedenken gegen die Berechtigung des Empfängers nicht berücksichtigt ist (z. B. ein unlängst zugestellter Pfändungsbeschluß), so hat sie dies der ersuchenden Behörde mitzuteilen. Die Herausgabeanordnung ist einstweilen nicht zu erlassen. Mit Rücksicht auf die gebotene Zusammenarbeit der Behörden wird sie dies auch dann tun, wenn sie etwa sonst Bedenken gegen das Ersuchen hat. Hält die Behörde ihr Ersuchen gleichwohl aufrecht, so ist es auszuführen.

III) Behörden als Hinterlegungsbeteiligte   8

Die in § 15 HO angesprochenen Fälle sind davon zu unterscheiden, daß eine Behörde an der Hinterlegung beteiligt ist[2] und in dieser Eigenschaft die Herausgabe bewilligt (§ 13 Abs. 2 Nr. 1 HO) oder beantragt (§ 13 Abs. 1 HO mit Rdnr. 3).[3] Derartige Erklärungen unterliegen den allgemeinen Vorschriften. Allerdings kann die Behörde – wenn sie demselben Lande angehört wie die Hinterlegungsstelle – nicht die in § 3 Abs. 3 HO vorgesehene Klage auf Herausgabe erheben, weil Behörden derselben Körperschaft einander nicht verklagen können.

[Bestimmung einer Frist zur Erhebung der Klage]
§ 16 **(1) Ist ein Antrag auf Herausgabe gestellt, so kann die Hinterlegungsstelle Beteiligten, welche die Herausgabe nicht bewilligt, auch die Empfangsberechtigung nicht anerkannt haben, eine Frist von mindestens zwei Wochen setzen, binnen deren sie ihr die Erhebung der Klage wegen ihrer Ansprüche nachzuweisen haben. Sie soll jedoch von dieser Möglichkeit nur Gebrauch machen, wenn es unbillig wäre, von dem Antragsteller weitere Nachweise zu verlangen.**

---

[2] Zum Begriff des Beteiligten s. § 13 Rdnr. 8 ff.
[3] Bisweilen kann eine Behörde sowohl um die Herausgabe an einen anderen ersuchen als auch die Herausgabe an diesen bewilligen: vgl. Anh. zu § 13 Rdnr. 70 mit Fn. 57.

§ 16 1   4. Abschnitt. Herausgabe

(2) Die Bestimmung der Frist ist dem, der die Herausgabe beantragt hat, und den Personen, an die sie sich richtet, nach den Vorschriften der Zivilprozeßordnung über die Zustellung von Amts wegen bekanntzugeben. Sie unterliegt der Beschwerde, die binnen zwei Wochen seit dem Zeitpunkt der Zustellung bei der Hinterlegungsstelle oder dem Landgerichtspräsidenten (Amtsgerichtspräsidenten) einzulegen ist. Die Hinterlegungsstelle hat die Beschwerde dem Landgerichtspräsidenten (Amtsgerichtspräsidenten) vorzulegen; zu einer Änderung ihrer Entscheidung ist sie nicht befugt.

(3) Die Entscheidung des Landgerichtspräsidenten (Amtsgerichtspräsidenten) ist nach Absatz 2 Satz 1 bekanntzugeben. Eine weitere Beschwerde ist nicht zulässig.

(4) Eine verspätet eingelegte Beschwerde kann, solange noch nicht herausgegeben ist, von dem Landgerichtspräsidenten (Amtsgerichtspräsidenten) zugelassen werden.

(5) Die Frist nach Absatz 1 beginnt mit der Rechtskraft der sie bestimmenden Verfügung. Nach Ablauf dieser Frist gilt die Herausgabe als bewilligt, wenn nicht inzwischen der Hinterlegungsstelle die Erhebung der Klage nachgewiesen ist.

Übersicht

I) **Allgemeines**
  1) Voraussetzungen des Verfahrens nach § 16 (1–4)
  2) Entscheidung von Amts wegen; Anträge von Beteiligten (5–8)

II) **Die Bestimmung der Frist**
  1) Verfahren (9, 10)
  2) Dauer der Frist (11)
  3) Verbot der Abänderung (12)

III) **Beschwerde**
  1) Beschwerdefrist; Beschwerdeberechtigung (13, 14)
  2) Einlegung; Beschwerdeinstanz (15, 16)
  3) Zulassung einer verspäteten Beschwerde (17–20)
  4) Inhalt, Zustellung der Beschwerdeentscheidung (21, 22)
  5) Keine weitere Beschwerde (23)

IV) **Antrag auf gerichtliche Entscheidung** (24, 25)

V) **Wirksamwerden und Folgen der Fristbestimmung** (24, 25)
  1) Wirksamwerden mit Rechtskraft; Eintritt der Rechtskraft (26–28)
  2) Fristsetzung gegenüber mehreren Beteiligten (29)
  3) Feststellung der Rechtskraft (30)
  4) Folgen der Fristbestimmung (31)
    a) Nachweis der Klageerhebung innerhalb der Frist (32–34)
    b) Fruchtloser Ablauf der Frist (35)

I) Allgemeines

1 I 1) Nach § 13 HO darf einem Antrag auf Herausgabe erst entsprochen werden, wenn die Empfangsberechtigung dessen, an den herausgegeben werden soll, nachgewiesen ist. § 16 HO ermöglicht es der Hinterlegungsstelle, dem Antragsteller beim Nachweis der Empfangsberechtigung behilflich zu sein.

§ 16 Bestimmung einer Frist zur Erhebung der Klage

Bei der Anwendung des § 16 HO darf nicht so verfahren werden, daß der Grundgedanke des § 13 HO, demzufolge der Antragsteller die erforderlichen Nachweise für die Empfangsberechtigung selbst beizubringen hat, in sein Gegenteil verkehrt wird. Die Hinterlegungsstelle darf nicht ohne weiteres einem Antragsteller, der die Empfangsberechtigung nicht nachgewiesen hat, die Beweisführungslast abnehmen. Sie soll vielmehr nach § 16 nur verfahren, „wenn es unbillig wäre, von dem Antragsteller weitere Nachweise zu verlangen" (§ 16 Abs. 1 S. 2 HO). Nach dieser Richtung wird die Hinterlegungsstelle folgendes beachten:

— Wie die Fassung des Gesetzes (**„weitere Nachweise"**) erkennen läßt, ist das Verfahren nach § 16 HO nur zulässig, wenn ein gewisser, wenn auch nicht ausreichender Nachweis für die Empfangsberechtigung erbracht ist.[1] Nach den vorliegenden Nachweisen und den Darlegungen des Antragstellers muß ein so hoher Grad von Wahrscheinlichkeit für die Berechtigung des Empfängers sprechen, daß es billig ist, wenn nunmehr der nichtzustimmende Beteiligte in die Rolle des Klägers gedrängt und gezwungen wird, alsbald im Klageweg gegen den Antragsteller vorzugehen, wenn er nicht als zustimmend angesehen werden will.

— So zu verfahren, entspricht allerdings auch dann, wenn die Berechtigung des Empfängers hochgradig wahrscheinlich ist, nicht der Billigkeit, wenn der Antragsteller die noch fehlenden Nachweise selbst leicht beschaffen kann: so, wenn er etwa die Möglichkeit hat, gemäß § 109 Abs. 2 ZPO die Rückgabe einer geleisteten Sicherheit anordnen zu lassen.

I 2) Hält die Hinterlegungsstelle die Voraussetzungen des § 16 HO für gegeben, so leitet sie das hier vorgesehene Verfahren **von Amts wegen** ein. Derjenige, der den Herausgabeantrag gestellt hat, ist indessen nicht gehindert, ergänzend zu beantragen, daß einem anderen Beteiligten gemäß § 16 HO eine Frist gesetzt werde. Dieser ergänzende Antrag hat jedoch nur die Bedeutung einer Anregung, entsprechend zu verfahren.[2] Will die Hinterlegungsstelle einer derartigen Anregung nicht entsprechen, so kann sie auf zweierlei Weise vorgehen:

— Sie kann den Herausgabeantrag ablehnen und in den Gründen der Entscheidung ausführen, daß die Berechtigung des Empfängers nicht nachgewiesen und es auch nicht unbillig sei, von dem Antragsteller weitere Nachweise zu verlangen.

---

[1] Feaux de la Croix JW 1937, 1369, 1371/1372; Pohlmann DJ 1937, 1114; OLG Celle Nds.Rpfl. 1965, 200; s. auch OLG Celle Nds. Rpfl. 1972, 197.
[2] Feaux de la Croix JW 1937, 1369, 1372.

7 – Sie kann zunächst auch nur das auf ein Verfahren nach § 16 HO gerichtete Begehren des Antragstellers zurückweisen.[3] Hier wird sich die Form der Zwischenverfügung empfehlen.[4] In dieser ist auszuführen, daß es nicht unbillig sei, weitere Nachweise zu verlangen. Ferner ist dem Antragsteller anheimzugeben, die fehlenden Nachweise innerhalb bestimmter Frist beizubringen, wenn er die Ablehnung des Herausgabeantrags vermeiden wolle.

8 In beiden Fällen liegt eine Entscheidung vor, die nach § 3 HO anfechtbar ist. Wird Beschwerde eingelegt, so kann die Beschwerdeinstanz der Hinterlegungsstelle aufgeben, nach § 16 HO zu verfahren, und zu diesem Zweck die Sache an die Hinterlegungsstelle zurückgeben. Der Instanzenzug ist der gewöhnliche. Die Beschwerde ist unbefristet zulässig. § 16 Abs. 2 S. 2, 3 Abs. 3 HO gilt hier nicht.

II) **Die Bestimmung der Frist durch die Hinterlegungsstelle**

9 II 1) Die Hinterlegungsstelle setzt **dem Beteiligten, der die Herausgabe nicht bewilligt hat,** eine Frist, innerhalb der er zur Vermeidung der in § 16 Abs. 5 S. 2 HO genannten Rechtsnachteile Klage gegen den Antragsteller wegen seiner Ansprüche erheben und der Hinterlegungsstelle die Erhebung der Klage nachweisen muß. Sie unterrichtet den Beteiligten über den schwebenden Herausgabeantrag und über die vom Antragsteller bisher beigebrachten Nachweise und vorgetragenen Umstände, die es unbillig erscheinen lassen, weitere Nachweise zu verlangen. Sie belehrt den Beteiligten ferner über die Folgen einer Versäumung der Frist und über sein Beschwerderecht. Diese Verfügung wird dem Beteiligten nach den Vorschriften der Zivilprozeßordnung über die Zustellung von Amts wegen (§§ 208 ff.) bekanntgegeben.

10 Derjenige der die Herausgabe beantragt hat, wird von der Verfügung ebenfalls durch Zustellung unterrichtet und über sein Beschwerderecht belehrt.[5]

11 II 2) Die Frist muß **mindestens zwei Wochen** betragen. Bei der Bemessung der Frist ist gegeneinander abzuwägen, daß dem Antragsteller an einer Beschleunigung des Herausgabeverfahrens liegt, andererseits sein Gegner ausreichend Zeit zur Vorbereitung und Erhebung einer Klage erhalten muß. Die Frist beginnt mit der Rechtskraft der sie bestimmenden Verfügung (§ 16 Abs. 5 S. 1 HO),[6] d. h. – wenn keine

---

[3] A. A. Pentz JR 1958, 173.
[4] S. dazu § 3 Rdnr. 8 und § 13 Rdnr. 7.
[5] S. hierzu unten Rdnr. 13 ff.
[6] S. hierzu unten Rdnr. 26.

§ 16 Bestimmung einer Frist zur Erhebung der Klage 12–16 § 16

Beschwerde eingelegt wird – mit dem Ablauf der zwei Wochen betragenden Beschwerdefrist. Der Umstand, daß die Frist nicht sofort zu laufen beginnt, kann bei ihrer Bemessung berücksichtigt werden.

II 3) Im Hinblick auf die streng formale Natur des Verfahrens darf die Hinterlegungsstelle ihre Verfügung **nicht ändern,** insbesondere nicht die Frist verlängern (§ 16 Abs. 2 letzter Halbsatz). Wegen einer Änderung der Frist durch die Beschwerdeinstanz s. unten Rdnr. 21. 12

III) **Beschwerde**

III 1) Gegen die Verfügung, die die Fristbestimmung enthält, ist Beschwerde zulässig. Sie kann im Gegensatz zu der Beschwerde gemäß § 3 HO nur **binnen zwei Wochen** seit Zustellung eingelegt werden. 13

Beschwerdeberechtigt sind der Beteiligte, dem die Frist gesetzt ist, und der Antragsteller (nicht aber sonstige Beteiligte). Die Beschwerdefrist läuft für jeden gesondert seit Zustellung an ihn. 14

Der Antragsteller kann darüber Beschwerde führen, daß die dem Beteiligten gesetzte Frist zu lange bemessen sei. Er wird dies aber nur in den seltensten Fällen tun, weil er mit der Beschwerde kaum wesentlich schneller zum Ziel kommen, unter Umständen sogar die Gefahr einer weiteren Verzögerung laufen wird. Wenn der Antragsteller der Meinung ist, der Nachweis der Empfangsberechtigung sei bereits erbracht, kann er sich auch beschwerdeführend dagegen wenden, daß überhaupt nach § 16 HO verfahren wird.

Der Beteiligte kann geltend machen, daß eine Frist nicht hätte gesetzt werden dürfen oder daß diese zu kurz sei. In dem Antrag, die Frist zu verlängern, kann eine Beschwerde zu sehen sein, denn nur die Beschwerdeinstanz kann diesem Begehren entsprechen (s. oben Rdnr. 12).

III 2) Über **Form und Inhalt** der Beschwerde vgl. § 3 Rdnr. 13 ff. Die Beschwerde kann eingelegt werden bei dem Präsidenten des Land-(Amts-)gerichts oder bei der Hinterlegungsstelle. Geschieht letzteres, so hat die Hinterlegungsstelle die Beschwerde mit den Akten unverzüglich dem Präsidenten des Land- oder Amtsgerichts vorzulegen. Der Beschwerde abzuhelfen, ist sie nicht befugt (§ 16 Abs. 2 S. 3 HO). 15

Über die Beschwerde entscheidet der **Präsident des Land- oder Amtsgerichts.** 16

Dies gilt auch dann, wenn der Rechtspfleger eines kleineren Amtsgerichts die Frist bestimmt hat. In diesem besonderen Fall ist – abweichend von der allgemeinen Regelung des § 3 HO, nach der zunächst der Direktor des Amtsgerichts über die Beschwerde zu entscheiden

§ 16 17–22　　　　　　　　　　　　　4. Abschnitt. Herausgabe

hätte[7] – sogleich der Präsident des Land-(Amts-)gerichts zur Entscheidung berufen.

17　III 3) Eine **verspätet eingelegte Beschwerde** kann der Präsident des Land- oder Amtsgerichts zulassen, solange noch nicht herausgegeben ist. § 16 Abs. 4 HO gibt damit eine vereinfachte Möglichkeit der Wiedereinsetzung in den vorigen Stand.

18　Geht eine verspätete Beschwerde bei der Hinterlegungsstelle ein, so legt diese sie mit den Akten unverzüglich dem Präsidenten des Land- oder Amtsgerichts zur Entscheidung vor. Handelt es sich um eine Beschwerde des Beteiligten, dem die Frist gesetzt worden ist, so wird die Hinterlegungsstelle regelmäßig zugleich den Erlaß einer Herausgabeanordnung zurückstellen oder – wenn diese bereits erlassen ist – die Vollziehung aussetzen oder – wenn die Anordnung schon der Hinterlegungskasse erteilt ist – sie zurückziehen.

19　Der Präsident des Land- oder Amtsgerichts entscheidet über die Zulassung einer verspäteten Beschwerde nach freiem Ermessen. Er wird die Beschwerde z. B. dann zulassen, wenn der Beteiligte, dem Frist gesetzt ist, darlegt, daß es ihm auch bei Wahrung aller Sorgfalt nicht möglich sei, innerhalb der Frist die Erhebung der Klage nachzuweisen.

20　Mit der nachträglichen Zulassung der Beschwerde werden die bereits eingetretenen Wirkungen der Fristbestimmung wieder beseitigt.

21　III 4) Die **Entscheidung über die Beschwerde** kann darin bestehen, daß die Beschwerde als unzulässig oder als unbegründet zurückgewiesen wird, aber auch darin, daß die Fristbestimmung aufgehoben oder daß die gesetzte Frist verlängert oder verkürzt wird.[8]

22　Die Entscheidung des Präsidenten des Land- oder Amtsgerichts ist dem Beschwerdeführer nach den Vorschriften der Zivilprozeßordnung über die Zustellung von Amts wegen (§§ 208 ff.) bekanntzugeben. Eine Bekanntmachung an den anderen Beteiligten ist durch die Hinterlegungsordnung nicht vorgeschrieben. Sie ist jedoch in jedem Fall zweckmäßig und dann geboten, wenn die Beschwerdeentscheidung für den Beschwerdeführer günstig ausgefallen ist und dementsprechend den anderen Beteiligten beschwert. In diesem Fall ist sie dem anderen Beteiligten auch förmlich zuzustellen, damit die in § 26 EGGVG vor-

---

[7] Vgl. § 3 Rdnr. 22.
[8] In der Beschwerdeentscheidung ist mangels einer entsprechenden Rechtsgrundlage kein Raum für eine Anordnung über die Erstattung der Kosten eines Beteiligten; OLG Hamm OLGZ 1974, 325=Rpfleger 1974, 228.

§ 16 Bestimmung einer Frist zur Erhebung der Klage 23–27 § 16

gesehene Frist für den Antrag auf gerichtliche Entscheidung (vgl. unten Rdnr. 24) in Lauf gesetzt wird.

III 5) Eine **weitere Beschwerde** ist nicht zulässig (§ 16 Abs. 3 S. 2 HO). Der Präsident des Oberlandesgerichts kann also nicht angerufen werden. Dieser Sonderregelung, die seit jeher bestanden hat, entspricht die Neugestaltung des allgemeinen Beschwerdewegs nach § 3 HO.

IV) **Antrag auf gerichtliche Entscheidung**

Obwohl § 16 HO eine dem § 3 Abs. 2 HO entsprechende Vorschrift nicht enthält, ist auch hier gegen die Entscheidung des Präsidenten des Land- oder Amtsgerichts der Antrag auf gerichtliche Entscheidung nach § 23 EGGVG zulässig.[9] Vgl. dazu § 3 Rdnr. 24 ff.

§ 16 HO ermächtigt die Hinterlegungsstelle, nach ihrem Ermessen zu entscheiden. Nach seinem Ermessen entscheidet auch der Präsident des Land- oder Amtsgerichts, wenn Beschwerde eingelegt wird. Eine nach § 23 EGGVG herbeigeführte gerichtliche Entscheidung hat sich deshalb an den in § 28 Abs. 3 EGGVG niedergelegten Maßnahmen auszurichten.[10]

V) **Wirksamwerden und Folgen der Fristbestimmung**

V 1) Die Verfügung, durch die die Frist bestimmt wird, hat nicht ohne weiteres die mit ihr beabsichtigten, in § 16 Abs. 5 HO geregelten Rechtsfolgen. Sie wird nur und erst dann **wirksam,** wenn sie gegenüber demjenigen, der die Herausgabe beantragt hat, **und** gegenüber dem Beteiligten, dem die Frist gesetzt ist, **rechtskräftig** – d. h. unanfechtbar – geworden ist.

Die Verfügung der Hinterlegungsstelle wird – wenn keine Beschwerde eingelegt wird – gegenüber jedem der Beschwerdeberechtigten zwei Wochen[11] nach Zustellung an ihn rechtskräftig. Ist die Verfügung dem Antragsteller und dem Beteiligten, dem die Frist gesetzt ist, zu verschiedenen Zeiten bekanntgemacht worden, so tritt die Rechtskraft für jeden von ihnen zu verschiedener Zeit ein. Die Frist beginnt mit dem späteren Zeitpunkt zu laufen.

---

[9] OLG Hamm OLGZ 1970, 491 = JVBl. 1970, 263; OLG Koblenz MDR 1976, 234.
[10] OLG Nürnberg JVBl. 1962, 276; OLG Hamm OLGZ 1970, 491, 494/495 = JVBl. 1970, 263 = Rpfleger 1970, 215.
[11] Für die Fristberechnung gelten § 222 ZPO und § 17 FGG entsprechend.

§ 16   4. Abschnitt. Herausgabe

28   Wird gegen die Verfügung der Hinterlegungsstelle Beschwerde eingelegt und verbleibt es nach der Beschwerdeentscheidung bei der Bestimmung der Frist, dann kommt es auf die Rechtskraft der Beschwerdeentscheidung an. Diese Entscheidung wird – wenn sie nicht mit einem Antrag auf gerichtliche Entscheidung gemäß den §§ 23 ff. EGGVG angefochten wird – rechtskräftig einen Monat[12] nach ihrer Zustellung an denjenigen, der durch sie beschwert wird (§ 26 EGGVG). Dies wird in der Regel der Beteiligte sein, dem die Frist gesetzt ist. Doch kommt auch der Antragsteller in Betracht, etwa dann, wenn die Frist verlängert worden ist. Wird rechtzeitig ein Antrag auf gerichtliche Entscheidung gestellt, dann ist die Rechtskraft bis zur Entscheidung über diesen Antrag aufgeschoben.[13]

Beispiele: A hat einen Antrag auf Herausgabe gestellt. Der Beteiligte B hat die Herausgabe nicht bewilligt. Die Hinterlegungsstelle setzt dem B eine Frist von drei Wochen. Die Verfügung der Hinterlegungsstelle wird dem B am 1. und dem A am 5. Juli zugestellt.

Es ergeben sich u. a. folgende Möglichkeiten:

1.) A und B legen keine Beschwerde ein. Die Verfügung wird rechtskräftig gegenüber A mit Ablauf des 19. Juli und gegenüber B mit Ablauf des 15. Juli. Die Frist von drei Wochen beginnt mit dem 20. Juli zu laufen.

2.) A legt keine Beschwerde ein. B legt Beschwerde ein, die vom Präsidenten des Landgerichts zurückgewiesen wird. Die Beschwerdeentscheidung wird dem B am 25. Juli zugestellt. B stellt keinen Antrag auf gerichtliche Entscheidung. Die Verfügung der Hinterlegungsstelle wird gegenüber B einen Monat nach Zustellung der Beschwerdeentscheidung, d. h. mit Ablauf des 25. August, rechtskräftig. Gegenüber A ist die Rechtskraft infolge des Verstreichens der Beschwerdefrist bereits mit Ablauf des 19. Juli eingetreten. Die Frist von drei Wochen beginnt mit dem 26. August zu laufen.

3.) A legt keine Beschwerde ein. Dies tut jedoch B. Der Präsident des Landgerichts weist die Beschwerde zurück. Auch der hiergegen gerichtete Antrag auf gerichtliche Entscheidung bleibt erfolglos. Der gerichtliche Beschluß wird dem B am 10. September zugestellt. Die von der Hinterlegungsstelle bestimmte Frist beginnt – da die Rechtskraft gegenüber A bereits vorher eingetreten ist – mit dem 11. September zu laufen.

4.) A legt Beschwerde ein, weil er meint, der Nachweis der Empfangsberechtigung sei auch gegenüber B erbracht und das Verfahren nach § 16 HO sei deshalb überflüssig. B legt keine Beschwerde ein. Auf die Beschwerde des A hebt der Präsident des Landgerichts die Verfügung der Hinterlegungsstelle auf. Die Beschwerdeentscheidung wird dem A am 25. Juli zugestellt. Die Verfügung der

---

[12] Zur Fristberechnung vgl. § 29 Abs. 2 EGGVG, § 17 FGG.
[13] Die Entscheidung über den Antrag wird gem. § 29 Abs. 2 EGGVG, § 16 Abs. 1 FGG wirksam mit der Bekanntmachung an den Adressaten. Die Bekanntmachung hat, wenn mit ihr der Lauf einer Frist beginnt, durch Zustellung zu geschehen: § 16 Abs. 2 FGG.

§ 16 Bestimmung einer Frist zur Erhebung der Klage 29–33

Hinterlegungsstelle ist nur gegenüber B, nicht aber gegenüber A rechtskräftig geworden. Sie kann infolgedessen nicht wirksam werden.

V 2) Haben mehrere Beteiligte die Herausgabe nicht bewilligt und ist ihnen allen eine Frist gesetzt worden, so beurteilen sich Rechtskraft und Wirksamkeit der Verfügung gesondert für das Verhältnis zwischen dem Antragsteller und jedem der übrigen Beteiligten.

Beispiel: A beantragt die Herausgabe. Die Hinterlegungsstelle setzt den Beteiligten B und C eine Frist von zwei Wochen. Die Verfügung der Hinterlegungsstelle wird A und B am 1. Juli und C am 15. Juli zugestellt. A und B legen keine Beschwerde, C legt am 27. Juli Beschwerde ein, über die am 1. August noch nicht entschieden ist. Nunmehr gilt die Bewilligung des B gemäß § 16 Abs. 5 HO als erteilt, obwohl die Verfügung der Hinterlegungsstelle im Verhältnis des A zu C noch nicht wirksam geworden ist.

V 3) Da Beschwerde gegen die Verfügung der Hinterlegungsstelle auch unmittelbar beim Präsidenten des Land- oder Amtsgerichts eingelegt werden kann, wird die Hinterlegungsstelle – um sich vom Eintritt der Rechtskraft zu vergewissern – bei diesem anfragen, ob Beschwerde bis zum Ablauf der hierfür vorgesehenen Frist eingelegt worden sei oder nicht.[14]

V 4) Ist die die Fristbestimmung enthaltende Verfügung der Hinterlegungsstelle rechtskräftig geworden, dann hat dies die in § 16 Abs. 5 HO geregelten **Wirkungen:** Die gesetzte Frist beginnt zu laufen.[15] Innerhalb der Frist hat der Beteiligte, dem die Frist gesetzt ist, die Erhebung der Klage wegen seiner Ansprüche nachzuweisen. Geschieht dies nicht, so wird es so angesehen, als ob der Beteiligte die Herausgabe bewilligt habe. Wird die Erhebung der Klage rechtzeitig nachgewiesen, so bleibt die Entscheidung über den Herausgabeantrag ausgesetzt.

V 4 a) Welchen Inhalt die Klage des Beteiligten hat, hängt von den Umständen des einzelnen Falles ab. Sie wird häufig darauf gerichtet sein, daß der Antragsteller – derjenige, der den Antrag auf Herausgabe gestellt hat – die Herausgabe an ihn, den Beteiligten, bewillige.

Um die Erhebung der Klage nachzuweisen, hat der Beteiligte – wenn keine Beschwerde eingelegt wird – mindestens vier Wochen ab Zustellung der die Frist bestimmenden Verfügung Zeit, weil zunächst die Beschwerdefrist von zwei Wochen abläuft und erst dann die nach

---

[14] Vgl. das in § 706 Abs. 2 ZPO vorgesehene Verfahren.
[15] Die Frist ist nach § 187 Abs. 2, nicht nach § 187 Abs. 1 BGB zu berechnen, sie beginnt mit dem Tag, der sich an den letzten Tag der Beschwerdefrist anschließt: OLG Frankfurt Rpfleger 1974, 21.

§ 17 1–3
4. Abschnitt. Herausgabe

§ 16 Abs. 1 HO bestimmte Frist – mindestens zwei Wochen – zu laufen beginnt.

34 Der Beteiligte hat nicht nur rechtzeitig Klage zu erheben, sondern hat die Klageerhebung der Hinterlegungsstelle auch rechtzeitig **nachzuweisen**. Die Klage ist nicht schon mit dem Einreichen einer Klageschrift bei Gericht erhoben, sondern erst mit deren Zustellung (§ 253 ZPO); doch wird die Wirkung der Zustellung unter Umständen zurückbezogen (§ 270 Abs. 3 in Verbindung mit § 270 Abs. 1, § 271 Abs. 1, § 495 ZPO). Die Hinterlegungsstelle wird deshalb dann, wenn innerhalb der Frist nur das Einreichen der Klageschrift nachgewiesen ist, über das Ende der Frist hinaus noch eine angemessene Zeit warten, um dem Beteiligten Gelegenheit zu geben, auch die Zustellung der Klage noch nachzuweisen. Andernfalls würde die Rückbeziehung der Zustellungswirkung vereitelt werden.

35 V 4 b) Ist die Frist fruchtlos verstrichen, so wird die Bewilligung des Beteiligten, dem die Frist gesetzt worden ist, fingiert. Falls die Empfangsberechtigung im übrigen nachgewiesen ist, ist die Herausgabe anzuordnen. Will der Beteiligte die Herausgabe dennoch verhindern, so muß er gerichtliche Maßnahmen ergreifen, z.B. eine einstweilige Verfügung gegen den Antragsteller erwirken.

[Ort der Herausgabe]
§ 17 Das Reich ist nicht verpflichtet, die Hinterlegungsmasse an einem anderen Ort als dem Sitz der Hinterlegungsstelle herauszugeben.

1 I) Nach § 17 HO ist der Leistungsort, an dem die Justizverwaltung den Anspruch auf Herausgabe der Hinterlegungsmasse allein zu erfüllen verpflichtet ist, der Sitz der Hinterlegungsstelle. Hat gemäß § 4 HO ein Wechsel der Hinterlegungsstelle stattgefunden, so ist der Sitz der neuen Hinterlegungsstelle maßgebend. Da nicht auf den Wohnsitz des Empfangsberechtigten abgestellt wird, liegt keine Bringschuld vor. Es handelt sich auch nicht um eine Schickschuld, weil durch § 7 HO eine Pflicht zur Versendung nicht begründet wird. Die Hinterlegungsmasse ist hiernach grundsätzlich abzuholen.

2 II) Die Regelung wird durch die Ausführungsvorschriften der Länder **weitgehend verdrängt.** Danach ist

3 – bei Geldhinterlegungen der herauszugebende Betrag regelmäßig auf ein Konto des Empfängers zu überweisen oder die Summe ihm postgebührenfrei zu übersenden;

§ 18 Haftung nach der Herausgabe 1–3 § 18

– bei Werthinterlegungen der herauszugebende Gegenstand regelmäßig postgebührenfrei zu übersenden. 4

Besonderheiten gelten, wenn nach dem Ausland herausgegeben werden soll. Hier ist zu prüfen, ob besondere Anordnungen für die Art der Herausgabe erforderlich ist. 5

[Haftung nach der Herausgabe]
§ 18 Nach der Herausgabe kann das Reich nur auf Grund der Vorschriften über die Haftung für Amtspflichtverletzungen der Justizbeamten in Anspruch genommen werden.

I) § 18 HO zieht die Folgerung aus der öffentlich-rechtlichen Natur des Hinterlegungsverhältnisses (vgl. Vorbem. vor § 1 Rdnr. 12). 1

Die Vorschrift stellt klar, daß mit der Herausgabe aufgrund eines nach den §§ 12 ff. HO durchgeführten förmlichen Verfahrens das **Hinterlegungsverhältnis erlischt**. Anträge im Hinterlegungsverfahren und die Klage auf Herausgabe sind alsdann nicht mehr zulässig. Jedoch kann die Herausgabeanordnung durch Antrag auf gerichtliche Entscheidung angefochten werden (vgl. § 3 Rdnr. 24). Wenn sich dadurch auch die Herausgabe nicht rückgängig machen läßt, so läßt sich auf diesem Wege doch klären, ob die Herausgabe zu Recht angeordnet worden ist. Ansprüche gegen die Justizverwaltung, die sich darauf stützen, daß an einen nichtberechtigten Empfänger herausgegeben worden sei, können nur nach den Vorschriften über die Haftung für Amtspflichtverletzungen der Justizbeamten geltend gemacht werden. Um das Geltendmachen derartiger Ansprüche vorzubereiten, kann die Anfechtung der bereits ausgeführten Herausgabeanordnung ratsam sein.

II) Die **Haftung für Amtspflichtverletzungen** der Justizbeamten ist nicht durch Sondervorschriften geregelt. Es gelten auch hier Art. 34 GG und § 839 BGB.[1] Nach diesen Vorschriften haftet das Land anstelle des Beamten. Voraussetzung ist, daß eine Amtspflichtverletzung vorliegt, für die der Beamte dem Verletzten nach § 839 BGB haften würde.[2] 2

Fällt dem Beamten nur Fahrlässigkeit zur Last, so besteht ein Anspruch nur dann, wenn der Verletzte nicht auf andere Weise Ersatz zu erlangen vermag (§ 839 Abs. 1 S. 1 BGB). Der Verletzte muß also in er- 3

---

[1] Über Haftungsbeschränkungen gegenüber Ausländern gelten daneben besondere Vorschriften: vgl. etwa Reichsgesetz vom 22. 5. 1910 (RGBl. 798, BGBl. III 2030–9), Art. 60 Abs. 2 bay. AGBGB, Art. 188 Abs. 2 württ. AGBGB.
[2] Das Richterprivileg des § 839 Abs. 2 BGB gilt für den Rechtspfleger bei der Hinterlegungsstelle nicht.

ster Linie versuchen, die herausgegebene Masse von dem nichtberechtigten Empfänger zu erhalten (etwa gemäß § 816 Abs. 2 BGB).

4 Ein Anspruch besteht dann nicht, wenn der Verletzte es vorsätzlich oder fahrlässig unterlassen hat, den Schaden durch Gebrauch eines Rechtsmittels abzuwenden (§ 839 Abs. 3 BGB). Hiernach hat der Verletzte, der vom Erlaß der Herausgabeanordnung rechtzeitig – d. h. vor deren Ausführung – erfährt, alsbald Beschwerde einzulegen, um zu erreichen, daß die Herausgabe bis zur Entscheidung über den Rechtsbehelf verschoben wird (vgl. § 3 Rdnr. 16).

5 III) § 18 HO regelt allein die Frage, wie die Justizverwaltung haftet, wenn an einen Nichtberechtigten herausgegeben ist. Ob und inwieweit die Justizverwaltung im übrigen für einen Verlust oder eine Beschädigung der Hinterlegungsmasse einzustehen hat, ist in der Hinterlegungsordnung nicht geregelt. Es gelten hier die allgemeinen Grundsätze über die Haftung der öffentlichen Hand für Gegenstände, die in öffentlich-rechtliche Verwahrung genommen worden sind. (vgl. Vorbem. vor § 1 Rdnr. 12).

Fünfter Abschnitt
Erlöschen des Anspruchs auf Herausgabe

[Einunddreißigjährige Frist]

§ 19 (1) In den Fällen des § 382, des § 1171 Abs. 3 und des § 1269 Satz 3 des Bürgerlichen Gesetzbuchs erlischt der Anspruch auf Herausgabe mit dem Ablauf von einunddreißig Jahren, wenn nicht zu diesem Zeitpunkt ein begründeter Antrag auf Herausgabe vorliegt.

(2) Die einunddreißigjährige Frist beginnt:
1. im Falle des § 382 mit dem Zeitpunkt, in dem der Gläubiger die Anzeige von der Hinterlegung empfangen hat, oder, falls die Anzeige untunlich war und deshalb unterblieben ist, mit der Hinterlegung;
2. in den Fällen des § 1171 Abs. 3 und § 1269 Satz 3 mit dem Erlaß des Urteils, durch das der Gläubiger mit seinem Recht ausgeschlossen ist; das Gericht hat das Ausschlußurteil der Hinterlegungsstelle mitzuteilen.

1 I) **Allgemeines**

Nach § 21 Abs. 1 HO erlischt der Anspruch auf Herausgabe grundsätzlich nach Ablauf von dreißig Jahren seit der Hinterlegung. Von diesem Grundsatz macht § 19 HO eine Ausnahme für die Fälle der §§ 382, 1171, 1269 BGB. Diese Vorschriften haben folgenden Inhalt:

§ 19 Einunddreißigjährige Frist 2–4 § 19

- Bei Hinterlegungen zwecks Befreiung von einer Schuld (§§ 372 ff. BGB) erlischt nach **§ 382 BGB** das Recht des Gläubigers auf den hinterlegten Betrag[1] mit dem Ablauf von dreißig Jahren nach dem Empfang der Anzeige von der Hinterlegung.[2]
- Nach **§ 1171 Abs. 3 BGB** erlischt das Recht des unbekannten Hypothekengläubigers mit dem Ablauf von dreißig Jahren nach dem Erlaß des Ausschlußurteils.
- **§ 1269 BGB** ist aufgehoben worden durch Art. 1 Abs. 1 Nr. 1 der Verordnung zur Durchführung des Gesetzes über die Rechte an eingetragenen Schiffen und Schiffsbauwerken.[3] Gemäß Art. 1 Abs. 2 aaO gilt die Verweisung auf § 1269 BGB als Verweisung auf den entsprechenden § 67 SchiffsRG. Diese Vorschrift hat nahezu denselben Wortlaut wie § 1171 BGB.

II) 31jährige Frist

II 1) Mit dem Erlöschen seines Rechts aufgrund der §§ 382, 1171 Abs. 3 BGB, § 67 SchiffsRG scheidet der Gläubiger kraft Gesetzes als Hinterlegungsbeteiligter aus. 2

II 2) Im Gegensatz zum Recht des Gläubigers erlischt das Recht des Hinterlegers auf Rücknahme der hinterlegten Gegenstände mit dem Ablauf von dreißig Jahren nicht. Der Hinterleger bleibt also Beteiligter. Darüber hinaus erwirbt sogar der Hinterleger, der auf sein Recht zur Rücknahme verzichtet hat, mit dem Ausschluß des Gläubigers nunmehr seinerseits das Recht, die Hinterlegungsmasse herauszuverlangen (§§ 382, 1171 Abs. 3 BGB, § 67 Abs. 3 SchiffsRG). Er wird also neu zum Beteiligten am Hinterlegungsverfahren. 3

II 3) § 19 HO betrifft das nach Erlöschen des Gläubigerrechts allein noch bestehende Rücknahmerecht des Hinterlegers. Dieses Recht zur Rücknahme würde beeinträchtigt, wenn hier § 21 HO Anwendung finden und demzufolge der Anspruch auf Herausgabe nach dreißig Jahren erlöschen würde. Um dem Hinterleger die Möglichkeit zu geben, sein Recht zur Rücknahme noch auszuüben, sieht § 19 HO vor, daß der Anspruch auf Herausgabe erst ein Jahr später – also nach Ablauf von einunddreißig Jahren – erlischt. 4

---

[1] Oder auf sonstige hinterlegte Gegenstände, die nicht in einer Geldsumme bestehen: vgl. § 11 Rd. Nr. 8.
[2] Oder mit dem Ablauf von dreißig Jahren nach der Hinterlegung, wenn die Anzeige gem. § 374 Abs. 2 S. 2 BGB wegen Untunlichkeit unterblieben ist; vgl. § 11 Rdnr. 8 und § 19 Abs. 2 Nr. 1 HO.
[3] Vom 21.12.1940 (RGBl. I 1609).

§ 20 1, 2 5. Abschnitt. Erlöschen des Herausgabeanspruchs

5   II 4) § 19 Abs. 2 HO regelt den Beginn der einunddreißigjährigen Frist in Anpassung an die Vorschriften der §§ 382, 1171 Abs. 3 BGB § 67 SchiffsRG.

6   II 5) Wenn bei Ablauf der Frist über einen rechtzeitig gestellten Herausgabeantrag des Hinterlegers noch nicht entschieden ist, gilt das bei § 21 Rdnr. 5 Gesagte entsprechend.

[Einunddreißigjährige Frist]

§ 20 In den Fällen des § 117 Abs. 2 und der §§ 120, 121, 124, 126 des Gesetzes über die Zwangsversteigerung und die Zwangsverwaltung erlischt der Anspruch auf Herausgabe mit dem Ablauf von einunddreißig Jahren, wenn nicht zu diesem Zeitpunkt ein begründeter Antrag auf Herausgabe vorliegt. Die Frist beginnt mit der Hinterlegung, in den Fällen der §§ 120, 121 mit dem Zeitpunkt, in dem die Bedingung eingetreten ist, unter der hinterlegt ist. Kann der Eintritt der Bedingung nicht ermittelt werden, so beginnt die Frist mit dem Ablauf von zehn Jahren seit der Hinterlegung oder, wenn die Bedingung erst in einem späteren Zeitpunkt eintreten konnte, mit dem Ablauf von zehn Jahren seit diesem Zeitpunkt.

1 I) **Allgemeines**

§ 20 HO sieht ebenso wie § 19 HO Ausnahmen vor von dem Grundsatz des § 21 Abs. 1 HO, demzufolge der Anspruch auf Herausgabe mit dem Ablauf von dreißig Jahren erlischt.

§ 20 HO betrifft folgende Hinterlegungen:
- **§ 117 Abs. 2 ZVG:** Hinterlegung des Erlöses für einen Berechtigten, der im Verteilungstermin nicht erschienen ist und an den nicht ausgezahlt werden kann.
- **§ 120 ZVG:** Hinterlegung des Betrages, der im Teilungsplan auf einen aufschiebend bedingten Anspruch zugeteilt worden ist.
- **§ 121 ZVG:** Hinterlegung eines Betrages zur Sicherung der Geldrente, die nach § 92 Abs. 2 ZVO den Ersatz für einen Nießbrauch, für eine beschränkte persönliche Dienstbarkeit oder für eine Reallast von unbestimmter Dauer darstellt.
- **§ 124 ZVG:** Hinterlegung im Falle eines Widerspruchs gegen den Teilungsplan.
- **§ 126 ZVG:** Hinterlegung für unbekannte Berechtigte.

2   Für die vorgenannten Fälle regelt § 142 ZVG, wann die Rechte auf den hinterlegten Betrag erlöschen, nämlich mit dem Ablaufe von dreißig Jahren seit der Hinterlegung oder – in den Fällen der §§ 120, 121 ZVG – seit dem Eintritt der Bedingung, unter der hinterlegt worden ist.

II) **31jährige Frist** 3

II 1) Sind nach § 142 ZVG die Rechte auf den hinterlegten Betrag infolge Ablaufs der dreißigjährigen Frist erloschen, so steht dieser Betrag nunmehr demjenigen zu, der zur Zeit des Zuschlags Eigentümer des Grundstücks gewesen ist.

§ 20 HO betrifft den Anspruch des ehemaligen Grundstückseigentümers auf Herausgabe der Hinterlegungsmasse. Der Anspruch kann innerhalb eines Jahres nach Erlöschen der Gläubigerrechte geltend gemacht werden. Erst nach Ablauf dieser zusätzlichen Frist – also nach insgesamt einunddreißig Jahren – erlischt der Anspruch auf Herausgabe (vgl. § 19 Rdnr. 4).

II 2) § 20 Satz 2, 3 HO passen den Beginn der einunddreißigjährigen 4 Frist den besonderen Bedingungen des Zwangsversteigerungsverfahrens an.

II 3) Für einen bei Ablauf der Frist noch schwebenden Herausgabe- 5 antrag des ehemaligen Grundstückseigentümers gilt das bei § 21 Rdnr. 5 Gesagte entsprechend.

[Dreißigjährige Frist]

§ 21 (1) **In den übrigen Fällen erlischt der Anspruch auf Herausgabe mit dem Ablauf von dreißig Jahren nach der Hinterlegung, wenn nicht zu diesem Zeitpunkt ein begründeter Antrag auf Herausgabe vorliegt.**

(2) **Bei Hinterlegungen auf Grund der §§ 1814, 1818 (§§ 1667, 1686, 1915) des Bürgerlichen Gesetzbuchs müssen außerdem zwanzig Jahre seit dem Zeitpunkt abgelaufen sein, in dem die elterliche Gewalt, die Vormundschaft oder Pflegschaft beendigt ist. In den Fällen der Abwesenheitspflegschaft genügt der Ablauf der in Absatz 1 bestimmten Frist.**

(3) **Bei Hinterlegungen in Stiftungssachen sowie in Fideikommiß- und Fideikommißauflösungssachen findet Absatz 1 keine Anwendung, solange der Reichsminister der Justiz nicht ein anderes bestimmt hat. Dies gilt auch, soweit Lehen, Stammgüter und sonstige gebundene Vermögen im Sinne des Artikels 59 des Einführungsgesetzes zum Bürgerlichen Gesetzbuch sowie Hausgüter und Hausvermögen in Betracht kommen.**

§ 21 1–3 5. Abschnitt. Erlöschen des Herausgabeanspruchs

1 I) Der Grundsatz des Absatzes 1

Nach § 21 Abs. 1 HO erlischt der Anspruch auf Herausgabe dreißig Jahre nach der Hinterlegung, und zwar ohne Rücksicht darauf, welchem Beteiligten dieser Anspruch zusteht und wann dieser Beteiligte in den Kreis der am Hinterlegungsverfahren beteiligten Personen eingetreten ist. Wegen des Zeitpunkts, zu dem die Hinterlegung bewirkt ist, s. § 6 Rdnr. 2.

Mit dem Anspruch auf Herausgabe der Hauptmasse erlischt auch der Anspruch auf die Herausgabe etwaiger Erträge dieser Masse.

2 II) Ausnahmen

Der Grundsatz des § 21 Abs. 1 HO ist mehrfach durchbrochen:
- Die dreißigjährige Frist ist kraft Gesetzes um ein Jahr verlängert
  - zugunsten des Hinterlegers in den Fällen der §§ 382, 1171 Abs. 3 BGB, § 67 Abs. 3 SchiffsRG (vgl. § 19 HO mit Anm.);
  - zugunsten des Eigentümers eines zwangsversteigerten Grundstücks (vgl. § 20 HO mit Anm.);
  - zugunsten von Mündeln, Kindern, Betreuten und Pflegebefohlenen (vgl. unten Rdnr. 4).
- Die dreißigjährige Frist kann durch bestimmte Handlungen der Beteiligten verlängert werden (vgl. § 22 HO mit Anm.).
- Für Hinterlegungen in Stiftungssachen,[1] die ihrer Natur nach für längere Zeiträume gedacht sind, ist ein Erlöschen des Herausgabeanspruchs einstweilen nicht vorgesehen (vgl. § 21 Abs. 3 HO). Von der Ermächtigung, eine gegenteilige Bestimmung zu treffen, ist kein Gebrauch gemacht worden.

III) Zu Absatz 2

3 III 1) Die in § 21 Abs. 2 HO angeführten §§ 1814, 1818 BGB begründen die – teils unbedingte, teils von vormundschaftsgerichtlicher Anordnung abhängige – Pflicht des Vormunds, zum Vermögen des Mündels gehörende Wertpapiere zu hinterlegen. Die §§ 1814, 1818 gelten kraft der Verweisung in den §§ 1667, 1908i und 1915 BGB auch für die Eltern, den Betreuer und den Pfleger. (Die Vorschrift des früheren § 1686 BGB

---

[1] Die in § 21 Abs. 3 HO ferner erwähnten Fideikommisse und sonstigen gebundenen Vermögen spielen keine Rolle mehr: vgl. insbes. §§ 1, 30 des Gesetzes über das Erlöschen der Familienfideikommisse und sonstiger gebundener Vermögen vom 6. 7. 1938 (RGBl. I 825; BGBl. III 7811–2) und Art. III des Kontrollratsgesetzes Nr. 45 (Amtsblatt des Kontrollrats in Deutschland 256; RdL 1949, 49 a).

§ 22 Beginn einer neuen Frist   1, 2 § 22

ist durch Art. 117 Abs. 1 GG außer Kraft gesetzt und dann durch das Gleichberechtigungsgesetz[2] auch förmlich beseitigt worden.)

III 2) Bei Hinterlegungen aufgrund der §§ 1814, 1818 BGB ist im Interesse des Mündels, Kindes, Betreuten oder Pflegebefohlenen vorgesehen, daß der Ablauf der dreißigjährigen Frist den Herausgabeanspruch nur dann erlöschen läßt, wenn bei ihrem Ablauf auch bereits zwanzig Jahre seit Beendigung der elterlichen Gewalt, der Vormundschaft, der Betreuung oder Pflegschaft verstrichen sind.   4

Beispiele: Sind bei Ablauf der dreißigjährigen Frist bereits zwanzig Jahre seit Beendigung der Vormundschaft verstrichen, so erlischt der Anspruch auf Herausgabe.

Sind bei Ablauf der dreißigjährigen Frist erst zehn Jahre seit Beendigung der Vormundschaft verstrichen, so läuft noch eine weitere Frist von zehn Jahren. Erst dann erlischt der Herausgabeanspruch.

Besteht bei Ablauf der dreißigjährigen Frist die Vormundschaft noch, so erlischt der Anspruch auf Herausgabe erst, wenn die Vormundschaft endigt und seit diesem Zeitpunkt weitere zwanzig Jahre vergangen sind.

Im Falle der Abwesenheitspflegschaft (§ 1911 BGB) verbleibt es im Hinblick auf ihre Natur bei der allgemeinen Frist von dreißig Jahren (§ 21 Abs. 2 S. 2 HO).

IV) **Schwebender Herausgabeantrag**   5

Ist vor dem Zeitpunkt, in dem der Herausgabeanspruch erlischt, die Herausgabe beantragt worden, so wird über diesen Antrag noch entschieden, auch wenn die dreißigjährige Frist mittlerweile abgelaufen ist (§ 21 Abs. 1 Halbs. 2 HO). Wird der Antrag für begründet erachtet, so ist die Herausgabe anzuordnen und diese Anordnung auszuführen.

[Beginn einer neuen Frist]
§ 22 Hat ein Beteiligter in den Fällen des § 21 innerhalb der Frist angezeigt und nachgewiesen, daß die Veranlassung zur Hinterlegung fortbesteht, so beginnt die Frist mit dem Zeitpunkt, in dem die Anzeige eingegangen ist, von neuem.

I) Nach § 22 HO kann ein Beteiligter durch entsprechende Erklärungen erreichen, daß die dreißigjährige Frist des § 21 Abs. 1 HO unterbrochen wird und neu zu laufen beginnt.   1

Der Beteiligte hat **anzuzeigen** und **nachzuweisen,** daß die Veranlassung zur Hinterlegung fortbesteht. Diesem Erfordernis genügen   2

---

[2] Vom 18. 6. 1957 (BGBl. I 609).

nicht Handlungen, die ein Interesse an dem Fortbestehen der Hinterlegung **mittelbar** erkennen lassen, was etwa dann zutreffen kann, wenn der Beteiligte eine Verwaltungshandlung nach § 10 HO beantragt oder der Herausgabe an einen anderen Beteiligten widerspricht, ohne seinerseits die Herausgabe an sich selbst zu beantragen. Erforderlich ist nach § 22 HO vielmehr, daß die Anzeige auf die Unterbrechung der Ausschlußfrist **abzielt** und ferner der Hinterlegungsstelle nachgewiesen wird, daß der Anlaß der Hinterlegung weiterhin besteht.

3   Die Unterbrechung tritt ein mit dem Eingang der Anzeige bei der Hinterlegungsstelle, nicht erst mit der Führung des Nachweises. Auch der Nachweis muß allerdings vor Ablauf der Frist erbracht sein.

4   II) Die Vorschrift des § 22 HO bezieht sich nach ihrem Wortlauf und Sinn nur auf die dreißigjährige Ausschlußfrist des § 21 Abs. 1 HO, nicht aber auf die um ein Jahr längeren Ausschlußfristen der §§ 19 und 20 HO und auch nicht auf den Lauf der in § 21 Abs. 2 HO vorgesehenen besonderen Frist von zwanzig Jahren seit Beendigung der elterlichen Gewalt, Vormundschaft, Betreuung oder Pflegschaft.

[Verfall der Hinterlegungsmasse]

§ 23 Mit dem Erlöschen des Anspruchs auf Herausgabe verfällt die Hinterlegungsmasse dem Reich.

1 I) **Verfall**

Mit dem Erlöschen des Herausgabeanspruchs verfällt die Hinterlegungsmasse dem an die Stelle des Reichs getretenen Land. Dieser erlangt die Befugnis, über die Masse frei zu verfügen. Gegenstände, die bisher gemäß § 7 Abs. 2 S. 1 und § 9 HO unverändert aufbewahrt worden sind, gehen kraft Gesetzes lastenfrei in das Eigentum des Landes über.

2 II) **Verwaltungsverfahren**

Ergeben die Hinterlegungsakten, daß der Herausgabeanspruch erloschen ist, so stellt die Hinterlegungsstelle dies unter kurzer Begründung in den Akten fest. Diese Feststellung zieht keine Rechtsfolgen nach sich, sondern dient nur der Klarstellung. Durch eine irrtümliche Feststellung bleibt deshalb der Anspruch auf Herausgabe unberührt.

3   Wie mit den verfallenen Hinterlegungsmassen verfahren wird, ist in den Ausführungsvorschriften der Länder zur Hinterlegungsordnung geregelt.

Sechster Abschnitt
Kosten

§§ 24–26 *(aufgehoben)*

Die §§ 24 bis 26 HO wurden durch Gesetz vom 20.8.1990 (BGBl. I **1**
S. 1765) mit Wirkung vom 1. Juli 1992 aufgehoben. Die Länder konnten deshalb die Kosten in Hinterlegungssachen durch Änderungen der jeweiligen Vorschriften über Kosten im Bereich der Justizverwaltung in eigener Zuständigkeit regeln (Art. 72 Abs. 1 GG):

Baden-Württemberg: Justizverwaltungskostengesetz v. 24. 2. 1958 **2**
(GBl. S. 84) idF v. 25. 3. 1975 (GBl. S. 261, ber. S. 580), v. 25. 4. 1978
(GBl. S. 224), v. 7. 4. 1981 (GBl. S. 217), v. 24. 3. 1983 (GBl. S. 109), v.
15. 12. 1986 (GBl. S. 467), v. 30. 11. 1987 (GBl. S. 534), v. 11. 2. 1992
(GBl. S. 89)

Bayern: Justizverwaltungskostengesetz v. 25. 3. 1958 (GVBl. S. 40)
idF v. 3. 6. 1992 (GVBl. S. 154)

Berlin: Justizverwaltungskostengesetz v. 27. 2. 1958 (GVBl. S. 233) idF
v. 31. 5. 1965 (GVBl. S. 705), v. 22. 3. 1968 (GVBl. S. 396), v. 5. 10. 1976
(GVBl. S. 2340), v. 19. 2. 1987 (GVBl. S. 834), v. 19. 5. 1992 (GVBl. S. 182)

Bremen: Justizverwaltungskostengesetz v. 11. 3. 1958 (GBl. S. 26)
idF v. 18. 12. 1958 (GBl. S. 103), v. 29. 3. 1960 (GBl. S. 33), v. 3. 8. 1961
(GBl. S. 183, 1962 S. 207), v. 20. 11. 1973 (GBl. S. 235), v. 30. 6. 1987
(GBl. S. 208), v. 26. 5. 1992 (GBl. S. 128)

Hamburg: Justizverwaltungskostengesetz v. 18. 10. 1957 (GVBl. I
S. 468) idF v. 9. 6. 1969 (GVBl. S. 103), v. 11. 2. 1972 (GVBl. S. 35), v.
8. 6. 1983 (GVBl. S. 106), v. 5. 3. 1986 (GVBl. S. 48), v. 9. 6. 1992 (GVBl.
S. 115)

Hessen: Justizverwaltungskostengesetz v. 15. 5. 1958 (GVBl. S. 60)
idF v. 21. 3. 1962 (GVBl. S. 165), v. 4. 4. 1966 (GVBl. S. 77), v. 12. 5. 1970
(GVBl. S. 324), v. 11. 7. 1972 (GVBl. S. 235), v. 16. 6. 1992 (GVBl.
S. 207)

Niedersachsen: Justizverwaltungskostengesetz v. 18. 11. 1957
(GVBl. S. 129) idF v. 1. 7. 1965 (GVBl. S. 149), v. 20. 7. 1966 (GVBl.
S. 163), v. 28. 11. 1967 (GVBl. S. 435), v. 24. 7. 1968 (GVBl. S. 119), v.
6. 4. 1972 (GVBl. S. 177), v. 30. 5. 1978 (GVBl. S. 443), v. 17. 11. 1981
(GVBl. S. 347), v. 16. 3. 1985 (GVBl. S. 77), v. 1. 7. 1992 (GVBl. S. 188)

§§ 24–26 3–5   6. Abschnitt. Kosten

Nordrhein-Westfalen: Ein Gesetz zur Änderung von Justizkostengesetzen liegt im Entwurf vor – Landtagsdrucksache 11/3439 –; bis zum Inkrafttreten gelten die §§ 24–26 Hinterlegungsordnung als Landesrecht weiter.

Rheinland-Pfalz: Justizverwaltungskostengesetz v. 10.12. 1957 (GVBl. S. 209, 212) idF v. 4. 2. 1965 (GVBl. S. 13), v. 22. 4. 1992 (GVBl. S. 99)

Saarland: Justizverwaltungskostengesetz v. 18. 6. 1958 (ABl. S. 1039, 1959 S. 556) idF v. 1. 10. 1958 (ABl. S. 1437), v. 15. 11. 1960 (ABl. S. 955), v. 30. 6. 1971 (ABl. S. 473), v. 7. 8. 1971 (ABl. S. 558), v. 22. 12. 1972 (ABl. 1973 S. 64), v. 26. 2. 1992 (ABl. S. 595)

Schleswig-Holstein: Justizverwaltungskostengesetz v. 27.12. 1957 (GVBl. 1958, S. 1) idF v. 22. 6. 1964 (GVBl. S. 77), v. 13. 7. 1972 (GVBl. S. 123), v. 14. 11. 1991 (GVBl. S. 577)

Thüringen: Justizkostengesetz v. 7. 8. 1991 (GVBl. S. 334)

Soweit ermittelt werden konnte, hat von den neuen Bundesländern bisher nur Thüringen ein Justizverwaltungskostengesetz erlassen. In den Ländern Mecklenburg-Vorpommern und Sachsen befinden sich solche Gesetze in Vorbereitung. Wegen einer fehlenden Rechtsgrundlage können bis dahin Gebühren in Hinterlegungssachen nicht erhoben werden.

3   In diesen Justizverwaltungskostengesetzen der Länder wird die Verordnung über Kosten im Bereich der Justizverwaltung (JVKostO) vom 14. 2. 1940 (BGBl. III 363-1) in der jeweils für die Justizbehörden des Bundes geltenden Fassung für anwendbar erklärt, soweit nicht spezielle landesgesetzliche Regelungen ergangen sind.[1]

4   Ebenso wird hinsichtlich der Einziehung von Justizverwaltungskosten auf die Justizbeitreibungsordnung vom 11. 3. 1937 (BGBl. III 365-1) verwiesen.[2]

5   Anwendbar ist schließlich die Kostenverfügung (KostVfg.) vom 1. 3. 1976, die durch eine Vereinbarung der Landesjustizverwaltungen und des Bundesministers der Justiz bundeseinheitlich neu gefaßt und mit Wirkung vom 1. 4. 76 in Kraft gesetzt wurde.[3]

---

[1] Abgedruckt in Schönfelder, Deutsche Gesetze unter Nr. 120.
[2] Abgedruckt in Schönfelder, Deutsche Gesetze unter Nr. 122.
[3] Abgedruckt in Piller/Hermann, Justizverwaltungsvorschriften unter Abschnitt 10.

Siebenter Abschnitt
Hinterlegung in besonderen Fällen

[Hinterlegung bei Kreditinstuten]

§ 27 (1) **Für die Hinterlegung von Wertpapieren in den Fällen der §§ 1082, 1392, 1525, 1550, 1667, 1686, 1814, 1818, 1915, 2116 des Bürgerlichen Gesetzbuchs sind neben den Amtsgerichten auch die Staatsbanken Hinterlegungsstellen. Der Reichsminister der Justiz kann noch andere Kreditinstitute als Hinterlegungsstellen bestimmen.**

(2) **Auf die Hinterlegung bei einer Staatsbank oder einem anderen Kreditinstitut ist dieses Gesetz nicht anzuwenden.**

I) Für die Hinterlegung von Wertpapieren[1] sieht § 27 HO Ausnahmen vor von der Vorschrift des § 1 Abs. 2 HO, derzufolge nur bei den Amtsgerichten hinterlegt werden kann. In einer Reihe von Fällen, in denen die Hinterlegung voraussichtlich längere Zeit dauern wird, kann außer bei den Amtsgerichten auch bei bestimmten Kreditinstituten hinterlegt werden. Auf diese Möglichkeit soll die Hinterlegungsstelle den Antragsteller hinweisen. Die in Betracht kommenden Fälle sind folgende: 1

– **§ 1083 BGB:** Hinterlegung von Inhaberpapieren oder von mit Blankoindossament versehenen Orderpapieren, die Gegenstand des Nießbrauchs sind.

– **§ 1667 BGB:** Hinterlegung von Wertpapieren, die zum Vermögen eines unter elterlicher Gewalt stehenden Kindes gehören.

– **§ 1814 BGB:** Hinterlegung von Inhaberpapieren und von mit Blankoindossament versehenen Orderpapieren, die zum Vermögen eines Mündels gehören.

– **§ 1818 BGB:** Hinterlegung von anderen Wertpapieren, die zum Vermögen eines Mündels gehören.

– **§ 1915 BGB:** Hinterlegung von Wertpapieren, die zum Vermögen eines Pflegebefohlenen gehören.

– **§ 2116 BGB:** Hinterlegung von Inhaberpapieren und von mit Blankoindossament versehenen Orderpapieren, die zu einer Erbschaft gehören, hinsichtlich derer eine Nacherbfolge angeordnet ist.

---

[1] S. zu diesem Begriff § 5 Rdnr. 3.

§ 27 2–6 7. Abschnitt. Besondere Fälle

Darüber hinaus gilt § 27 HO auch für die Hinterlegung von Wertpapieren, die zum Vermögen eines Betreuten gehören, da in § 1908i ebenfalls auf die §§ 1814, 1818 BGB verwiesen wird.[2]

2 Die in § 27 HO ferner angeführten §§ 1392, 1525, 1550 und 1686 a. F. BGB sind durch das Gleichberechtigungsgesetz[3] aufgehoben worden, nachdem sie z. T. bereits vorher durch Art. 117 Abs. GG außer Kraft gesetzt waren.

3 In den vorgenannten Fällen können Wertpapiere außer bei den Amtsgerichten hinterlegt werden
  – nach den angeführten Vorschriften des BGB
    – bei der Reichsbank, die allerdings nicht mehr besteht,[4]
    – bei der Deutschen Zentralgenossenschaftskasse (jetzt: Deutschen Genossenschaftsbank) in Frankfurt a. M.,[5]
    – bei der Deutschen Girozentrale (Deutschen Kommunalbank) in Frankfurt a. M.,[6]
    – bei bestimmten öffentlichen Sparkassen und anderen Kreditinstituten,[7]
  – nach den Vorschriften des § 27 HO
4   – bei den Staatsbanken; es sind dies die Deutsche Bundesbank und die Landeszentralbanken,[8]
    – bei den vom Reichsminister der Justiz oder von den nunmehr zuständigen Landesjustizverwaltungen bestimmten anderen Kreditinstituten (vgl. dazu unten Rdnr. 6),
5 – nach § 33 HO in Verbindung mit der Zweiten Verordnung zur Durchführung der Hinterlegungsordnung vom 24. 11. 1939 bei anderen Kreditinstituten als den Staatsbanken, die bei Inkrafttreten der Hinterlegungsordnung als Hinterlegungsstellen bestellt gewesen sind (vgl. dazu die folgende Rdnr.).

6 Die Kreditinstitute, die durch besonderen Akt als Hinterlegungsstellen bestimmt worden sind (§ 27 Abs. 1 S. 2, § 33 HO), sind aufgezählt in

---

[2] Vgl. Betreuungsgesetz vom 12. 9. 1990 (BGBl. I 2002).
[3] Vom 18. 6. 1957 (BGBl. I 609).
[4] Vgl. das Gesetz über die Liquidation der Deutschen Reichsbank und der Deutschen Golddiskontbank vom 2. 8. 1961 (BGBl. I 1165).
[5] Vgl. §§ 1, 17 des Gesetzes über die Deutsche Genossenschaftsbank (= Art. 1 des Gesetzes über die Deutsche Genossenschaftsbank und zur Änderung des Gesetzes über die Landwirtschaftliche Rentenbank vom 22. 12. 1975 – BGBl. I 3171 –); vgl. auch § 19 des Gesetzes über die Deutsche Genossenschaftsbank i. d. F. vom 5. 5. 1964 (BGBl. I 309).
[6] Vgl. die Verordnung über die Deutsche Girozentrale – Deutsche Kommunalbank – vom 21. 11. 1932 (RGBl. I 534; BGBl. III 7621-2-1).
[7] § 1807 Nr. 5 BGB auf den in § 1814 BGB verwiesen wird.
[8] Vgl. das 4. Gesetz zur Änderung des Gesetzes über die Deutsche Bundesbank vom 15. 7. 1992 (BGBl. I 1287).

§ 28 Genehmigung durch die Aufsichtsbehörde 1–5 § 28

der Anlage 4 zum Bericht der Bundesregierung über die Untersuchung der Wettbewerbsverschiebungen im Kreditgewerbe vom 18.11.1968.[9] Ein wesentlicher Teil dieser Kreditinstitute sind heute als Staatsbanken ohnehin Hinterlegungsstellen.

II) Die Vorschriften der Hinterlegungsordnung sind nur anzuwenden, wenn bei den Amtsgerichten hinterlegt wird. Werden Wertpapiere bei Kreditinstituten hinterlegt, so richtet sich das Hinterlegungsverhältnis nicht nach der Hinterlegungsordnung, sondern nach den allgemeinen gesetzlichen Vorschriften, die dem geschäftlichen Handeln der Kreditinstitute zugrunde liegen, und daneben nach deren Geschäftsbedingungen.

[Genehmigung der Herausgabe durch die Aufsichtsbehörde einer Stiftung]

§ 28 In Fällen, in denen Gegenstände, die zu dem Vermögen einer Stiftung gehören, auf Grund stiftungsrechtlicher Vorschriften oder Anordnungen hinterlegt sind, ist zur Herausgabe die Genehmigung der Aufsichtsbehörde der Stiftung erforderlich; zur Herausgabe von Erträgen bedarf es dieser Genehmigung nicht. Die Aufsichtsbehörde der Stiftung kann etwas anderes bestimmen.

I) **Allgemeines**

I 1) Stiftungen im Sinne des § 28 HO sind die rechtsfähigen Stiftungen des bürgerlichen Rechts (§§ 80 ff. BGB) und des öffentlichen Rechts (§ 89 BGB).

I 2) Stiftungsrechtliche Vorschriften oder Anordnungen können durch Gesetz, durch die Satzung der Stiftung oder durch die Aufsichtsbehörde getroffen sein.

Welche Behörde die Aufsicht über Stiftungen des bürgerlichen Rechts führt, ist nicht im BGB, sondern im Landesrecht geregelt.

II) **Herausgabe**

II 1 a) Wenn Gegenstände, die zum Vermögen einer Stiftung gehören, aufgrund stiftungsrechtlicher Vorschriften oder Anordnungen hinterlegt sind, bedarf es zur Herausgabe grundsätzlich der Genehmigung der Aufsichtsbehörde.

Durch diese Genehmigung wird der Nachweis der Empfangsberechtigung zum Teil, aber nicht in vollem Umfang ersetzt. Die Aufsichtsbehörde hat nur zu prüfen, ob stiftungsrechtliche Vorschriften oder Anordnungen einer Herausgabe entgegenstehen. Nur insoweit ist

---

[9] Bundestags-Drucksache V/3500.

deshalb – wenn die Aufsichtsbehörde die Herausgabe genehmigt hat – die Hinterlegungsstelle einer Prüfung enthoben.

6   Die Hinterlegungsstelle hat jedoch zu prüfen, ob im übrigen der Nachweis der Empfangsberechtigung einwandfrei erbracht ist oder ob der Herausgabe etwa andere Hindernisse – z. B. ein Pfändungs- und Überweisungsbeschluß – entgegenstehen.

7   II 1 b) Handelt es sich um die Herausgabe von Erträgen, so bedarf es der Genehmigung der Aufsichtsbehörde grundsätzlich nicht.

8   II 1 c) Die Aufsichtsbehörde kann etwas anderes bestimmen. Sie kann also ihre Genehmigung auch bei der Herausgabe des Stammvermögens für entbehrlich oder auch bei der Herausgabe von Erträgen für erforderlich erklären. Derartige Bestimmungen teilt die Aufsichtsbehörde der Hinterlegungsstelle zweckmäßigerweise unmittelbar mit.

9   II 2) Ist aus einem Stiftungsvermögen nicht aufgrund stiftungsrechtlicher Vorschriften oder Anordnungen, sondern aus einem anderen Grunde hinterlegt worden – die Stiftung hat z. B. in einem Prozeß Sicherheit durch Hinterlegung geleistet –, so ist § 28 HO nicht anzuwenden.

III) **Besondere Hinterlegungsstellen**

10   In den Fällen des § 28 HO sind neben den Amtsgerichten auch die Staatsbanken Hinterlegungsstellen (§ 30 HO). Auf die Möglichkeit, bei einer Staatsbank zu hinterlegen, soll die Hinterlegungsstelle den Antragsteller hinweisen.

IV) **Neue Bundesländer**

11   In den neuen Bundesländern gilt das Stiftungsgesetz der DDR vom 13. September 1990 (GBl. I Nr. 61 S. 1483) als Landesrecht fort, soweit es bundesrechtlich nicht geregelte Gegenstände betrifft (Anlage II Kapitel III Abschnitt III Nr. 2 zum Einigungsvertrag).

[Genehmigung der Herausgabe durch die Fideikommißbehörde]
§ 29 *(vom Abdruck wurde abgesehen)*

1   Die Vorschrift betrifft die Hinterlegung von Vermögensgegenständen, die zum Vermögen einer Familienfideikommiß oder eines sonstigen gebundenen Vermögens gehören.

2   Durch die Auflösung der Fideikommisse und sonstiger gebundenen Vermögen ist die Vorschrift bedeutungslos geworden (vgl. §§ 1, 30 des Gesetzes über das Erlöschen der Familienfideikommisse und sonstiger

gebundenen Vermögen vom 6.7.1938[1] und Art. III des Kontrollratsgesetzes 45.[2]

[Hinterlegung bei den Staatsbanken in den Fällen der §§ 28, 29]

§ 30 (1) **In den Fällen der §§ 28, 29 sind neben den Amtsgerichten die Reichsbank und die Staatsbanken Hinterlegungsstellen.**

(2) **Bei der Reichsbank oder einer Staatsbank kann auch dann hinterlegt werden, wenn nach den bisherigen stiftungs- oder fideikommißrechtlichen Vorschriften oder Anordnungen bei Gericht zu hinterlegen ist.**

(3) **Auf die Hinterlegung bei der Reichsbank oder einer Staatsbank ist dieses Gesetz mit Ausnahme der §§ 28, 29 nicht anzuwenden.**

1 I) In den Fällen der §§ 28, 29 HO kann außer bei den Amtsgerichten hinterlegt werden
- bei der Reichsbank (die allerdings nicht mehr besteht)[3]
- bei den Staatsbanken (vgl. hierzu § 27 Rdnr. 4).

§ 27 Abs. 1 S. 2 HO gilt nicht entsprechend, so daß eine Bestellung anderer Kreditinstitute zu Hinterlegungsstellen für Fälle dieser Art nicht in Betracht kommt.

2 II) Wird bei den Amtsgerichten hinterlegt, so sind die Vorschriften der Hinterlegungsordnung anzuwenden. Wird dagegen bei einer Staatsbank hinterlegt, so bestimmt sich das Hinterlegungsverhältnis nach den allgemeinen gesetzlichen Vorschriften und daneben nach den Geschäftsbedingungen dieser Bank. Von der Hinterlegungsordnung gelten nur die §§ 28, 29. Auch diese gelten nicht, wenn nicht aufgrund der §§ 28, 29 HO förmlich hinterlegt worden ist – wenn also der Hinterlegung keine stiftungs- oder fideikommißrechtliche Vorschrift oder Anordnung zugrunde liegt –, sondern wenn die „Hinterlegungsmasse" sich nur zum Zwecke der sicheren Verwahrung bei der Staatsbank befindet.

3 Auf die Möglichkeit, bei einer Staatsbank zu hinterlegen, soll die Hinterlegungsstelle den Antragsteller hinweisen.

---

[1] RGBl. I 825; BGBl. III 7811–2.
[2] Amtsblatt des Kontrollrats in Deutschland 256; RdL 1949, 49a.
[3] Vgl. das Gesetz über die Liquidation der Deutschen Reichsbank und der Deutschen Golddiskontbank vom 2.8.1961 (BGBl. I 1165).

Achter Abschnitt
Übergangsbestimmungen

[Von § 1 Abs. 3 abweichende Regelung]

§ 31 Der Reichsminister der Justiz kann in besonderen Fällen eine von der Vorschrift des § 1 Abs. 3 abweichende Regelung treffen.

Eine solche abweichende Regelung – für die nunmehr die Landesjustizverwaltungen zuständig wären – ist bisher nicht ergangen.

§ 32 *(aufgehoben)*

Die Vorschrift ist aufgehoben durch § 38 Abs. 2 Nr. 3 des Rechtspflegergesetzes vom 5. 11. 1969 (BGBl. I 2065).

[Bereits früher als Hinterlegungsstelle bestellte Kreditinstitute]

§ 33 Soweit andere Kreditinstitute als die Staatsbanken bei Inkrafttreten dieses Gesetzes als Hinterlegungsstellen für die Hinterlegung von Wertpapieren in den Fällen der §§ 1082, 1392, 1525, 1550, 1667, 1686, 1814, 1818, 1915 oder 2116 des Bürgerlichen Gesetzbuchs bestellt sind, behält es hierbei bis zum Ablauf des 31. Dezember 1939 sein Bewenden mit der Maßgabe, daß die Kreditinstitute Hinterlegungsstellen für alle Fälle dieser Art sind.

Vgl. hierzu § 27 Rdnr. 5, 6.

§§ 34, 35, 36, 37

Diese Vorschriften, die Überleitungsvorschriften für Hinterlegungssachen enthalten, die bei Inkrafttreten der HO anhängig waren, sind heute gegenstandslos.

[Inkrafttreten]

§ 38 (1) **Dieses Gesetz tritt am 1. April 1937 in Kraft.**

(2) **Mit dem Inkrafttreten dieses Gesetzes treten die Art. 144 bis 146 des Einführungsgesetzes zum Bürgerlichen Gesetzbuch und die auf ihnen beruhenden landesrechtlichen Hinterlegungsvorschriften außer Kraft, soweit nicht in den §§ 34, 35, 37 etwas anderes bestimmt ist.**

§ 39 Durchführungsvorschriften § 39

Die Aufhebungsvorschrift des § 38 HO bezieht sich nicht nur auf die früheren landesrechtlichen Hinterlegungsordnungen, sondern auch auf hinterlegungsrechtliche Vorschriften anderer Gesetze, die auf den Artikeln 144 bis 146 EGBGB beruhen (vgl. z. B. Art. 76 Abs. 2 Art. 85 des preußischen Ausführungsgesetzes zum Bürgerlichen Gesetzbuch).

[Durchführungsvorschriften]
§ 39 Der Reichsminister der Justiz wird ermächtigt, Vorschriften zur Durchführung und Ergänzung dieses Gesetzes zu erlassen.

Aufgrund dieser Ermächtigung sind die Verordnungen zur Durchführung der Hinterlegungsordnung vom 12.3.1937 und vom 24.11. 1939 ergangen (abgedruckt als Anhang Nr. 1, 2).

Die Ermächtigung zur Ergänzung des Gesetzes ist nach Art. 129 Abs. 3 GG erloschen.

IV. Anhang

Anhang Nr. 1

Verordnung zur Durchführung der Hinterlegungsordnung[1]
Vom 12. März 1937
(Reichsgesetzbl. I S. 296)
(Bundesgesetzbl. III Gliederungsnummer 300-15-1)

Auf Grund des § 8 Nr. 2 und des § 39 der Hinterlegungsordnung vom 10. März 1937 (Reichsgesetzblatt I S. 285) wird folgendes verordnet:

§ 1. [2] *Der Satz, zu dem hinterlegtes Geld zu verzinsen ist, beträgt vom 1. April 1937 ab 1 vom Hundert jährlich.*

§ 2. Die Verwaltung von Wertpapieren gemäß § 10 der Hinterlegungsordnung beginnt erst, wenn die Hinterlegung drei Monate gedauert hat. Die Hinterlegungsstelle kann auf Antrag eines Beteiligten etwas anderes bestimmen.

§ 3. Diese Verordnung tritt am 1. April 1937 in Kraft.

Der Reichsminister der Justiz

---

[1] Vgl. Vorbem. R d. Nr. 14 mit Fn. 18.
[2] Die Landesgesetzgeber haben die Verzinsung anderweitig geregelt, vgl. Vorbem. Fn. 19.

2. DVO

Anhang Nr. 2

Zweite Verordnung zur Durchführung der Hinterlegungsordnung[1]

Vom 24. November 1939

(Reichsgesetzbl. I S. 2300, verk. am 28. 11. 1939)

(Bundesgesetzbl. III Gliederungsnummer 300-15-2)

Auf Grund des § 39 der Hinterlegungsordnung vom 10. März 1937 (Reichsgesetzbl. I S. 285) wird folgendes verordnet:

Die in § 33 der Hinterlegungsordnung auf den 31. Dezember 1939 festgesetzte Frist wird bis auf weiteres verlängert.

Der Reichsminister der Justiz

---

[1] Vgl. Vorbem. Rd.Nr. 14 mit Fn. 18.

Anhang Nr. 3

Ausführungsvorschriften zur Hinterlegungsordnung (AVHO)

Zugleich mit der Hinterlegungsordnung traten die AVHO in Kraft. Sie wurden erlassen durch die AV des Reichsministers der Justiz vom 15.3. 1937 (DJ S.426) und geändert durch AV vom 27.4. 1938 (DJ S.696), 9.1.1939 (DJ S.94), 6.2. 1939 (DJ S.262), 7.10. 1939 (DJ S.1613), 7.2. 1944 (DJ S.67) und 22.9. 1944 (DJ S.250).

Diese AVHO sind nach 1945 von der Mehrzahl der Länder aufgehoben und durch neue AVHO ersetzt worden, die jeweils voneinander abweichende Regelungen enthalten:

Baden-Württemberg: AV v. 17.8. 1972 (Die Justiz S.296)

Bayern: Bek. v. 20.6. 1972 (JMBl. S.94), geändert durch Bek. v. 10.11. 1975 (JMBl. S.181)

Berlin: AV v. 20.7. 1972 (ABl. S.1101), v. 5.3. 1987 (ABl. S.454), v. 3.3. 1988 (ABl. S.463)

Hessen: RdErl. v. 13.1. 1982 (JMBl. S.105)

Niedersachsen: AV v. 14.10. 1971 (Nds.Rpfl. S.246), geändert durch AV v. 16.1. 1975 (Nds.Rpfl. S.29) und v. 9.1. 1987 (Nds.Rpfl. S.29)

Nordrhein-Westfalen: AV v. 13.4. 1973 (JMBl. S.109), v. 27.1. 1978 (JMBl. S.49), v. 24.7. 1986 (JMBl. S.182)

Rheinland-Pfalz: AV v. 31.8. 1973 (JBl. S.157), v. 30.4. 1979 (JBl. S.59), v. 26.9. 1986 (JBl. S.209), v. 7.11. 1986 (JBl. S.269)

Saarland: AV v. 27.10. 1971 (GMBl. S.875)

Schleswig-Holstein: AV v. 20.10. 1981 (SchlHA S.200)

In **Bremen** und **Hamburg** wird noch nach den alten AVHO verfahren. **Hamburg** hat jedoch durch AV v. 5.5. 1969 (JVBl. S.43) Änderungen vorgenommen.

In den **neuen Bundesländern** wurden noch keine AVHO erlassen. Auch hier können die alten AVHO herangezogen werden.

Vordrucke

Anhang Nr. 4

Vordrucke für das Hinterlegungswesen

Die Vordrucke, die einst einheitlich festgelegt waren (vgl. AV des RJM vom 16. 3. 1937 (DJ S. 431), haben die Landesjustizverwaltungen nach 1945 zunächst bundeseinheitlich neu gefaßt. Später sind die Landesjustizverwaltungen jedoch übereingekommen, bundeseinheitliche Fassungen nicht mehr anzustreben, und haben die Vordrucke unterschiedlich geändert. Die Vordrucke unterscheiden sich deshalb heute von Land zu Land.

Die wichtigsten in Bayern verwendeten Vordrucke werden nachstehend wiedergegeben:

- **HS 1:** Antrag auf Annahme von Geldhinterlegungen mit Annahmeanordnung
- **HS 2:** Antrag auf Annahme von Werthinterlegungen mit Annahmeanordnung
- **HS 5:** Benachrichtigung vom Erlaß der Annahmeanordnung
- **HS 6:** Aufforderung zur Stellung eines Hinterlegungsantrages
- **HS 7:** Aufforderung an den Schuldner, die Anzeige der Hinterlegung an den Gläubiger nachzuweisen
- **HS 8:** Anzeige der Hinterlegung an den Gläubiger
- **HS 9:** Fristbestimmung zur Klageerhebung
- **HS 11:** Auszahlungsanordnung (Herausgabeanordnung) über eine Geldhinterlegung
- **HS 12:** Auslieferungsanordnung über eine gerichtliche Werthinterlegung
- **HS 13:** Benachrichtigung des Empfängers vom Erlaß der Herausgabeanordnung
- **HS 14:** Benachrichtigung des Antragstellers vom Erlaß der Herausgabeanordnung, wenn dieser nicht zugleich Empfänger ist

Vordruck HS 1 — **Vordrucke**

Amtsgericht
— Hinterlegungsstelle —

Antrag auf Annahme von gesetzlichen oder gesetzlich zugelassenen Zahlungsmitteln zur

Hinterlegung

Hinterleger
(Name, Vorname, Beruf, Wohnung)

Vertreter des Hinterlegers
(Name, Vorname, Beruf, Wohnung)

Betrag/Geldsorten (in Ziffern **und** Buchstaben)

Die Hinterlegung wird durch folgende bestimmte Tatsachen gerechtfertigt:

Ggf. sind die dem Antrag beigefügten Schriftstücke und, wenn die Angelegenheit bei einer Behörde anhängig ist, die Sache, die Behörde und das Aktenzeichen anzugeben.

Als **Empfangsberechtigte** für den hinterlegten Betrag kommen in Betracht:
(Namen, Vornamen, Beruf, Wohnung, Bankverbindung):

Der Schuldner kann aus folgenden Gründen seine Verbindlichkeit nicht bzw. nicht mit Sicherheit erfüllen:

Nur auszufüllen, wenn der Schuldner zur Befreiung von einer Verbindlichkeit hinterlegt!

Der Gläubiger ist zu folgender Gegenleistung verpflichtet:

Den Gläubiger habe ich gemäß § 374 Abs. 2 BGB von der Hinterlegung
— benachrichtigt. Ein Nachweis darüber liegt bei.
— nicht benachrichtigt.

Auf das Recht der Rücknahme — verzichte ich. — verzichte ich nicht.

Ort und Tag:

_____
Unterschrift

HS 1: Antrag auf Annahme von Geldhinterlegungen (§§ 8 ff. AVHO) mit Annahmeanordnung (§§ 13 ff. AVHO) – Blatt 1 – (10.84)
Arbeitsverwaltung Straubing

Vordrucke

Vordruck HS 1 – Rückseite

Anordnende Stelle	An die (Bezeichnung der Kasse)	
Amtsgericht		Beleg-Nr.
– Hinterlegungsstelle –		TL-Nr.

	Annahmeanordnung **für Geldhinterlegungen**	Haushaltsjahr 19 Buchungsstelle 7030 101 00-8
41		1-erste, 2-weitere Annahmeanordnung

02	Anordnungsstellen-Nr.	– 14 –
03	PK-Nr.	– 12 –
40	HL-Nr.	– 08 –
07	Zahlungspflichtiger	– 18 –
05	Anordnungsbetrag (DM)	– 13 –
14	Hinterlegungsmasse (§ 39 AVHO)	– 27 –
14	Hinterlegungsmasse – Fortsetzung –	– 27 –

Anordnungsbetrag in Worten (ab 1.000,– DM):

☐ Zahlungsfrist bis _____
Der Antragsteller ist aufgefordert, bis zum Ablauf der Zahlungsfrist einzuzahlen.

☐ Der Antragsteller zahlt den Betrag sofort ein.

Begründung der Einnahme, soweit erforderlich (VV Nr. 10/70 BayHO):

☐ Geldhinterlegung

☐ Geldhinterlegung zu der im Geldhinterlegungsbuch u. o. PK-Nr./HL-Nr. verzeichneten Masse.

.... Anlagen

Sachlich und rechnerisch richtig (VV Nr. 20.1.2/70 BayHO)

1. Der ☐ obige oder ein ☐ geringerer Betrag ist anzunehmen und zu buchen.

2. Wird innerhalb der Zahlungsfrist nicht eingezahlt, ist die Annahmeanordnung der Hinterlegungsstelle zurückzugeben.

Ort, Datum

Unterschrift des Anordnungsbefugten

Rechtspfleger

Buchungsbescheinigung(en):
Gebucht am _____
PK-Nr. _____

Gebucht am _____
Zahlst. Buch-Nr. _____

Der oben Genannte – _____
– hat am _____
DM _____ (m. W. _____
_____) als Geldhinterlegung eingezahlt.

Ort, Datum Kasse _____

Kassier Buchhalter

◀ An das
Amtsgericht
– Hinterlegungsstelle –

(Abschrift für die Hinterlegungsakten) Muster 08 EDVBK – Blatt 3 –

138

Vordruck HS 2 # Vordrucke

An das
Amtsgericht
— Hinterlegungsstelle —

Antrag auf Annahme von Wertpapieren, sonstigen Urkunden, Kostbarkeiten oder anderen als gesetzlichen oder gesetzlich zugelassenen Zahlungsmitteln zur

Hinterlegung

Hinterleger:
(Name, Vorname, Beruf, Wohnung)

Vertreter des Hinterlegers:
(Name, Vorname, Beruf, Wohnung)

Genaue Bezeichnung der **Wertpapiere**[1], **Urkunden**[2], **Kostbarkeiten**[3] oder **Zahlungsmittel**[4]:
([1] Zinsfuß, Gattung, Jahrgang, Reihe, Buchstaben, Nummer, Nennbetrag in Ziffern und Buchstaben, sonstige Unterscheidungsmerkmale, zugehörige Erneuerungs-, Zins- oder Gewinnanteilscheine. [2] ggf. Wertbetrag. [3] Gattung, Stoff, sonstige Unterscheidungsmerkmale, Wert, ggf. Schätzwert. [4] Geldsorte, Betrag in Ziffern und Buchstaben.)

Ggf. sind die dem Antrag beigefügten Schriftstücke und, wenn die Angelegenheit bei einer Behörde anhängig ist, die Sache, die Behörde und das Aktenzeichen anzugeben.

Die Hinterlegung wird durch folgende bestimmte Tatsachen gerechtfertigt:

Als **Empfangsberechtigte** für die hinterlegten Gegenstände kommen in Betracht:
(Namen, Vornamen, Beruf, Wohnung, Bankverbindung):

Der Schuldner kann aus folgenden Gründen seine Verbindlichkeit nicht bzw. nicht mit Sicherheit erfüllen:

Nur auszufüllen, wenn der Schuldner zur Befreiung von einer Verbindlichkeit hinterlegt!

Der Gläubiger ist zu folgender Gegenleistung verpflichtet:

Den Gläubiger habe ich gemäß § 374 Abs. 2 BGB von der Hinterlegung
— benachrichtigt. Ein Nachweis darüber liegt bei.
— nicht benachrichtigt.
Auf das Recht der Rücknahme — verzichte ich. — verzichte ich nicht.
Ort und Tag:

....
                                                                                                              Unterschrift

HS 2: Antrag auf Annahme von Werthinterlegungen (§§ 8 ff. AVHO) mit Annahmeanordnung
(§§ 13 ff. AVHO) — Blatt 1   (12. 76)
Arbeitsverwaltung Straubing

Vordrucke

Vordruck HS 2 – Rückseite

Abschrift für die Hinterlegungsakten

▶ **Annahmeanordnung** für gerichtliche Werthinterlegungen	An die (Bezeichnung der Kasse)	Beleg Nr.
	Einlieferungspflichtiger (genaue Anschrift mit PLZ, Ort, Straße, Haus-Nr.)	

	Haushaltsjahr	Buchungsstelle	Dienststellen-Nr.	Gegenstand
		Wertesachbuch für gerichtliche Werthinterlegungen		Umseitig bezeichnete Gegenstände

☐ **Einlieferungsfrist** bis
Der Antragsteller ist aufgefordert, bis zum Ablauf der Einlieferungsfrist einzuliefern.
☐ Der Antragsteller liefert die Wertsachen sofort ein.

Begründung der Einlieferung soweit erforderlich (VV Nr. 10 zu Art. 70 BayHO):
☐ Werthinterlegung.
☐ Werthinterlegung zu der im Wertesachbuch für gerichtliche Werthinterlegung unter lfd. Nr. _____ des Haushaltsjahres 19 _____ verzeichneten Masse.

_____ Anlagen

1. Die Werthinterlegung ist, wie oben angegeben, anzunehmen und zu buchen.
2. Wird innerhalb der Einlieferungsfrist nicht eingeliefert, ist die Annahmeanordnung der Hinterlegungsstelle zurückzugeben.

Anordnende Stelle
Amtsgericht — Hinterlegungsstelle

Ort, Datum

Unterschrift des Anordnungsbefugten
Rechtspfleger

Buchungsbescheinigung: Der oben Genannte hat am
die umseitig bezeichneten Gegenstände als Werthinterlegung eingeliefert.
Gebucht: WZB Nr. WSB Nr. Ort und Tag:

▶ An das
Amtsgericht — Hinterlegungsstelle —

Kasse:

Kassier Buchhalter

Vordruck HS 5 **Vordrucke**

Zutreffendes ist angekreuzt ×

| Kassenkonten der .... kasse .... |
| Postscheckamt .... |
| (BLZ ....) Konto-Nr. .... |
| Bayer. Landesbank — Girozentrale .... |
| (BLZ ....) Konto-Nr. .... |

Hinterlegungssache

Sehr geehrte

Die oben genannte Kasse wurde aufgrund Ihres Antrags (Ersuchens) vom

                           angewiesen,

☐ den Betrag von   DM

☐ die in Ihrem Antrag (Ersuchen) bezeichneten Gegenstände zur Hinterlegung anzunehmen.

Ich bitte Sie, den Betrag bzw. die Gegenstände bis zum

                           bei der genannten Kasse oder der hiesigen Gerichtszahlstelle

— unter Vorlage dieser Nachricht einzuzahlen bzw. einzuliefern **oder**

— unter Angabe der Hinterlegungsstelle und der oben angegebenen Geschäftsnummer einzusenden.

Ein **Geldbetrag** kann auch auf eines der oben genannten Kassenkonten überwiesen werden. Bei Einzahlung durch Scheck oder Postüberweisungsauftrag wird der Hinterlegungsschein erst nach der Einlösung erteilt, es sei denn, daß der Scheck

— von einem inländischen Kreditinstitut ausgestellt ist und auf Deutsche Mark lautet oder

— auf eine Stelle der Deutschen Bundesbank (die Landeszentralbank) gezogen und von dieser bestätigt ist.

Kostbarkeiten sind in einem für ihre Aufbewahrung geeigneten Behältnis einzuliefern.

Falls Sie den Betrag bzw. die Gegenstände nicht rechtzeitig einzahlen oder einliefern, wird Ihr Antrag (Ersuchen) als zurückgenommen behandelt werden.

Hochachtungsvoll

Auf Anordnung

HS 5: Benachrichtigung vom Erlaß der Annahmeanordnung (§ 14 AVHO)   (12. 76)
Arbeitsverwaltung Straubing

Vordrucke

Vordruck HS 6

Zutreffendes ist angekreuzt ☒

Hinterlegungssache
Mit 1 Beilage (dreifach)

Sehr geehrte

Sie haben bei der
☐ Oberjustizkasse ☐ Gerichtskasse

☐ einen Geldbetrag von .... DM
☐ Wertpapiere im Gesamtnennwert von .... DM
☐ Urkunden zum angegebenen Wertbetrag von .... DM
☐ Kostbarkeiten zum angegebenen Wert von .... DM

zur Hinterlegung eingezahlt bzw. eingeliefert.

Ich bitte, bis zum

Frist ▶ einen Antrag auf Annahme zur Hinterlegung in dreifacher Fertigung einzureichen. Wenn Sie binnen dieser Frist keinen Antrag stellen, werde ich den Geldbetrag bzw. die Gegenstände an Sie zurücksenden.

Die Vordrucke für den Antrag liegen bei.

Hochachtungsvoll

Auf Anordnung

HS 6: Aufforderung zur Stellung eines Hinterlegungsantrages (§ 16 Abs. 1 AVHO) (12. 76)
Arbeitsverwaltung Straubing

Vordruck HS 7   **Vordrucke**

Hinterlegungssache

Sehr geehrte

Nach gesetzlicher Bestimmung (§ 374 Abs. 2 des Bürgerlichen Gesetzbuches) hat der Schuldner dem Gläubiger die Hinterlegung unverzüglich anzuzeigen; im Falle der Unterlassung ist er zum Schadenersatz verpflichtet.

Die Anzeige darf nur unterbleiben, wenn sie untunlich ist. Sie werden deshalb aufgefordert, der Hinterlegungsstelle

nachzuweisen, daß und wann d. Gläubiger

die Anzeige empfangen hat / haben. Der Nachweis kann durch Zustellungsurkunde, Postrückschein oder Empfangsbestätigung des Gläubigers, **nicht aber durch Posteinlieferungsschein** erbracht werden. Wird der Nachweis nicht innerhalb von drei Monaten nach Zustellung dieser Aufforderung geführt, so ist die Hinterlegungsstelle berechtigt, d. Gläubiger(n) die Anzeige in Ihrem Namen und auf Ihre Kosten zu machen.

Die Anzeige der Hinterlegung an den Gläubiger ist auch von Bedeutung für das Erlöschen des Anspruchs auf Herausgabe des Hinterlegten (§ 382 des Bürgerlichen Gesetzbuches, § 19 Abs. 1 und Abs. 2 Nr. 1 der Hinterlegungsordnung).

Hochachtungsvoll

Auf Anordnung:

HS   7 : Aufforderung an den Schuldner, die Anzeige der Hinterlegung
an den Gläubiger nachzuweisen (§ 23 AVHO)   (12. 76)
Arbeitsverwaltung Straubing

Vordrucke Vordruck HS 8

Zutreffendes ist angekreuzt ☒

Hinterlegungssache

Sehr geehrte

hat zur Befreiung von seiner Verbindlichkeit

☐ einen Geldbetrag von DM
☐ Wertpapiere im Gesamtnennwert von DM

hinterlegt. In dem Hinterlegungsantrag vom
wurden Sie als Gläubiger bezeichnet.
Der Schuldner hat trotz Aufforderung nicht nachgewiesen, daß und wann er Ihnen die gesetzlich vorgeschriebene Anzeige von der Hinterlegung (§ 374 Abs. 2 des Bürgerlichen Gesetzbuches) gemacht hat.

Hochachtungsvoll

Auf Anordnung

....

HS 8: Anzeige der Hinterlegung an den Gläubiger (§ 23 AVHO) (12. 76)
Arbeitsverwaltung Straubing

Vordruck HS 9   **Vordrucke**

Hinterlegungssache

Sehr geehrte

In der bezeichneten Hinterlegungssache ist von

beantragt worden,

an ihn (sie) herauszugeben.

Die beantragte Herausgabe wird erfolgen, falls Sie nicht binnen

Frist ▶   Wochen nach Rechtskraft dieser Verfügung nachweisen, daß Sie wegen Ihrer Ansprüche Klage gegen d. Antragsteller erhoben haben (Einfacher Widerspruch genügt nicht!).

Gegen diese Verfügung können Sie **innerhalb von zwei Wochen** seit ihrer Zustellung an Sie **Beschwerde** bei der oben bezeichneten Hinterlegungsstelle oder bei dem Präsidenten des

☐ Landgerichts   ☐ Amtsgerichts

einlegen.

Mit fruchtlosem Ablauf der Beschwerdefrist wird diese Verfügung rechtskräftig.

Hochachtungsvoll

HS 9: Fristbestimmung für Klageerhebung (§ 16 HintO)   (12. 76)
    Arbeitsverwaltung Straubing

Vordrucke

Vordruck HS 11

Anordnende Stelle	An die (Bezeichnung der Kasse)		
		Beleg-Nr.	
		TL-Nr.	

Auszahlungsanordnung für Geldhinterlegungen

	Haushaltsjahr 19	Fällig am / sofort
	Buchungsstelle 7030 101 00 – 8	

| 03 | PK-Nr. – 12 – | 40 | HL-Nr. – 08 – | Anordnungsst. Nr. | 5 | Betrag (DM) | 101 | Bh | Namensz. |

Auszahlungsanordnung für Zinsen

	Haushaltsjahr 19	Fällig am / sofort

| 01 | Buchungsstelle | 02 | Anordnungsstellen-Nr. | 05 | Betrag (DM) | 101 | Bh | Namensz. |
| | 0404 / 57501-8 | | | | | | | |

		Summe
07	Empfänger (Name, Vorname)	– 27 –
08	Straße, Haus-Nr.	– 20 –
09	Postleitzahl, Ort	– 20 –
10	Art der Zahlung 1 – bar, 2 – postbar, 3 – Lastschrifteinziehung durch Empf. 4 – Zahlung im Außenwirtsch. Verk., 5 – Verrechnung	– 1 –
11	Kurzbezeichnung des Kreditinstituts	
12	Bankleitzahl	– 8 –
13	Konto-Nr. des Empfängers	– 10 –
14	Verwendungszweck für Empfänger	– 27 –
14	Verwendungszweck für Empfänger – Fortsetzung –	– 27 –
21	Verrechnungsbetrag (DM) – nur v. d. Kasse auszufüllen –	– 13 –

Anordnungsbetrag in Worten (ab 1.000,– DM):

Personenkonto löschen, falls ausgeschöpft: ☐ ja ☐ nein

Begründung der Ausgabe, soweit erforderlich (VV Nr. 10/70 BayHO):

.... Anlagen

Sachlich und rechnerisch richtig (VV Nr. 20.1.2/70 BayHO)	Prüfungsvermerk (VV Nr. 12.4/79 BayHO):
Der Betrag ist, wie oben angegeben, auszuzahlen und zu buchen. Betriebsmittel stehen, soweit erforderlich, zur Verfügung (VVNr. 6.2 bzw. 8 zu Art. 43 BayHO).	1. Geprüft; Zahlungsartschlüssel handschriftlich ja / nein . KIA für Löschung des PK-Kontos gefertigt . Auszuzahlen / zu verrechnen mit
Ort, Datum	Bh | Buchungsstelle | Anordnungsstellen-Nr.
Unterschrift des Anordnungsbefugten	Bh _____ Namenszeichen _____

Betrag erhalten ☐ in bar ☐ durch Scheck der _____	Bescheinigung (VV Nr. 48 zu Art. 70 BayHO): Ausgezahlt durch am ☐ Verrechnung ☐ Lastschrifteinzug ☐ Überweisung Kreditinstitut	Eingangsstempel der Kasse
Ort, Datum		
Unterschrift: _____		
Zahlstellenbuch Nr. _____		
Titelverzeichnis Nr. _____	Unterschrift: _____	

Muster 38 EDVBK – Blatt 1 –

HS 11: Auszahlungsanordnung (Herausgabeanordnung) über eine Geldhinterlegung (§ 27 AVHO) (10.84)

Vordruck HS 11 – Rückseite **Vordrucke**

Zinsberechnung

Einzahlungstag	Tag der Annahmeanordnung	Tag der Herausgabeanordnung	Hinterlegter Betrag		Zu verzinsender Betrag		Verzinsungszeit	Zinssatz	Auszuzahlender Zinsbetrag		Vermerke
			DM	Pf	DM	Pf	(Monate)	v. T.	DM	Pf	
1	2	3	4		5		6	7	8		9

147

Vordrucke

Vordruck HS 12

Auslieferungsanordnung über gerichtliche Werthinterlegung	**An die** (Bezeichnung der Kasse)	Beleg Nr.
	Empfänger (genaue Anschrift)	

Hinweis für den Empfänger (Kassenzeichen, Rechnungs-Nr.)
Hinterlegungssache:

Amtsgericht   Gesch.-Nr.   WSB-Nr.

Eingelieferte Werthinterlegung.

Haushalts).	Buchungsstelle (z. B. Kap./Tit.)	Dienststellen-Nr.	
	Werte-Sachbuch		

Fälligkeitstag (VV Nr. 8 zu Art. 70 BayHO):
Sofort/am

Begründung der Ausgabe, soweit erforderlich (VV Nr. 10 zu Art. 70 BayHO):
Einlieferer:

Auslieferungsantrag ist gestellt von

☐ Die Beteiligten haben   ☐ die Auslieferung an den Empfänger bewilligt.

☐ die Empfangsberechtigung des Empfängers anerkannt.

☐ Rechtskräftiges Urteil   ☐ Rechtskräftiger Beschluß

des   vom   (Gesch.-Nr.   )

☐ Die zuständige Behörde, nämlich

hat am   um die Herausgabe an den Empfänger ersucht.

.... Anlagen

Einlaufstempel der Kasse	Der eingelieferte Gegenstand ist — wie oben angegeben — auszuliefern (zu übersenden) und zu buchen.
	Anordnende Stelle
	Amtsgericht — Hinterlegungsstelle —
Prüfungsvermerk des Buchhalters (VV Nr. 12.4 zu Art. 79 BayHO): 1. Geprüft 2. Auszuliefern Buchh. .... Dat. .... Namenszeichen	Ort, Datum
	Unterschrift des Anordnungsbefugten
	Rechtspfleger
Gebucht am .... Werte-Zeitbuch Nr. .... Werte-Sachbuch Nr.	Die hinterlegten Gegenstände habe ich erhalten
	Ort und Datum
	Unterschrift des Empfängers

HS 12: Auslieferungsanordnung über eine gerichtliche Werthinterlegung (§§ 26 ff. AVHO)   (12.76)
Arbeitsverwaltung Straubing

Vordruck HS 13 **Vordrucke**

Zutreffendes ist angekreuzt [X]

| Kassenzeichen: VwB-GHB _____ |
| WSB _____ |
| **Kassenkonten** der _____ kasse _____ |
| Postgiroamt _____ |
| (BLZ _____) Konto-Nr. _____ |
| Bayer. Landesbank – Girozentrale |
| (BLZ _____) Konto-Nr. _____ |

Hinterlegungssache

Sehr geehrte

Auf Antrag (Ersuchen)

ist die oben bezeichnete Kasse angewiesen worden,
[ ] den Geldbetrag von

    DM Kapital und   DM Zinsen

an Sie auszuzahlen.
 [ ] Der Betrag wird – auf Ihr Konto   überwiesen werden.

    – Ihnen übersandt werden.
 [ ] Ich bitte, den Betrag **binnen einer Woche** bei der oben bezeichneten Kasse **unter Vorlage dieser Benachrichtigung** in Empfang zu nehmen.

Die in der Anlage berechneten Kosten werden von dem auszuzahlenden Betrag abgezogen.

[ ] die umstehend näher bezeichneten Gegenstände im Gesamtwert von

    DM an Sie herauszugeben.
 Die Gegenstände werden Ihnen übersandt werden.

 [ ] Ich bitte, die Gegenstände **binnen einer Woche** bei der oben bezeichneten Kasse **unter Vorlage dieser Benachrichtigung** in Empfang zu nehmen.

 [ ] Die Gegenstände werden nur **gegen Rückgabe** der Ihnen ausgehändigten **Verwahrungsbescheinigung** ausgeliefert.

Die hinterlegten Gegenstände werden erst nach Zahlung der in der Anlage berechneten Kosten herausgegeben. Die Kosten können durch Einsenden von Gerichtskostenmarken, durch Überweisen oder Einzahlen auf eines der obengenannten Kassenkonten oder durch Bareinzahlung bei der genannten Kasse entrichtet werden.

Hochachtungsvoll

HS 13: Benachrichtigung des Empfängers vom Erlaß der Herausgabeanordnung (§ 27 Abs. 6 AVHO) (4.85)
Arbeitsverwaltung Straubing

Vordrucke — Vordruck HS 14

Zutreffendes ist angekreuzt. ☒

Kassenzeichen:	GHB
	WSB
Kassenkonten der	kasse
Postscheckamt	
(BLZ	) Konto-Nr.
Bayer. Landesbank — Girozentrale	
(BLZ	) Konto-Nr.

Hinterlegungssache

Sehr geehrte

Aufgrund Ihres Antrags (Ersuchens) vom

ist die oben bezeichnete Kasse angewiesen worden,

☐ den Geldbetrag von
DM Kapital und   DM Zinsen

☐ die hinterlegten Gegenstände im Gesamtwert von
DM

an

herauszugeben.

☐ Die in der Hinterlegungssache entstandenen Kosten in Höhe von
DM werden von dem auszuzahlenden Betrag abgezogen.

☐ Die hinterlegten Gegenstände werden erst herausgegeben, wenn die in der Hinterlegungssache entstandenen Kosten in Höhe von
DM bezahlt sind.

Hochachtungsvoll

Auf Anordnung

HS 14: Benachrichtigung des Antragstellers vom Erlaß der Herausgabeanordnung, wenn dieser nicht zugleich Empfänger ist (§ 27 Abs. 6 AVHO) (12.76)
Arbeitsverwaltung Straubing

Anhang Nr. 5: Vertretung **Fiskus**

Anhang Nr. 5

Bestimmungen
der Länder über die Vertretung des Fiskus
in Hinterlegungssachen und in damit
zusammenhängenden Verfahren (1)

Baden-Württemberg: Bek. v. 12.10. 1987 (GBl. S. 464) betr. Vertretung des Landes in gerichtlichen Verfahren und förmlichen Verfahren vor den Verwaltungsgerichten

Bayern: VO v. 2.2. 1977 (GVBl. S. 69) betr. rechtsgeschäftliche Vertretung des Freistaates Bayern bei der Leistung von Sicherheiten nach der StPO und nach § 28 Abs. 2 Satz 2 der Bay. Gnadenordnung; FMBek. v. 7.3. 1980 (StAnz. Nr. 11) betr. Verfahren nach Zustellung von Pfändungs- und Überweisungsbeschlüssen oder Pfändungsbenachrichtigungen; Bek. v. 5.9. 1980 (JMBl. S. 213) betr. Verfahren nach der Zustellung von Pfändungs- und Überweisungsbeschlüssen oder Pfändungsbenachrichtigungen (ergänzende Bestimmungen für die Justizverwaltung)

Berlin: AO v. 16.9. 1977 (ABl. S. 1368), v. 21.7. 1980 (ABl. S. 1181), v. 21.9. 1987 (ABl. S. 1484) betr. Vertretung des Landes Berlin im Geschäftsbereich des Senators für Justiz

Brandenburg: Vertretungsordnung JM Brdbg. v. 9.6. 1992 (JMBl. 78)

Bremen: Art. 118 Abs. 1 S. 2 der Landesverfassung, sowie AV v. 29.1.1991 (ABl. S. 111) betr. Delegation von Aufgaben im Zusammenhang mit der Pfändung von Ansprüchen gegen die Freie Hansestadt Bremen (Vertretung der Justiz)

Hamburg: AV v. 30.11. 1981 (JVBl. 1982 S. 1), v. 19.4. 1982 (JVBl. S. 89) betr. AO über die Vertretung der Freien und Hansestadt Hamburg im Geschäftsbereich der Justizbehörde

Hessen: AO v. 12.1. 1988 (StAnz. S. 373, JMBl. S. 231) idF v. 30.8. 1988 (StAnz. S. 2115), v. 11.2. 1991 (StAnz. S. 649) über die Vertretung des Landes Hessen im Geschäftsbereich des Ministers der Justiz; RdErl. v. 12.1. 1988 (JMBl. S. 237, StAnz. S. 375, 528) betr. Ausführungsvorschriften zur AO über die Vertretung des Landes im Geschäftsbereich des Ministers der Justiz

Mecklenburg-Vorpommern: Erl. v. 7.11. 1990 (ABl. 1991 S. 38) über die Vertretung des Landes Mecklenburg-Vorpommern

Niedersachsen: RdErl. v. 17.9. 1990 (MBl. S. 1321, NdsRpfl. 1991 S. 41) betr. Vertretung des Landes Niedersachsen

Nordrhein-Westfalen: AV v. 17.3. 1987 (JMBl. S. 89), v. 13.4. 1988 (JMBl. S. 109) betr. AO über die Vertretung des Landes im Geschäftsbereich des Justizministers

Rheinland-Pfalz: LVO v. 10.5. 1988 (GVBl. S. 106), v. 27.4. 1990 (GVBl. S. 112) über die Zuständigkeit zur Vertretung des Landes im Geschäftsbereich des Ministeriums der Justiz; RdSchr. v. 18.7. 1988 (JBl. S. 157) betr. Verfahren nach der Vertretungsordnung Justiz

Fiskus

Saarland: Bek. v. 27. 4. 1962 (ABl. S. 348) idF v. 17. 4. 1968 (ABl. S. 234), v. 23. 12. 1970 (ABl. S. 996) betr. Vertretung des Saarlandes im Bereich der Justizverwaltung

Sachsen: AO v. 29. 1. 1991 (ABl. S. 15) betr. Vertretung des Freistaates Sachsen in gerichtlichen Verfahren und förmlichen Verfahren vor den Verwaltungsbehörden; Erl. v. 8.11.1991 (GVBl. S. 400, ABl. Nr. 41 S. 1) betr. Vertretung des Freistaates Sachsen als Drittschuldner.

Sachsen-Anhalt: Bek. v. 1. 5. 1991 (MBl. S. 115) über die Vertretung des Landes Sachsen-Anhalt

Schleswig-Holstein: Erl. v. 30. 10. 1950 (ABl. S. 461) idF v. 15. 4. 1978 (ABl. S. 176) betr. Vertretung des Landes Schleswig-Holstein; AV v. 16. 1. 1967 (SchlHA S. 77), v. 28. 1. 1991 (SchlHA S. 38) betr. Vertretung des Landes Schleswig-Holstein für den Geschäftsbereich des Justizministers (Landesjustizverwaltung)

Thüringen: VO v. 27. 3.1992 (GVBl. S. 133) betr. Vertretung des Landes im Geschäftsbereich des Thüringer Justizministeriums (Vertretungsverordnung Justiz)

Anhang Nr. 6

Rechtspflegergesetz

Vom 5. November 1969
(BGBl. I S. 2065),
zuletzt geändert durch die Vereinfachungsnovelle vom 3. 12. 1976
(BGBl. I S. 3281)

– Auszug –

Erster Abschnitt. Aufgaben und Stellung des Rechtspflegers

§ 1 Allgemeine Stellung des Rechtspflegers. Der Rechtspfleger nimmt die ihm durch dieses Gesetz übertragenen Aufgaben der Rechtspflege wahr.

§ 2 Voraussetzungen für die Tätigkeit als Rechtspfleger. (1) Mit den Aufgaben eines Rechtspflegers kann ein Beamter des Justizdienstes betraut werden, der einen Vorbereitungsdienst von drei Jahren abgeleistet und die Rechtspflegerprüfung bestanden hat. ...
(2) ...
(3) Mit den Aufgaben eines Rechtspflegers kann auf seinen Antrag auch betraut werden, wer die Befähigung zum Richteramt besitzt.
(4) ...
(5) Referendare können mit der zeitweiligen Wahrnehmung der Geschäfte eines Rechtspflegers beauftragt werden.
(6) ...

§ 3 Übertragene Geschäfte. Dem Rechtspfleger werden folgende Geschäfte übertragen:
1. ...
2. ...
3. ...
4. die in den §§ 29 bis 31 dieses Gesetzes einzeln aufgeführten Geschäfte
   a) ...
   b) in Hinterlegungssachen,
   c) ...

§ 4 Umfang der Übertragung. (1) Der Rechtspfleger trifft alle Maßnahmen, die zur Erledigung der ihm übertragenen Geschäfte erforderlich sind.
(2) (3) ...

§ 5 Vorlage an den Richter. (1) Der Rechtspfleger hat ihm übertragene Geschäfte dem Richter vorzulegen, wenn

1. er von einer ihm bekannten Stellungnahme des Richters abweichen will;
2. sich bei der Bearbeitung der Sache rechtliche Schwierigkeiten ergeben;
3. die Anwendung von nicht im Geltungsbereich dieses Gesetzes geltendem Recht in Betracht kommt;
4. zwischen dem übertragenen Geschäft und einem vom Richter wahrzunehmenden Geschäft ein so enger Zusammenhang besteht, daß eine getrennte Behandlung nicht sachdienlich ist.

(2) Die vorgelegten Sachen bearbeitet der Richter, solange er es für erforderlich hält. Er kann die Sachen dem Rechtspfleger zurückgeben. Gibt der Richter eine Sache an den Rechtspfleger zurück, so ist dieser an eine von dem Richter mitgeteilte Rechtsauffassung gebunden.

§ 6 Bearbeitung übertragener Sachen durch den Richter. Steht ein übertragenes Geschäft mit einem vom Richter wahrzunehmenden Geschäft in einem so engen Zusammenhang, daß eine getrennte Bearbeitung nicht sachdienlich wäre, so soll der Richter die gesamte Angelegenheit bearbeiten.

§ 7 Bestimmung des zuständigen Organs der Rechtspflege. Bei Streit oder Ungewißheit darüber, ob ein Geschäft von dem Richter oder dem Rechtspfleger zu bearbeiten ist, entscheidet der Richter über die Zuständigkeit durch Beschluß. Der Beschluß ist unanfechtbar.

§ 8 Gültigkeit von Geschäften. (1) Hat der Richter ein Geschäft wahrgenommen, das dem Rechtspfleger übertragen ist, so wird die Wirksamkeit des Geschäfts hierdurch nicht berührt.

(2)–(5) ...

§ 9 Selbständigkeit des Rechtspflegers. Der Rechtspfleger ist bei seinen Entscheidungen nur dem Gesetz unterworfen. Er entscheidet, soweit sich nicht aus diesem Gesetz etwas anderes ergibt, selbständig.

§ 10 Ausschließung und Ablehnung des Rechtspflegers. Für die Ausschließung und Ablehnung des Rechtspflegers sind die für den Richter geltenden Vorschriften entsprechend anzuwenden. Über die Ablehnung des Rechtspflegers entscheidet der Richter.

§ 11 Rechtsbehelfe. (1) Gegen die Entscheidungen des Rechtspflegers ist vorbehaltlich der Bestimmungen des Absatzes 5 die Erinnerung zulässig. ...

(2)–(6) ...

§ 12 Bezeichnung des Rechtspflegers. Im Schriftverkehr und bei der Aufnahme von Urkunden in übertragenen Angelegenheiten hat der Rechtspfleger seiner Unterschrift das Wort „Rechtspfleger" beizufügen.

§ 13 Ausschluß des Anwaltszwangs. § 78 Abs. 1 der Zivilprozeßordnung ist auf Verfahren vor dem Rechtspfleger nicht anzuwenden.

Fünfter Abschnitt. Dem Rechtspfleger übertragene Geschäfte . . . in Hinterlegungssachen . . .

§ 30 Hinterlegungssachen. Die Geschäfte der Hinterlegungsstelle im Sinne der Hinterlegungsordnung werden dem Rechtspfleger übertragen.

§ 32 Nicht anzuwendende Vorschriften. Auf die nach den § 29 bis 31 dem Rechtspfleger übertragenen Geschäfte sind die §§ 5 bis 11 nicht anzuwenden.

Anhang Nr. 7

Einführungsgesetz zum Gerichtsverfassungsgesetz

Vom 27. Januar 1877

(RGBl. S. 77, BGBl. III 300–1),

zuletzt geändert durch das Gesetz zur Änderung des Einführungsgesetzes zum Gerichtsverfassungsgesetz vom 30. 9. 1977 (BGBl. I S. 1877)

– Auszug –

§ 23. (1) Über die Rechtmäßigkeit der Anordnungen, Verfügungen oder sonstigen Maßnahmen, die von den Justizbehörden zur Regelung einzelner Angelegenheiten auf den Gebieten des bürgerlichen Rechts einschließlich des Handelsrechts, des Zivilprozesses, der freiwilligen Gerichtsbarkeit und der Strafrechtspflege getroffen werden, entscheiden auf Antrag die ordentlichen Gerichte. Das gleiche gilt für Anordnungen, Verfügungen oder sonstige Maßnahmen der Vollzugsbehörden im Vollzug der Jugendstrafe, des Jugendarrestes und der Untersuchungshaft sowie derjenigen Freiheitsstrafen und Maßregeln der Besserung und Sicherung, die außerhalb des Justizvollzuges vollzogen werden.

(2) Mit dem Antrag auf gerichtliche Entscheidung kann auch die Verpflichtung der Justiz- oder Vollzugsbehörde zum Erlaß eines abgelehnten oder unterlassenen Verwaltungsaktes begehrt werden.

(3) Soweit die ordentlichen Gerichte bereits auf Grund anderer Vorschriften angerufen werden können, behält es hierbei sein Bewenden.

§ 24. (1) Der Antrag auf gerichtliche Entscheidung ist nur zulässig, wenn der Antragsteller geltend macht, durch die Maßnahme oder ihre Ablehnung oder Unterlassung in seinen Rechten verletzt zu sein.

(2) Soweit Maßnahmen der Justiz- oder Vollzugsbehörden der Beschwerde oder einem anderen förmlichen Rechtsbehelf im Verwaltungsverfahren unterliegen, kann der Antrag auf gerichtliche Entscheidung erst nach vorausgegangenem Beschwerdeverfahren gestellt werden.

§ 25. (1) Über den Antrag entscheidet ein Zivilsenat oder, wenn der Antrag eine Angelegenheit der Strafrechtspflege oder des Vollzugs betrifft, ein Strafsenat des Oberlandesgerichts, in dessen Bezirk die Justiz- oder Vollzugsbehörde ihren Sitz hat. Ist ein Beschwerdeverfahren (§ 24 Abs. 2) vorausgegangen, so ist das Oberlandesgericht zuständig, in dessen Bezirk die Beschwerdebehörde ihren Sitz hat.

(2) Ein Land, in dem mehrere Oberlandesgerichte errichtet sind, kann durch Gesetz die nach Absatz 1 zur Zuständigkeit des Zivilsenats oder des Strafsenats gehörenden Entscheidungen ausschließlich einem der Oberlandesgerichte oder dem Obersten Landesgericht zuweisen.

Anhang Nr. 7: EGGVG **EGGVG**

§ 26. (1) Der Antrag auf gerichtliche Entscheidung muß innerhalb eines Monats nach Zustellung oder schriftlicher Bekanntgabe des Bescheides oder, soweit ein Beschwerdeverfahren (§ 24 Abs. 2) vorausgegangen ist, nach Zustellung des Beschwerdebescheides schriftlich oder zur Niederschrift der Geschäftsstelle des Oberlandesgerichts oder eines Amtsgerichts gestellt werden.

(2) War der Antragsteller ohne Verschulden verhindert, die Frist einzuhalten, so ist ihm auf Antrag Wiedereinsetzung in den vorigen Stand zu gewähren.

(3) Der Antrag auf Wiedereinsetzung ist binnen zwei Wochen nach Wegfall des Hindernisses zu stellen. Die Tatsachen zur Begründung des Antrags sind bei der Antragstellung oder im Verfahren über den Antrag glaubhaft zu machen. Innerhalb der Antragsfrist ist die versäumte Rechtshandlung nachzuholen. Ist dies geschehen, so kann die Wiedereinsetzung auch ohne Antrag gewährt werden.

(4) Nach einem Jahr seit dem Ende der versäumten Frist ist der Antrag auf Wiedereinsetzung unzulässig, außer wenn der Antrag vor Ablauf der Jahresfrist infolge höherer Gewalt unmöglich war.

§ 27. (1) Ein Antrag auf gerichtliche Entscheidung kann auch gestellt werden, wenn über einen Antrag, eine Maßnahme zu treffen, oder über eine Beschwerde oder einen anderen förmlichen Rechtsbehelf ohne zureichenden Grund nicht innerhalb von drei Monaten entschieden ist. Das Gericht kann vor Ablauf dieser Frist angerufen werden, wenn dies wegen besonderer Umstände des Falles geboten ist.

(2) Liegt ein zureichender Grund dafür vor, daß über die Beschwerde oder den förmlichen Rechtsbehelf noch nicht entschieden oder die beantragte Maßnahme noch nicht erlassen ist, so setzt das Gericht das Verfahren bis zum Ablauf einer von ihm bestimmten Frist, die verlängert werden kann, aus. Wird der Beschwerde innerhalb der vom Gericht gesetzten Frist stattgegeben oder der Verwaltungsakt innerhalb dieser Frist erlassen, so ist die Hauptsache für erledigt zu erklären.

(3) Der Antrag nach Absatz 1 ist nur bis zum Ablauf eines Jahres seit der Einlegung der Beschwerde oder seit der Stellung des Antrags auf Vornahme der Maßnahme zulässig, außer wenn die Antragstellung vor Ablauf der Jahresfrist infolge höherer Gewalt unmöglich war oder unter den besonderen Verhältnissen des Einzelfalles unterblieben ist.

§ 28. (1) Soweit die Maßnahme rechtswidrig und der Antragsteller dadurch in seinen Rechten verletzt ist, hebt das Gericht die Maßnahme und, soweit ein Beschwerdeverfahren (§ 24 Abs. 2) vorausgegangen ist, den Beschwerdebescheid auf. Ist die Maßnahme schon vollzogen, so kann das Gericht auf Antrag auch aussprechen, daß und wie die Justiz- oder Vollzugsbehörde die Vollziehung rückgängig zu machen hat. Dieser Ausspruch ist nur zulässig, wenn die Behörde dazu in der Lage und diese Frage spruchreif ist. Hat sich die Maßnahme vorher durch Zurücknahme oder anders erledigt, so spricht das Gericht auf Antrag aus, daß die Maßnahme rechtswidrig gewesen ist, wenn der Antragsteller ein berechtigtes Interesse an dieser Feststellung hat.

(2) Soweit die Ablehnung oder Unterlassung der Maßnahme rechtswidrig und der Antragsteller dadurch in seinen Rechten verletzt ist, spricht das Gericht die Verpflichtung der Justiz- oder Vollzugsbehörde aus, die beantragte Amtshandlung vorzunehmen, wenn die Sache spruchreif ist. Andernfalls spricht es die Verpflichtung aus, den Antragsteller unter Beachtung der Rechtsauffassung des Gerichts zu bescheiden.

(3) Soweit die Justiz- oder Vollzugsbehörde ermächtigt ist, nach ihrem Ermessen zu handeln, prüft das Gericht auch, ob die Maßnahme oder ihre Ablehnung oder Unterlassung rechtswidrig ist, weil die gesetzlichen Grenzen des Ermessens überschritten sind oder von dem Ermessen in einer dem Zweck der Ermächtigung nicht entsprechenden Weise Gebrauch gemacht ist.

§ 29. [**Unanfechtbarkeit der Entscheidung; Verfahren; Prozeßkostenhilfe**] (1) [1]Die Entscheidung des Oberlandesgerichts ist endgültig. [2]Will ein Oberlandesgericht jedoch von einer auf Grund des § 23 ergangenen Entscheidung eines anderen Oberlandesgerichts oder des Bundesgerichtshofes abweichen, so legt es die Sache diesem vor. [3]Der Bundesgerichtshof entscheidet an Stelle des Oberlandesgerichts.

(2) Im übrigen sind auf das Verfahren vor dem Zivilsenat die Vorschriften des Reichsgesetzes über die Angelegenheiten der freiwilligen Gerichtsbarkeit über das Beschwerdeverfahren, auf das Verfahren vor dem Strafsenat die Vorschriften der Strafprozeßordnung über das Beschwerdeverfahren sinngemäß anzuwenden.

(3) Auf die Bewilligung der Prozeßkostenhilfe sind die Vorschriften der Zivilprozeßordnung entsprechend anzuwenden.

§ 30. (1) Für die Kosten des Verfahrens vor dem Oberlandesgericht gelten die Vorschriften der Kostenordnung entsprechend. Abweichend von § 130 der Kostenordnung wird jedoch ohne Begrenzung durch einen Höchstbetrag bei Zurückweisung das Doppelte der vollen Gebühr, bei Zurücknahme des Antrags eine volle Gebühr erhoben.

(2) Das Oberlandesgericht kann nach billigem Ermessen bestimmen, daß die außergerichtlichen Kosten des Antragstellers, die zur zweckentsprechenden Rechtsverfolgung notwendig waren, ganz oder teilweise aus der Staatskasse zu erstatten sind. Die Vorschriften des § 91 Abs. 1 Satz 2 und der §§ 102 bis 107 der Zivilprozeßordnung gelten entsprechend. Die Entscheidung des Oberlandesgerichts kann nicht angefochten werden.

(3) Der Geschäftswert bestimmt sich nach § 30 der Kostenordnung. Er wird von dem Oberlandesgericht durch unanfechtbaren Beschluß festgesetzt.

Anhang Nr. 8

Bürgerliches Gesetzbuch

Vom 18. August 1896

(RGBl. S. 195, BGBl. III 400–2)

zuletzt geändert durch das Gesetz zur Änderung schadensersatzrechtlicher Vorschriften vom 16.8.1977 (BGBl. I S. 1577)

– Auszug –

Erstes Buch. Allgemeiner Teil

Siebenter Abschnitt. Sicherheitsleistung

§ 232. (1) Wer Sicherheit zu leisten hat, kann dies bewirken durch Hinterlegung von Geld oder Wertpapieren,
...
(2) ...

§ 233. Mit der Hinterlegung erwirbt der Berechtigte ein Pfandrecht an dem hinterlegten Gelde oder an den hinterlegten Wertpapieren und, wenn das Geld oder die Wertpapiere in das Eigentum des Fiskus oder der als Hinterlegungsstelle bestimmten Anstalt übergehen, ein Pfandrecht an der Forderung auf Rückerstattung.

§ 234. (1) Wertpapiere sind zur Sicherheitsleistung nur geeignet, wenn sie auf den Inhaber lauten, einen Kurswert haben und einer Gattung angehören, in der Mündelgeld angelegt werden darf. Den Inhaberpapieren stehen Orderpapiere gleich, die mit Blankoindossament versehen sind.

(2) Mit den Wertpapieren sind die Zins-, Renten-, Gewinnanteil- und Erneuerungsscheine zu hinterlegen.

(3) Mit Wertpapieren kann Sicherheit nur in Höhe von drei Vierteilen des Kurswerts geleistet werden.

§ 235. Wer durch Hinterlegung von Geld oder von Wertpapieren Sicherheit geleistet hat, ist berechtigt, das hinterlegte Geld gegen geeignete Wertpapiere, die hinterlegten Wertpapiere gegen andere geeignete Wertpapiere oder gegen Geld umzutauschen.

Zweites Buch. Recht der Schuldverhältnisse

Dritter Abschnitt. Erlöschen der Schuldverhältnisse

Zweiter Titel. Hinterlegung

§ 372. Geld, Wertpapiere und sonstige Urkunden sowie Kostbarkeiten kann der Schuldner bei einer dazu bestimmten öffentlichen Stelle für den Gläubiger hinterlegen, wenn der Gläubiger im Verzuge der Annahme ist. Das gleiche gilt, wenn der Schuldner aus einem anderen in der Person des Gläubigers liegenden Grunde oder infolge einer nicht auf Fahrlässigkeit beruhenden Ungewißheit über die Person des Gläubigers seine Verbindlichkeit nicht oder nicht mit Sicherheit erfüllen kann.

§ 373. Ist der Schuldner nur gegen eine Leistung des Gläubigers zu leisten verpflichtet, so kann er das Recht des Gläubigers zum Empfange der hinterlegten Sache von der Bewirkung der Gegenleistung abhängig machen.

§ 374. (1) Die Hinterlegung hat bei der Hinterlegungsstelle des Leistungsorts zu erfolgen; hinterlegt der Schuldner bei einer anderen Stelle, so hat er dem Gläubiger den daraus entstehenden Schaden zu ersetzen.

(2) Der Schuldner hat dem Gläubiger die Hinterlegung unverzüglich anzuzeigen, im Falle der Unterlassung ist er zum Schadensersatze verpflichtet. Die Anzeige darf unterbleiben, wenn sie untunlich ist.

§ 375. Ist die hinterlegte Sache der Hinterlegungsstelle durch die Post übersendet worden, so wirkt die Hinterlegung auf die Zeit der Aufgabe der Sache zur Post zurück.

§ 376. (1) Der Schuldner hat das Recht, die hinterlegte Sache zurückzunehmen.

(2) Die Rücknahme ist ausgeschlossen:
1. wenn der Schuldner der Hinterlegungsstelle erklärt, daß er auf das Recht zur Rücknahme verzichte;
2. wenn der Gläubiger der Hinterlegungsstelle die Annahme erklärt;
3. wenn der Hinterlegungsstelle ein zwischen dem Gläubiger und dem Schuldner ergangenes rechtskräftiges Urteil vorgelegt wird, das die Hinterlegung für rechtmäßig erklärt.

§ 377. (1) Das Recht zur Rücknahme ist der Pfändung nicht unterworfen.

(2) Wird über das Vermögen des Schuldners der Konkurs eröffnet, so kann während des Konkurses das Recht zur Rücknahme auch nicht von dem Schuldner ausgeübt werden.

Anhang Nr. 8: BGB

§ 378. Ist die Rücknahme der hinterlegten Sache ausgeschlossen, so wird der Schuldner durch die Hinterlegung von seiner Verbindlichkeit in gleicher Weise befreit, wie wenn er zur Zeit der Hinterlegung an den Gläubiger geleistet hätte.

§ 379. (1) Ist die Rücknahme der hinterlegten Sache nicht ausgeschlossen, so kann der Schuldner den Gläubiger auf die hinterlegte Sache verweisen.

(2) Solange die Sache hinterlegt ist, trägt der Gläubiger die Gefahr und ist der Schuldner nicht verpflichtet, Zinsen zu zahlen oder Ersatz für nicht gezogene Nutzungen zu leisten.

(3) Nimmt der Schuldner die hinterlegte Sache zurück, so gilt die Hinterlegung als nicht erfolgt.

§ 380. Soweit nach den für die Hinterlegungsstelle geltenden Bestimmungen zum Nachweise der Empfangsberechtigung des Gläubigers eine diese Berechtigung anerkennende Erklärung des Schuldners erforderlich oder genügend ist, kann der Gläubiger von dem Schuldner die Abgabe der Erklärung unter denselben Voraussetzungen verlangen, unter denen er die Leistung zu fordern berechtigt sein würde, wenn die Hinterlegung nicht erfolgt wäre.

§ 381. Die Kosten der Hinterlegung fallen dem Gläubiger zur Last, sofern nicht der Schuldner die hinterlegte Sache zurücknimmt.

§ 382. Das Recht des Gläubigers auf den hinterlegten Betrag erlischt mit dem Ablaufe von dreißig Jahren nach dem Empfange der Anzeige von der Hinterlegung, wenn nicht der Gläubiger sich vorher bei der Hinterlegungsstelle meldet; der Schuldner ist zur Rücknahme berechtigt, auch wenn er auf das Recht zur Rücknahme verzichtet hat.

§ 383. (1) Ist die geschuldete bewegliche Sache zur Hinterlegung nicht geeignet, so kann der Schuldner sie im Falle des Verzugs des Gläubigers am Leistungsorte versteigern lassen und den Erlös hinterlegen. Das gleiche gilt in den Fällen des § 372 Satz 2, wenn der Verderb der Sache zu besorgen oder die Aufbewahrung mit unverhältnismäßigen Kosten verbunden ist.

(2) Ist von der Versteigerung am Leistungsort ein angemessener Erfolg nicht zu erwarten, so ist die Sache an einem geeigneten anderen Orte zu versteigern.

(3) Die Versteigerung hat durch einen für den Versteigerungsort bestellten Gerichtsvollzieher oder zu Versteigerungen befugten anderen Beamten oder öffentlich angestellten Versteigerer öffentlich zu erfolgen (öffentliche Versteigerung). Zeit und Ort der Versteigerung sind unter allgemeiner Bezeichnung der Sache öffentlich bekanntzumachen.

(4) Die Vorschriften der Absätze 1 bis 3 gelten nicht für eingetragene Schiffe und Schiffsbauwerke.

§ 384. (1) Die Versteigerung ist erst zulässig, nachdem sie dem Gläubiger angedroht worden ist; die Androhung darf unterbleiben, wenn die Sache dem Verderb ausgesetzt und mit dem Aufschube der Versteigerung Gefahr verbunden ist.

BGB

(2) Der Schuldner hat den Gläubiger von der Versteigerung unverzüglich zu benachrichtigen; im Falle der Unterlassung ist er zum Schadensersatze verpflichtet.

(3) Die Androhung und die Benachrichtigung dürfen unterbleiben, wenn sie untunlich sind.

§ 385. Hat die Sache einen Börsen- oder Marktpreis, so kann der Schuldner den Verkauf aus freier Hand durch einen zu solchen Verkäufen öffentlich ermächtigten Handelsmäkler oder durch eine zur öffentlichen Versteigerung befugte Person zum laufenden Preise bewirken.

§ 386. Die Kosten der Versteigerung oder des nach § 385 erfolgten Verkaufs fallen dem Gläubiger zur Last, sofern nicht der Schuldner den hinterlegten Erlös zurücknimmt.

Drittes Buch. Sachenrecht

Fünfter Abschnitt. Dienstbarkeiten

Zweiter Titel. Nießbrauch

II. Nießbrauch an Rechten

§ 1081. (1) Ist ein Inhaberpapier oder ein Orderpapier, das mit Blankoindossament versehen ist, Gegenstand des Nießbrauchs, so steht der Besitz des Papiers und des zu dem Papiere gehörenden Erneuerungsscheins dem Nießbraucher und dem Eigentümer gemeinschaftlich zu. Der Besitz der zu dem Papiere gehörenden Zins-, Renten- oder Gewinnanteilscheine steht dem Nießbraucher zu.

(2) Zur Bestellung des Nießbrauchs genügt anstelle der Übergabe des Papiers die Einräumung des Mitbesitzers.

§ 1082. Das Papier ist nebst dem Erneuerungsschein auf Verlangen des Nießbrauchers oder des Eigentümers bei einer Hinterlegungsstelle mit der Bestimmung zu hinterlegen, daß die Herausgabe nur von dem Nießbraucher und dem Eigentümer gemeinschaftlich verlangt werden kann. Der Nießbraucher kann auch Hinterlegung bei der *Reichsbank,* bei der *Deutschen Zentralgenossenschaftskasse* oder bei der Deutschen Girozentrale (Deutschen Kommunalbank) verlangen.

Achter Abschnitt. Hypothek. Grundschuld. Rentenschuld

Erster Titel. Hypothek

§ 1171. (1) Der unbekannte Gläubiger kann im Wege des Aufgebotsverfahrens mit seinem Rechte auch dann ausgeschlossen werden, wenn der Eigentümer zur Befriedigung des Gläubigers oder zur Kündigung berechtigt ist und den

Betrag der Forderung für den Gläubiger unter Verzicht auf das Recht zur Rücknahme hinterlegt. Die Hinterlegung von Zinsen ist nur erforderlich, wenn der Zinssatz im Grundbuch eingetragen ist; Zinsen für eine frühere Zeit als das vierte Kalenderjahr vor der Erlassung des Ausschlußurteils sind nicht zu hinterlegen.

(2) Mit der Erlassung des Ausschlußurteils gilt der Gläubiger als befriedigt, sofern nicht nach den Vorschriften über die Hinterlegung die Befriedigung schon vorher eingetreten ist. Der dem Gläubiger erteilte Hypothekenbrief wird kraftlos.

(3) Das Recht des Gläubigers auf den hinterlegten Betrag erlischt mit dem Ablaufe von dreißig Jahren nach der Erlassung des Ausschlußurteils, wenn nicht der Gläubiger sich vorher bei der Hinterlegungsstelle meldet; der Hinterleger ist zur Rücknahme berechtigt, auch wenn er auf das Recht zur Rücknahme verzichtet hat.

Neunter Abschnitt. Pfandrecht an beweglichen Sachen und an Rechten

Erster Titel. Pfandrecht an beweglichen Sachen

§ 1221. [Freihändiger Verkauf] Hat das Pfand einen Börsen- oder Marktpreis, so kann der Pfandgläubiger den Verkauf aus freier Hand durch einen zu solchen Verkäufen öffentlich ermächtigten Handelsmäkler oder durch eine zur öffentlichen Versteigerung befugte Person zum laufenden Preise bewirken.

§ 1228. (1) Die Befriedigung des Pfandgläubigers aus dem Pfande erfolgt durch Verkauf.

(2) Der Pfandgläubiger ist zum Verkaufe berechtigt, sobald die Forderung ganz oder zum Teil fällig ist. Besteht der geschuldete Gegenstand nicht in Geld, so ist der Verkauf erst zulässig, wenn die Forderung in eine Geldforderung übergegangen ist.

§ 1231. Ist der Pfandgläubiger nicht im Alleinbesitze des Pfandes, so kann er nach dem Eintritte der Verkaufsberechtigung die Herausgabe des Pfandes zum Zwecke des Verkaufs fordern. Auf Verlangen des Verpfänders hat an Stelle der Herausgabe die Ablieferung an einen gemeinschaftlichen Verwahrer zu erfolgen; der Verwahrer hat sich bei der Ablieferung zu verpflichten, das Pfand zum Verkaufe bereitzustellen.

§ 1233. (1) Der Verkauf des Pfandes ist nach den Vorschriften der §§ 1234 bis 1240 zu bewirken.

(2) Hat der Pfandgläubiger für sein Recht zum Verkauf einen vollstreckbaren Titel gegen den Eigentümer erlangt, so kann er den Verkauf auch nach den für den Verkauf einer gepfändeten Sache geltenden Vorschriften bewirken lassen.

§ 1235. (1) Der Verkauf des Pfandes ist im Wege öffentlicher Versteigerung zu bewirken.

BGB

(2) Hat das Pfand einen Börsen- oder Marktpreis, so findet die Vorschrift des § 1221 Anwendung.

§ 1257. Die Vorschriften über das durch Rechtsgeschäft bestellte Pfandrecht finden auf ein kraft Gesetzes entstandenes Pfandrecht entsprechende Anwendung.

Zweiter Titel. Pfandrecht an Rechten

§ 1273. (1) Gegenstand des Pfandrechts kann auch ein Recht sein.

(2) Auf das Pfandrecht an Rechten finden die Vorschriften über das Pfandrecht an beweglichen Sachen entsprechende Anwendung, soweit sich nicht aus den §§ 1274 bis 1296 ein anderes ergibt. Die Anwendung der Vorschriften des § 1208 und des § 1213 Abs. 2 ist ausgeschlossen.

§ 1279. Für das Pfandrecht an einer Forderung gelten die besonderen Vorschriften der §§ 1280 bis 1290.

§ 1281. Der Schuldner kann nur an den Pfandgläubiger und den Gläubiger gemeinschaftlich leisten. Jeder von beiden kann verlangen, daß an sie gemeinschaftlich geleistet wird; jeder kann statt der Leistung verlangen, daß die geschuldete Sache für beide hinterlegt oder, wenn sie sich nicht zur Hinterlegung eignet, an einen gerichtlich zu bestellenden Verwahrer abgeliefert wird.

§ 1282. (1) Sind die Voraussetzungen des § 1228 Abs. 2 eingetreten, so ist der Pfandgläubiger zur Einziehung der Forderung berechtigt und kann der Schuldner nur an ihn leisten. Die Einziehung einer Geldforderung steht dem Pfandgläubiger nur insoweit zu, als sie zu seiner Befriedigung erforderlich ist. Soweit er zur Einziehung berechtigt ist, kann er auch verlangen, daß ihm die Geldforderung an Zahlungsstatt abgetreten wird.

(2) Zu anderen Verfügungen über die Forderung ist der Pfandgläubiger nicht berechtigt; das Recht, die Befriedigung aus der Forderung nach § 1277 zu suchen, bleibt unberührt.

§ 1285. (1) Hat die Leistung an den Pfandgläubiger und den Gläubiger gemeinschaftlich zu erfolgen, so sind beide einander verpflichtet, zur Einziehung mitzuwirken, wenn die Forderung fällig ist.

(2) Soweit der Pfandgläubiger berechtigt ist, die Forderung ohne Mitwirkung des Gläubigers einzuziehen, hat er für die ordnungsmäßige Einziehung zu sorgen. Von der Einziehung hat er den Gläubiger unverzüglich zu benachrichtigen, sofern nicht die Benachrichtigung untunlich ist.

§ 1287. Leistet der Schuldner in Gemäßheit der §§ 1281, 1282, so erwirbt mit der Leistung der Gläubiger den geleisteten Gegenstand und der Pfandgläubiger ein Pfandrecht an dem Gegenstande. Besteht die Leistung in der Übertragung des Eigentums an einem Grundstück, so erwirbt der Pfandgläubiger eine Sicherungshypothek; besteht sie in der Übertragung des Eigentums an einem eingetragenen Schiff oder Schiffsbauwerk, so erwirbt der Pfandgläubiger eine Schiffshypothek.

§ 1288. (1) Wird eine Geldforderung in Gemäßheit des § 1281 eingezogen, so sind der Pfandgläubiger und der Gläubiger einander verpflichtet, dazu mitzuwirken, daß der eingezogene Betrag, soweit es ohne Beeinträchtigung des Interesses des Pfandgläubigers tunlich ist, nach den für die Anlegung von Mündelgeld geltenden Vorschriften verzinslich angelegt und gleichzeitig dem Pfandgläubiger das Pfandrecht bestellt wird. Die Art der Anlegung bestimmt der Gläubiger.

(2) Erfolgt die Einziehung in Gemäßheit des § 1282, so gilt die Forderung des Pfandgläubigers, soweit ihm der eingezogene Betrag zu seiner Befriedigung gebührt, als von dem Gläubiger berichtigt.

§ 1289. Das Pfandrecht an einer Forderung erstreckt sich auf die Zinsen der Forderung. . . .

§ 1293. Für das Pfandrecht an einem Inhaberpapiere gelten die Vorschriften über das Pfandrecht an beweglichen Sachen.

§ 1295. Hat ein verpfändetes Papier, das durch Indossament übertragen werden kann, einen Börsen- oder Marktpreis, so ist der Gläubiger nach dem Eintritte der Voraussetzungen des § 1228 Abs. 2 berechtigt, das Papier nach § 1221 verkaufen zu lassen.

§ 1296. Das Pfandrecht an einem Wertpapier erstreckt sich auf die zu dem Papiere gehörenden Zins-, Renten- oder Gewinnanteilscheine nur dann, wenn sie dem Pfandgläubiger übergeben sind. Der Verpfänder kann, sofern nicht ein anderes bestimmt ist, die Herausgabe der Scheine verlangen, soweit sie vor dem Eintritte der Voraussetzungen des § 1228 Abs. 2 fällig werden.

Viertes Buch. Familienrecht

Zweiter Abschnitt. Verwandtschaft

Fünfter Titel. Elterliche Sorge für eheliche Kinder

§ 1667. [Gefährdung des Kindesvermögens] (1) Wird das Vermögen des Kindes dadurch gefährdet, daß der Vater oder die Mutter die mit der Vermögenssorge verbundenen Pflichten verletzt oder zu verletzen droht oder in Vermögensverfall gerät, so hat das Vormundschaftsgericht die zur Abwendung der Gefahr erforderlichen Maßnahmen zu treffen.

(2) [1]Das Vormundschaftsgericht kann anordnen, daß die Eltern ein Verzeichnis des Vermögens des Kindes einreichen und über die Verwaltung Rechnung legen. [2]Die Eltern haben das Verzeichnis mit der Versicherung der Richtigkeit und Vollständigkeit zu versehen. [3]Ist das eingereichte Verzeichnis ungenügend,

so kann das Vormundschaftsgericht anordnen, daß das Verzeichnis durch eine zuständige Behörde oder durch einen zuständigen Beamten oder Notar aufgenommen wird.

(3) [1] Das Vormundschaftsgericht kann anordnen, daß das Geld des Kindes in bestimmter Weise anzulegen und daß zur Abhebung seine Genehmigung erforderlich ist. [2] Gehören Wertpapiere, Kostbarkeiten oder Buchforderungen gegen den Bund oder ein Land zum Vermögen des Kindes, so kann das Vormundschaftsgericht dem Elternteil, der das Kind vertritt, die gleichen Verpflichtungen auferlegen, die nach §§ 1814 bis 1816, 1818 einem Vormund obliegen; die §§ 1819, 1820 sind entsprechend anzuwenden.

(4) [1] Das Vormundschaftsgericht kann dem Elternteil, der das Vermögen des Kindes gefährdet, Sicherheitsleistung für das seiner Verwaltung unterliegende Vermögen auferlegen. [2] Die Art und den Umfang der Sicherheitsleistung bestimmt das Vormundschaftsgericht nach seinem Ermessen. [3] Bei der Bestellung und Aufhebung der Sicherheit wird die Mitwirkung des Kindes durch die Anordnung des Vormundschaftsgerichts ersetzt. [4] Die Sicherheitsleistung darf nur durch Maßnahmen nach Absatz 5 erzwungen werden.

(5) Das Vormundschaftsgericht kann dem Elternteil, der das Vermögen des Kindes gefährdet, die Vermögenssorge ganz oder teilweise entziehen, wenn dies erforderlich ist, um eine Gefährdung des Kindesvermögens durch diesen Elternteil abzuwenden.

(6) Die Kosten der angeordneten Maßnahmen trägt der Elternteil, der sie veranlaßt hat.

Dritter Abschnitt. Vormundschaft

Erster Titel. Vormundschaft über Minderjährige

§ 1807. **[Regelmäßige Anlegung]** (1) Die im § 1806 vorgeschriebene Anlegung von Mündelgeld soll nur erfolgen:

1. in Forderungen, für die eine sichere Hypothek an einem inländischen Grundstücke besteht, oder in sicheren Grundschulden oder Rentenschulden an inländischen Grundstücken;

2. in verbrieften Forderungen gegen das *Reich* oder einen *Bundesstaat* sowie in Forderungen, die in das *Reichsschuldbuch* oder in das Staatsschuldbuch eines *Bundesstaats* eingetragen sind;

3. in verbrieften Forderungen, deren Verzinsung von dem *Reiche* oder einem *Bundesstaate* gewährleistet ist;

4. in Wertpapieren, insbesondere Pfandbriefen, sowie in verbrieften Forderungen jeder Art gegen eine inländische kommunale Körperschaft oder die Kreditanstalt einer solchen Körperschaft, sofern die Wertpapiere oder die Forderungen von der Bundesregierung mit Zustimmung des Bundesrats zur Anlegung von Mündelgeld für geeignet erklärt sind;

5. bei einer inländischen öffentlichen Sparkasse, wenn sie von der zuständigen Behörde des *Bundesstaats*, in welchem sie ihren Sitz hat, zur Anlegung von

Anhang Nr. 8: BGB **BGB**

Mündelgeld für geeignet erklärt ist, oder bei einem anderen Kreditinstitut, das einer für die Anlage ausreichenden Sicherungseinrichtung angehört.

(2) Die Landesgesetze können für die innerhalb ihres Geltungsbereichs belegenen Grundstücke die Grundsätze bestimmen, nach denen die Sicherheit einer Hypothek, einer Grundschuld oder einer Rentenschuld festzustellen ist.

§ 1814. [**Hinterlegung von Inhaberpapieren**] [1]Der Vormund hat die zu dem Vermögen des Mündels gehörenden Inhaberpapiere nebst den Erneuerungsscheinen bei einer Hinterlegungsstelle oder bei einem der in § 1807 Abs. 1 Nr. 5 genannten Kreditinstitute mit der Bestimmung zu hinterlegen, daß die Herausgabe der Papiere nur mit Genehmigung des Vormundschaftsgerichts verlangt werden kann. [2]Die Hinterlegung von Inhaberpapieren, die nach § 92 zu den verbrauchbaren Sachen gehören, sowie von Zins-, Renten- oder Gewinnanteilscheinen ist nicht erforderlich. [3]Den Inhaberpapieren stehen Orderpapiere gleich, die mit Blankoindossament versehen sind.

§ 1818. Das Vormundschaftsgericht kann aus besonderen Gründen anordnen, daß der Vormund auch solche zu dem Vermögen des Mündels gehörende Wertpapiere, zu deren Hinterlegung er nach § 1814 nicht verpflichtet ist, sowie Kostbarkeiten des Mündels in der im § 1814 bezeichneten Weise zu hinterlegen hat; auf Antrag des Vormundes kann die Hinterlegung von Zins-, Renten- und Gewinnanteilscheinen angeordnet werden, auch wenn ein besonderer Grund nicht vorliegt.

Zweiter Titel. Betreuung

§ 1908 i. [**Entsprechend anwendbare Vorschriften**] (1) [1]Im übrigen sind auf die Betreuung § 1632 Abs. 1 bis 3, §§ 1784, 1787 Abs. 1, § 1791 a Abs. 3 Satz 1 zweiter Halbsatz und Satz 2, §§ 1792, 1795 bis 1797 Abs. 1 Satz 2, §§ 1798, 1799, 1802 Abs. 1 Satz 1, Abs. 2 und 3, §§ 1803, 1805 bis 1821, 1822 Nr. 1 bis 4, 6 bis 13, §§ 1823 bis 1825, 1828 bis 1831, 1833 bis 1836 a, 1837 Abs. 1 bis 3, §§ 1839 bis 1841, 1843, 1845, 1846, 1857 a, 1888, 1890, 1892 bis 1894 sinngemäß anzuwenden. [2]Durch Landesrecht kann bestimmt werden, daß Vorschriften, welche die Aufsicht des Vormundschaftsgerichts in vermögensrechtlicher Hinsicht sowie beim Abschluß von Lehr- und Arbeitsverträgen betreffen, gegenüber der zuständigen Behörde außer Anwendung bleiben.

(2) [1]§ 1804 ist sinngemäß anzuwenden, jedoch kann der Betreuer in Vertretung des Betreuten Gelegenheitsgeschenke auch dann machen, wenn dies dem Wunsch des Betreuten entspricht und nach seinen Lebensverhältnissen üblich ist. [2]§ 1857 a ist auf die Betreuung durch den Vater, die Mutter, den Ehegatten oder einen Abkömmling des Betreuten sowie auf den Vereinsbetreuer und den Behördenbetreuer sinngemäß anzuwenden, soweit das Vormundschaftsgericht nichts anderes anordnet.

Dritter Titel. Pflegschaft

§ 1915. (1) Auf die Pflegschaft finden die für die Vormundschaft geltenden Vorschriften entsprechende Anwendung, soweit sich nicht aus dem Gesetz ein anderes ergibt.

(2) Die Bestellung eines Gegenvormundes ist nicht erforderlich.

Fünftes Buch. Erbrecht

Dritter Abschnitt. Testament

Dritter Titel. Einsetzung eines Nacherben

§ 2116. (1) Der Vorerbe hat auf Verlangen des Nacherben die zur Erbschaft gehörenden Inhaberpapiere nebst den Erneuerungsscheinen bei einer Hinterlegungsstelle oder bei der *Reichsbank,* bei der *Deutschen Zentralgenossenschaftskasse* oder bei der Deutschen Girozentrale (Deutschen Kommunalbank) mit der Bestimmung zu hinterlegen, daß die Herausgabe nur mit Zustimmung des Nacherben verlangt werden kann. Die Hinterlegung von Inhaberpapieren, die nach § 92 zu den verbrauchbaren Sachen gehören, sowie von Zins-, Renten- oder Gewinnanteilscheinen kann nicht verlangt werden. Den Inhaberpapieren stehen Orderpapiere gleich, die mit Blankoindossament versehen sind.

(2) Über die hinterlegten Papiere kann der Vorerbe nur mit Zustimmung des Nacherben verfügen.

Anhang Nr. 9: ZPO

Anhang Nr. 9

Zivilprozeßordnung

In der Fassung der Bekanntmachung vom 12. September 1950
(BGBl. S. 533, BGBl. III 310–4),
zuletzt geändert durch das Vierte Gesetz zur Änderung der Pfändungsfreigrenzen vom 28. 2. 1978 (BGBl. I S. 333)

– Auszug –

Erstes Buch. Allgemeine Vorschriften

Zweiter Abschnitt. Parteien

Dritter Titel. Beteiligung Dritter am Rechtsstreit

§ 75. Wird von dem verklagten Schuldner einem Dritten, der die geltend gemachte Forderung für sich in Anspruch nimmt, der Streit verkündet und tritt der Dritte in den Streit ein, so ist der Beklagte, wenn er den Betrag der Forderung zugunsten der streitenden Gläubiger unter Verzicht auf das Recht zur Rücknahme hinterlegt, auf seinen Antrag aus dem Rechtsstreit unter Verurteilung in die durch seinen unbegründeten Widerspruch veranlaßten Kosten zu entlassen und der Rechtsstreit unter den Berechtigung an der Forderung zwischen den streitenden Gläubigern allein fortzusetzen. Dem Obsiegenden ist der hinterlegte Betrag zuzusprechen und der Unterliegende auch zur Erstattung der dem Beklagten entstandenen, nicht durch dessen unbegründeten Widerspruch veranlaßten Kosten, einschließlich der Kosten der Hinterlegung, zu verurteilen.

Vierter Titel. Prozeßbevollmächtigte und Beistände

§ 89. (1) Handelt jemand für eine Partei als Geschäftsführer ohne Auftrag oder als Bevollmächtigter ohne Beibringung einer Vollmacht, so kann er gegen oder ohne Sicherheitsleistung für Kosten und Schäden zur Prozeßführung einstweilen zugelassen werden. Das Endurteil darf erst erlassen werden, nachdem die für die Beibringung der Genehmigung zu bestimmende Frist abgelaufen ist. Ist zu der Zeit, zu der das Endurteil erlassen wird, die Genehmigung nicht beigebracht, so ist der einstweilen zur Prozeßführung Zugelassene zum Ersatz der dem Gegner infolge der Zulassung erwachsenen Kosten zu verurteilen; auch hat er dem Gegner die infolge der Zulassung entstandenen Schäden zu ersetzen.

(2) Die Partei muß die Prozeßführung gegen sich gelten lassen, wenn sie auch nur mündlich Vollmacht erteilt oder wenn sie die Prozeßführung ausdrücklich oder stillschweigend genehmigt hat.

Sechster Titel. Sicherheitsleistung

§ 108. (1) In den Fällen der Bestellung einer prozessualen Sicherheit kann das Gericht nach freiem Ermessen bestimmen, in welcher Art und Höhe die Sicherheit zu leisten ist. Soweit das Gericht eine Bestimmung nicht getroffen hat und die Parteien ein anderes nicht vereinbart haben, ist die Sicherheitsleistung durch Hinterlegung von Geld oder solchen Wertpapieren zu bewirken, die nach § 234 Abs. 1, 3 des Bürgerlichen Gesetzbuchs zur Sicherheitsleistung geeignet sind.

(2) Die Vorschriften des § 234 Abs. 2 und des § 235 des Bürgerlichen Gesetzbuchs sind entsprechend anzuwenden.

§ 109. (1) Ist die Veranlassung für eine Sicherheitsleistung weggefallen, so hat auf Antrag das Gericht, das die Bestellung der Sicherheit angeordnet oder zugelassen hat, eine Frist zu bestimmen, binnen der ihm die Partei, zu deren Gunsten die Sicherheit geleistet ist, die Einwilligung in die Rückgabe der Sicherheit zu erklären oder die Erhebung der Klage wegen ihrer Ansprüche nachzuweisen hat.

(2) Nach Ablauf der Frist hat das Gericht auf Antrag die Rückgabe der Sicherheit anzuordnen, wenn nicht inzwischen die Erhebung der Klage nachgewiesen ist; ist die Sicherheit durch eine Bürgschaft bewirkt worden, so ordnet das Gericht das Erlöschen der Bürgschaft an. Die Anordnung wird erst mit der Rechtskraft wirksam.

(3) Die Anträge und die Einwilligung in die Rückgabe der Sicherheit können vor der Geschäftsstelle zu Protokoll erklärt werden. Die Entscheidungen können ohne mündliche Verhandlung ergehen.

(4) Gegen den Beschluß, durch den der im Absatz 1 vorgesehene Antrag abgelehnt wird, steht dem Antragsteller, gegen die im Absatz 2 bezeichnete Entscheidung beiden Teilen die sofortige Beschwerde zu.

§ 110. (1) Angehörige fremder Staaten, die als Kläger auftreten, haben dem Beklagten auf sein Verlangen wegen der Prozeßkosten Sicherheit zu leisten. Das gleiche gilt für Staatenlose, die ihren Wohnsitz nicht im Inland haben.

(2) Diese Verpflichtung tritt nicht ein:
1. wenn nach den Gesetzen des Staates, dem der Kläger angehört, ein Deutscher in gleichem Falle zur Sicherheitsleistung nicht verpflichtet ist;
2. im Urkunden- oder Wechselprozeß;
3. bei Widerklagen;
4. bei Klagen, die infolge einer öffentlichen Aufforderung angestellt werden;
5. bei Klagen aus Rechten, die im Grundbuch eingetragen sind.

§ 111. Der Beklagte kann auch dann Sicherheit verlangen, wenn die Voraussetzungen für die Verpflichtung zur Sicherheitsleistung erst im Laufe des Rechtsstreits eintreten und nicht ein zur Deckung ausreichender Teil des erhobenen Anspruchs unbestritten ist.

§ 112. (1) Die Höhe der zu leistenden Sicherheit wird von dem Gericht nach freiem Ermessen festgesetzt.

(2) Bei der Festsetzung ist derjenige Betrag der Prozeßkosten zugrunde zu legen, den der Beklagte wahrscheinlich aufzuwenden haben wird. Die dem Beklagten durch eine Widerklage erwachsenden Kosten sind hierbei nicht zu berücksichtigen.

(3) Ergibt sich im Laufe des Rechtsstreits, das die geleistete Sicherheit nicht hinreicht, so kann der Beklagte die Leistung einer weiteren Sicherheit verlangen, sofern nicht ein zur Deckung ausreichender Teil des erhobenen Anspruchs unbestritten ist.

§ 113. Das Gericht hat dem Kläger bei Anordnung der Sicherheitsleistung eine Frist zu bestimmen, binnen der die Sicherheit zu leisten ist. Nach Ablauf der Frist ist auf Antrag des Beklagten, wenn die Sicherheit bis zur Entscheidung nicht geleistet ist, die Klage für zurückgenommen zu erklären oder, wenn über ein Rechtsmittel des Klägers zu verhandeln ist, dieses zu verwerfen.

Achtes Buch. Zwangsvollstreckung

Erster Abschnitt. Allgemeine Vorschriften

§ 707. (1) Wird die Wiedereinsetzung in den vorigen Stand oder eine Wiederaufnahme des Verfahrens beantragt oder wird der Rechtsstreit nach der Verkündung eines Vorbehaltsurteils fortgesetzt, so kann das Gericht auf Antrag anordnen, daß die Zwangsvollstreckung gegen oder ohne Sicherheitsleistung einstweilen eingestellt werde oder nur gegen Sicherheitsleistung stattfinde und daß die Vollstreckungsmaßregeln gegen Sicherheitsleistung aufzuheben seien. Die Einstellung der Zwangsvollstreckung ohne Sicherheitsleistung ist nur zulässig, wenn glaubhaft gemacht wird, daß der Schuldner zur Sicherheitsleistung nicht in der Lage ist und die Vollstreckung einen nicht zu ersetzenden Nachteil bringen würde.

(2) Die Entscheidung kann ohne mündliche Verhandlung ergehen. Eine Anfechtung des Beschlusses findet nicht statt.

§ 708. Für vorläufig vollstreckbar ohne Sicherheitsleistung sind zu erklären:
1.–9. . . .
10. Urteile der Oberlandesgerichte in vermögensrechtlichen Streitigkeiten;
11. . . .

§ 709. Andere Urteile sind gegen eine der Höhe nach zu bestimmende Sicherheit für vorläufig vollstreckbar zu erklären. Handelt es sich um ein Urteil, das ein Versäumnisurteil aufrechterhält, so ist auszusprechen, daß die Vollstreckung aus dem Versäumnisurteil nur gegen Leistung der Sicherheit fortgesetzt werden darf.

§ 710. Kann der Gläubiger die Sicherheit nach § 709 nicht oder nur unter erheblichen Schwierigkeiten leisten, so ist das Urteil auf Antrag auch ohne Sicherheitsleistung für vorläufig vollstreckbar zu erklären, wenn die Aussetzung der Vollstreckung dem Gläubiger einen schwer zu ersetzenden oder schwer abzusehenden Nachteil bringen würde oder aus einem sonstigen Grunde für den Gläubiger unbillig wäre, insbesondere weil er die Leistung für seine Lebenshaltung oder seine Erwerbstätigkeit dringend benötigt.

§ 711. In den Fällen des § 708 Nr. 4 bis 11 hat das Gericht auszusprechen, daß der Schuldner die Vollstreckung durch Sicherheitsleistung oder Hinterlegung abwenden darf, wenn nicht der Gläubiger vor der Vollstreckung Sicherheit leistet. Für den Gläubiger gilt § 710 entsprechend.

§ 712. (1) Würde die Vollstreckung dem Schuldner einen nicht zu ersetzenden Nachteil bringen, so hat ihm das Gericht auf Antrag zu gestatten, die Vollstreckung durch Sicherheitsleistung oder Hinterlegung ohne Rücksicht auf eine Sicherheitsleistung des Gläubigers abzuwenden. Ist der Schuldner dazu nicht in der Lage, so ist das Urteil nicht für vorläufig vollstreckbar zu erklären oder die Vollstreckung auf die in § 720a Abs. 1, 2 bezeichneten Maßregeln zu beschränken.

(2) Dem Antrag des Schuldners ist nicht zu entsprechen, wenn ein überwiegendes Interesse des Gläubigers entgegensteht. In den Fällen des § 708 kann das Gericht anordnen, daß das Urteil nur gegen Sicherheitsleistung vorläufig vollstreckbar ist.

§ 715. (1) Das Gericht, das eine Sicherheitsleistung des Gläubigers angeordnet oder zugelassen hat, ordnet auf Antrag die Rückgabe der Sicherheit an, wenn ein Zeugnis über die Rechtskraft des für vorläufig vollstreckbar erklärten Urteils vorgelegt wird. Ist die Sicherheit durch eine Bürgschaft bewirkt worden, so ordnet das Gericht das Erlöschen der Bürgschaft an.

(2) § 109 Abs. 3 gilt entsprechend.

§ 717. (1) Die vorläufige Vollstreckbarkeit tritt mit der Verkündung eines Urteils, das die Entscheidung in der Hauptsache oder die Vollstreckbarkeitserklärung aufhebt oder abändert, insoweit außer Kraft, als die Aufhebung oder Abänderung ergeht.

(2) Wird ein für vorläufig vollstreckbar erklärtes Urteil aufgehoben oder abgeändert, so ist der Kläger zum Ersatz des Schadens verpflichtet, der dem Beklagten durch die Vollstreckung des Urteils oder durch eine zur Abwendung der Vollstreckung gemachte Leistung entstanden ist. Der Beklagte kann den Anspruch auf Schadensersatz in dem anhängigen Rechtsstreit geltend machen; wird der Anspruch geltend gemacht, so ist er als zur Zeit der Zahlung oder Leistung rechtshängig geworden anzusehen.

(3) Die Vorschriften des Absatzes 2 sind auf die im § 708 Nr. 10 bezeichneten Urteile der Oberlandesgerichte, mit Ausnahme der Versäumnisurteile, nicht anzuwenden. Soweit ein solches Urteil aufgehoben oder abgeändert wird, ist der Kläger auf Antrag des Beklagten zur Erstattung des von diesem auf Grund des Urteils Gezahlten oder Geleisteten zu verurteilen. Die Erstattungspflicht des

Anhang Nr. 9: ZPO **ZPO**

Klägers bestimmt sich nach den Vorschriften über die Herausgabe einer ungerechtfertigten Bereicherung. Wird der Antrag gestellt, so ist der Anspruch auf Erstattung als zur Zeit der Zahlung oder Leistung rechtshängig geworden anzusehen; die mit der Rechtshängigkeit nach den Vorschriften des bürgerlichen Rechts verbundenen Wirkungen treten mit der Zahlung oder Leistung auch dann ein, wenn der Antrag nicht gestellt wird.

§ 719. (1) Wird gegen ein für vorläufig vollstreckbar erklärtes Urteil der Einspruch oder die Berufung eingelegt, so gelten die Vorschriften des § 707 entsprechend. Die Zwangsvollstreckung aus einem Versäumnisurteil darf nur gegen Sicherheitsleistung eingestellt werden, es sei denn, daß das Versäumnisurteil nicht in gesetzlicher Weise ergangen ist oder die säumige Partei glaubhaft macht, daß ihre Säumnis unverschuldet war.

(2) Wird Revision gegen ein für vorläufig vollstreckbar erklärtes Urteil eingelegt, so ordnet das Revisionsgericht auf Antrag an, daß die Zwangsvollstreckung einstweilen eingestellt wird, wenn die Vollstreckung dem Schuldner einen nicht zu ersetzenden Nachteil bringen würde und nicht ein überwiegendes Interesse des Gläubigers entgegensteht. Die Parteien haben die tatsächlichen Voraussetzungen glaubhaft zu machen.

(3) Die Entscheidung kann ohne mündliche Verhandlung ergehen.

§ 720. Darf der Schuldner nach § 711 Satz 1, § 712 Abs. 1 Satz 1 die Vollstreckung durch Sicherheitsleistung oder Hinterlegung abwenden, so ist gepfändetes Geld oder der Erlös gepfändeter Gegenstände zu hinterlegen.

§ 720 a. (1) Aus einem nur gegen Sicherheit vorläufig vollstreckbaren Urteil, durch das der Schuldner zur Leistung von Geld verurteilt worden ist, darf der Gläubiger ohne Sicherheitsleistung die Zwangsvollstreckung insoweit betreiben, als
a) bewegliches Vermögen gepfändet wird,
b) im Wege der Zwangsvollstreckung in das unbewegliche Vermögen eine Si cherungshypothek oder Schiffshypothek eingetragen wird.
Der Gläubiger kann sich aus dem belasteten Gegenstand nur nach Leistung der Sicherheit befriedigen.

(2) Für die Zwangsvollstreckung in das bewegliche Vermögen gilt § 930 Abs. 2, 3 entsprechend.

(3) Der Schuldner ist befugt, die Zwangsvollstreckung nach Absatz 1 durch Leistung einer Sicherheit in Höhe des Hauptanspruchs abzuwenden, wegen dessen der Gläubiger vollstrecken kann, wenn nicht der Gläubiger vorher die ihm obliegende Sicherheit geleistet hat.

§ 732. (1) Über Einwendungen des Schuldners, welche die Zulässigkeit der Vollstreckungsklausel betreffen, entscheidet das Gericht, von dessen Geschäftsstelle die Vollstreckungsklausel erteilt ist. Die Entscheidung kann ohne mündliche Verhandlung ergehen.

ZPO

(2) Das Gericht kann vor der Entscheidung eine einstweilige Anordnung erlassen; es kann insbesondere anordnen, daß die Zwangsvollstreckung gegen oder ohne Sicherheitsleistung einstweilen einzustellen oder nur gegen Sicherheitsleistung fortzusetzen sei.

§ 766. (1) Über Anträge, Einwendungen und Erinnerungen, welche die Art und Weise der Zwangsvollstreckung oder das vom Gerichtsvollzieher bei ihr zu beobachtende Verfahren betreffen, entscheidet das Vollstreckungsgericht. Es ist befugt, die im § 732 Abs. 2 bezeichneten Anordnungen zu erlassen.

(2) ...

§ 767. (1) Einwendungen, die den durch das Urteil festgestellten Anspruch selbst betreffen, sind von dem Schuldner im Wege der Klage bei dem Prozeßgericht des ersten Rechtszuges geltend zu machen.

(2) (3) ...

§ 768. Die Vorschriften des § 767 Abs. 1, 3 gelten entsprechend, wenn in den Fällen des § 726 Abs. 1, der §§ 727 bis 729, 738, 742, 744, des § 745 Abs. 2 und des § 749 der Schuldner den bei der Erteilung der Vollstreckungsklausel als bewiesen angenommenen Eintritt der Voraussetzung für die Erteilung der Vollstreckungsklausel bestreitet, unbeschadet der Befugnis des Schuldners, in diesen Fällen Einwendungen gegen die Zulässigkeit der Vollstreckungsklausel nach § 732 zu erheben.

§ 769. (1) Das Prozeßgericht kann auf Antrag anordnen, daß bis zum Erlaß des Urteils über die in den §§ 767, 768 bezeichneten Einwendungen die Zwangsvollstreckung gegen oder ohne Sicherheitsleistung eingestellt oder nur gegen Sicherheitsleistung fortgesetzt werde und daß Vollstreckungsmaßregeln gegen Sicherheitsleistung aufzuheben seien. Die tatsächlichen Behauptungen, die den Antrag begründen, sind glaubhaft zu machen.

(2) In dringenden Fällen kann das Vollstreckungsgericht eine solche Anordnung erlassen, unter Bestimmung einer Frist, innerhalb der die Entscheidung des Prozeßgerichts beizubringen sei. Nach fruchtlosem Ablauf der Frist wird die Zwangsvollstreckung fortgesetzt.

(3) Die Entscheidung über diese Anträge kann ohne mündliche Verhandlung ergehen.

§ 770. Das Prozeßgericht kann in dem Urteil, durch das über die Einwendungen entschieden wird, die in dem vorstehenden Paragraphen bezeichneten Anordnungen erlassen oder die bereits erlassenen Anordnungen aufheben, abändern oder bestätigen. Für die Anfechtung einer solchen Entscheidung gelten die Vorschriften des § 718 entsprechend.

§ 771. (1) Behauptet ein Dritter, daß ihm an dem Gegenstand der Zwangsvollstreckung ein die Veräußerung hinderndes Recht zustehe, so ist der Widerspruch gegen die Zwangsvollstreckung im Wege der Klage bei dem Gericht geltend zu machen, in dessen Bezirk die Zwangsvollstreckung erfolgt.

(2) . . .

(3) Auf die Einstellung der Zwangsvollstreckung und die Aufhebung der bereits getroffenen Vollstreckungsmaßregeln sind die Vorschriften der §§ 769, 770 entsprechend anzuwenden. Die Aufhebung einer Vollstreckungsmaßregel ist auch ohne Sicherheitsleistung zulässig.

Zweiter Abschnitt. Zwangsvollstreckung wegen Geldforderungen

Erster Titel. Zwangsvollstreckung in das bewegliche Vermögen

I. Allgemeine Vorschriften

§ 804. (1) Durch die Pfändung erwirbt der Gläubiger ein Pfandrecht an dem gepfändeten Gegenstande.

(2) (3) . . .

§ 805. (1) Der Pfändung einer Sache kann ein Dritter, der sich nicht im Besitz der Sache befindet, auf Grund eines Pfand- oder Vorzugsrechts nicht widersprechen; er kann jedoch seinen Anspruch auf vorzugsweise Befriedigung aus dem Erlös im Wege der Klage geltend machen, ohne Rücksicht darauf, ob seine Forderung fällig ist oder nicht.

(2) (3) . . .

(4) Wird der Anspruch glaubhaft gemacht, so hat das Gericht die Hinterlegung des Erlöses anzuordnen. Die Vorschriften der §§ 769, 770 sind hierbei entsprechend anzuwenden.

II. Zwangsvollstreckung in körperliche Sachen

§ 815. (1) Gepfändetes Geld ist dem Gläubiger abzuliefern.

(2) Wird dem Gerichtsvollzieher glaubhaft gemacht, daß an gepfändetem Geld ein die Veräußerung hinderndes Recht eines Dritten bestehe, so ist das Geld zu hinterlegen. Die Zwangsvollstreckung ist fortzusetzen, wenn nicht binnen einer Frist von zwei Wochen seit dem Tage der Pfändung eine Entscheidung des nach § 771 Abs. 1 zuständigen Gerichts über die Einstellung der Zwangsvollstreckung beigebracht wird.

(3) Die Wegnahme des Geldes durch den Gerichtsvollzieher gilt als Zahlung von seiten des Schuldners, sofern nicht nach Absatz 2 oder nach § 720 die Hinterlegung zu erfolgen hat.

§ 827. (1) . . .

(2) Ist der Erlös zur Deckung der Forderungen nicht ausreichend und verlangt der Gläubiger, für den die zweite oder eine spätere Pfändung erfolgt ist, ohne Zustimmung der übrigen beteiligten Gläubiger eine andere Verteilung als

nach der Reihenfolge der Pfändungen, so hat der Gerichtsvollzieher die Sachlage unter Hinterlegung des Erlöses dem Vollstreckungsgericht anzuzeigen. Dieser Anzeige sind die auf das Verfahren sich beziehenden Schriftstücke beizufügen.

(3) In gleicher Weise ist zu verfahren, wenn die Pfändung für mehrere Gläubiger gleichzeitig bewirkt ist.

III. Zwangsvollstreckung in Forderungen und andere Vermögensrechte

§ 829. (1) Soll eine Geldforderung gepfändet werden, so hat das Gericht dem Drittschuldner zu verbieten, an den Schuldner zu zahlen. Zugleich hat das Gericht an den Schuldner das Gebot zu erlassen, sich jeder Verfügung über die Forderung, insbesondere ihrer Einziehung, zu enthalten.

(2) Der Gläubiger hat den Beschluß dem Drittschuldner zustellen zu lassen. Der Gerichtsvollzieher hat den Beschluß mit einer Abschrift der Zustellungsurkunde dem Schuldner sofort zuzustellen, sofern nicht eine öffentliche Zustellung erforderlich wird. Ist die Zustellung an den Drittschuldner auf unmittelbares Ersuchen der Geschäftsstelle durch die Post erfolgt, so hat die Geschäftsstelle für die Zustellung an den Schuldner in gleicher Weise Sorge zu tragen. An Stelle einer an den Schuldner im Ausland zu bewirkenden Zustellung erfolgt die Zustellung durch Aufgabe zur Post.

(3) Mit der Zustellung des Beschlusses an den Drittschuldner ist die Pfändung als bewirkt anzusehen.

§ 835. (1) Die gepfändete Geldforderung ist dem Gläubiger nach seiner Wahl zur Einziehung oder an Zahlungs Statt zum Nennwert zu überweisen.

(2) Im letzteren Falle geht die Forderung auf den Gläubiger mit der Wirkung über, daß er, soweit die Forderung besteht, wegen seiner Forderung an den Schuldner als befriedigt anzusehen ist.

(3) Die Vorschriften des § 829 Abs. 2, 3 sind auf die Überweisung entsprechend anzuwenden. Wird ein bei einem Geldinstitut gepfändetes Guthaben eines Schuldners, der eine natürliche Person ist, dem Gläubiger überwiesen, so darf erst zwei Wochen nach der Zustellung des Überweisungsbeschlusses an den Drittschuldner aus dem Guthaben an den Gläubiger geleistet oder der Betrag hinterlegt werden.

§ 836. (1) Die Überweisung ersetzt die förmlichen Erklärungen des Schuldners, von denen nach den Vorschriften des bürgerlichen Rechts die Berechtigung zur Einziehung der Forderung abhängig ist.

(2) Der Überweisungsbeschluß gilt, auch wenn er mit Unrecht erlassen ist, zugunsten des Drittschuldners dem Schuldner gegenüber so lange als rechtsbeständig, bis er aufgehoben wird und die Aufhebung zur Kenntnis des Drittschuldners gelangt.

(3) Der Schuldner ist verpflichtet, dem Gläubiger die zur Geltendmachung der Forderung nötige Auskunft zu erteilen und ihm die über die Forderung vorhandenen Urkunden herauszugeben. Die Herausgabe kann von dem Gläubiger im Wege der Zwangsvollstreckung erwirkt werden.

Anhang Nr. 9: ZPO   **ZPO**

§ 840. (1) Auf Verlangen des Gläubigers hat der Drittschuldner binnen zwei Wochen, von der Zustellung des Pfändungsbeschlusses an gerechnet, dem Gläubiger zu erklären:
1. ob und inwieweit er die Forderung als begründet anerkenne und Zahlung zu leisten bereit ist;
2. ob und welche Ansprüche andere Personen an die Forderung machen;
3. ob und wegen welcher Ansprüche die Forderung bereits für andere Gläubiger gepfändet sei.

(2) Die Aufforderung zur Abgabe dieser Erklärungen muß in die Zustellungsurkunde aufgenommen werden. Der Drittschuldner haftet dem Gläubiger für den aus der Nichterfüllung seiner Verpflichtung entstehenden Schaden.

(3) Die Erklärungen des Drittschuldners können bei Zustellung des Pfändungsbeschlusses oder innerhalb der im ersten Absatz bestimmten Frist an den Gerichtsvollzieher erfolgen. Im ersteren Fall sind sie in die Zustellungsurkunde aufzunehmen und von dem Drittschuldner zu unterschreiben.

§ 845. (1) Schon vor der Pfändung kann der Gläubiger auf Grund eines vollstreckbaren Schuldtitels durch den Gerichtsvollzieher dem Drittschuldner und dem Schuldner die Benachrichtigung, daß die Pfändung bevorstehe, zustellen lassen mit der Aufforderung an den Drittschuldner, nicht an den Schuldner zu zahlen, und mit der Aufforderung an den Schuldner, sich jeder Verfügung über die Forderung, insbesondere ihrer Einziehung, zu enthalten. Der Gerichtsvollzieher hat die Benachrichtigung mit den Aufforderungen selbst anzufertigen, wenn er von dem Gläubiger hierzu ausdrücklich beauftragt worden ist. Der vorherigen Erteilung einer vollstreckbaren Ausfertigung und der Zustellung des Schuldtitels bedarf es nicht.

(2) Die Benachrichtigung an den Drittschuldner hat die Wirkung eines Arrestes (§ 930), sofern die Pfändung der Forderung innerhalb eines Monats bewirkt wird. Die Frist beginnt mit dem Tage, an dem die Benachrichtigung zugestellt ist.

§ 846. Die Zwangsvollstreckung in Ansprüche, welche die Herausgabe oder Leistung körperlicher Sachen zum Gegenstand haben, erfolgt nach den §§ 829 bis 845 unter Berücksichtigung der nachstehenden Vorschriften.

§ 847. (1) Bei der Pfändung eines Anspruchs, der eine bewegliche körperliche Sache betrifft, ist anzuordnen, daß die Sache an einen vom Gläubiger zu beauftragenden Gerichtsvollzieher herauszugeben ist.

(2) Auf die Verwertung der Sache sind die Vorschriften über die Verwertung gepfändeter Sachen anzuwenden.

§ 853. Ist eine Geldforderung für mehrere Gläubiger gepfändet, so ist der Drittschuldner berechtigt und auf Verlangen eines Gläubigers, dem die Forderung überwiesen wurde, verpflichtet, unter Anzeige der Sachlage und unter Aushändigung der ihm zugestellten Beschlüsse an das Amtsgericht, dessen Beschluß ihm zuerst zugestellt ist, den Schuldbetrag zu hinterlegen.

ZPO

§ 854. (1) Ist ein Anspruch, der eine bewegliche körperliche Sache betrifft, für mehrere Gläubiger gepfändet, so ist der Drittschuldner berechtigt und auf Verlangen eines Gläubigers, dem der Anspruch überwiesen wurde, verpflichtet, die Sache unter Anzeige der Sachlage und unter Aushändigung der ihm zugestellten Beschlüsse dem Gerichtsvollzieher herauszugeben, der nach dem ihm zuerst zugestellten Beschluß zur Empfangnahme der Sache ermächtigt ist. Hat der Gläubiger einen solchen Gerichtsvollzieher nicht bezeichnet, so wird dieser auf Antrag des Drittschuldners von dem Amtsgericht des Ortes ernannt, wo die Sache herauszugeben ist.

(2) Ist der Erlös zur Deckung der Forderungen nicht ausreichend und verlangt der Gläubiger, für den die zweite oder eine spätere Pfändung erfolgt ist, ohne Zustimmung der übrigen beteiligten Gläubiger eine andere Verteilung als nach der Reihenfolge der Pfändungen, so hat der Gerichtsvollzieher die Sachlage unter Hinterlegung des Erlöses dem Amtsgericht anzuzeigen, dessen Beschluß dem Drittschuldner zuerst zugestellt ist. Dieser Anzeige sind die Schriftstücke beizufügen, die sich auf das Verfahren beziehen.

(3) In gleicher Weise ist zu verfahren, wenn die Pfändung für mehrere Gläubiger gleichzeitig bewirkt ist.

Dritter Titel. Verteilungsverfahren

§ 872. Das Verteilungsverfahren tritt ein, wenn bei der Zwangsvollstreckung in das bewegliche Vermögen ein Geldbetrag hinterlegt ist, der zur Befriedigung der beteiligten Gläubiger nicht hinreicht.

§ 875. (1) Das Gericht hat zur Erklärung über den Teilungsplan sowie zur Ausführung der Verteilung einen Termin zu bestimmen. . . .

(2) . . .

§ 876. Wird in dem Termin ein Widerspruch gegen den Plan nicht erhoben, so ist dieser zur Ausführung zu bringen. Erfolgt ein Widerspruch, so hat sich jeder dabei beteiligte Gläubiger sofort zu erklären. Wird der Widerspruch von den Beteiligten als begründet anerkannt oder kommt anderweit eine Einigung zustande, so ist der Plan demgemäß zu berichtigen. Wenn ein Widerspruch sich nicht erledigt, so wird der Plan insoweit ausgeführt, als er durch den Widerspruch nicht betroffen wird.

§ 878. (1) Der widersprechende Gläubiger muß ohne vorherige Aufforderung binnen einer Frist von einem Monat, die mit dem Terminstag beginnt, dem Gericht nachweisen, daß er gegen die beteiligten Gläubiger Klage erhoben habe. Nach fruchtlosem Ablauf dieser Frist wird die Ausführung des Planes ohne Rücksicht auf den Widerspruch angeordnet.

(2) . . .

§ 880. In dem Urteil, durch das über einen erhobenen Widerspruch entschieden wird, ist zugleich zu bestimmen, an welche Gläubiger und in welchen Beträgen der streitige Teil der Masse auszuzahlen sei. Wird dies nicht für ange-

Anhang Nr. 9: ZPO **ZPO**

messen erachtet, so ist die Anfertigung eines neuen Planes und ein anderweites Verteilungsverfahren in dem Urteil anzuordnen.

§ 882. Auf Grund des erlassenen Urteils wird die Auszahlung oder das anderweite Verteilungsverfahren von dem Verteilungsgericht angeordnet.

Dritter Abschnitt. Zwangsvollstreckung zur Erwirkung der Herausgabe von Sachen und zur Erwirkung von Handlungen oder Unterlassungen

§ 894. (1) Ist der Schuldner zur Abgabe einer Willenserklärung verurteilt, so gilt die Erklärung als abgegeben, sobald das Urteil die Rechtskraft erlangt hat. Ist die Willenserklärung von einer Gegenleistung abhängig gemacht, so tritt diese Wirkung ein, sobald nach den Vorschriften der §§ 726, 730 eine vollstreckbare Ausfertigung des rechtskräftigen Urteils erteilt ist.

(2) . . .

Fünfter Abschnitt. Arrest und einstweilige Verfügung

§ 916. (1) Der Arrest findet zur Sicherung der Zwangsvollstreckung in das bewegliche oder unbewegliche Vermögen wegen einer Geldforderung oder wegen eines Anspruchs statt, der in eine Geldforderung übergehen kann.

(2) . . .

§ 920. (1) . . .

(2) Der Anspruch und der Arrestgrund sind glaubhaft zu machen.

(3) . . .

§ 921. (1) . . .

(2) Das Gericht kann, auch wenn der Anspruch oder der Arrestgrund nicht glaubhaft gemacht ist, den Arrest anordnen, sofern wegen der dem Gegner drohenden Nachteile Sicherheit geleistet wird. Es kann die Anordnung des Arrestes von einer Sicherheitsleistung abhängig machen, selbst wenn der Anspruch und der Arrestgrund glaubhaft gemacht sind.

§ 923. In dem Arrestbefehl ist ein Geldbetrag festzustellen, durch dessen Hinterlegung die Vollziehung des Arrestes gehemmt und der Schuldner zu dem Antrag auf Aufhebung des vollzogenen Arrestes berechtigt wird.

§ 925. (1) Wird Widerspruch erhoben, so ist über die Rechtmäßigkeit des Arrestes durch Endurteil zu entscheiden.

(2) Das Gericht kann den Arrest ganz oder teilweise bestätigen, abändern oder aufheben, auch die Bestätigung, Abänderung oder Aufhebung von einer Sicherheitsleistung abhängig machen.

§ 927. (1) Auch nach der Bestätigung des Arrestes kann wegen veränderter Umstände, insbesondere wegen Erledigung des Arrestgrundes oder auf Grund des Erbietens zur Sicherheitsleistung die Aufhebung des Arrestes beantragt werden.

(2) Die Entscheidung ist durch Endurteil zu erlassen; sie ergeht durch das Gericht, das den Arrest angeordnet hat, und wenn die Hauptsache anhängig ist, durch das Gericht der Hauptsache.

§ 936. Auf die Anordnung einstweiliger Verfügungen und das weitere Verfahren sind die Vorschriften über die Anordnung von Arresten und über das Arrestverfahren entsprechend anzuwenden, soweit nicht die nachfolgenden Paragraphen abweichende Vorschriften enthalten.

§ 939. Nur unter besonderen Umständen kann die Aufhebung einer einstweiligen Verfügung gegen Sicherheitsleistung gestattet werden.

§ 945. Erweist sich die Anordnung eines Arrestes oder einer einstweiligen Verfügung als von Anfang an ungerechtfertigt oder wird die angeordnete Maßregel auf Grund des § 926 Abs. 2 oder des § 942 Abs. 3 aufgehoben, so ist die Partei, welche die Anordnung erwirkt hat, verpflichtet, dem Gegner den Schaden zu ersetzen, der ihm aus der Vollziehung der angeordneten Maßregel oder dadurch entsteht, daß er Sicherheit leistet, um die Vollziehung abzuwenden oder die Aufhebung der Maßregel zu erwirken.

Anhang Nr. 10: ZVG

Anhang Nr. 10

Gesetz über die Zwangsversteigerung und die Zwangsverwaltung

Vom 24. März 1897

(RGBl. S. 97, BGBl. III 310–14),

zuletzt geändert durch das Gesetz zur Änderung sachenrechtlicher, grundbuchrechtlicher und anderer Vorschriften vom 22. 6. 1977 (BGBl. I S. 998)

– Auszug –

Erster Abschnitt. Zwangsversteigerung und Zwangsverwaltung von Grundstücken im Wege der Zwangsvollstreckung

Zweiter Titel. Zwangsversteigerung

IV. Geringstes Gebot. Versteigerungsbedingungen

§ 49. (1) Der Teil des geringsten Gebots, welcher zur Deckung der Kosten sowie der im § 10 Nr. 1 bis 3 und im § 12 Nr. 1, 2 bezeichneten Ansprüche bestimmt ist, desgleichen der das geringste Gebot übersteigende Betrag des Meistgebots ist von dem Ersteher im Verteilungstermine bar zu berichtigen (Bargebot).

(2) Das Bargebot ist von dem Zuschlag an zu verzinsen.

(3) Der Ersteher wird durch Hinterlegung von seiner Verbindlichkeit befreit, wenn die Hinterlegung und die Ausschließung der Rücknahme im Verteilungstermine nachgewiesen werden.

V. Versteigerung

§ 67. (1) Ein Beteiligter, dessen Recht durch Nichterfüllung des Gebots beeinträchtigt werden würde, kann Sicherheitsleistung verlangen, jedoch nur sofort nach Abgabe des Gebots. Das Verlangen gilt auch für weitere Gebote desselben Bieters.

(2) Steht dem Bieter eine durch das Gebot ganz oder teilweise gedeckte Hypothek, Grundschuld oder Rentenschuld zu, so braucht er Sicherheit nur auf Verlangen des Gläubigers zu leisten. Auf Gebote des Schuldners oder eines neu eingetretenen Eigentümers findet diese Vorschrift keine Anwendung.

(3) Für ein Gebot des Bundes, der Deutschen Bundesbank, der Deutschen Genossenschaftsbank, der Deutschen Girozentrale (Deutsche Kommunalbank) oder eines Landes kann Sicherheitsleistung nicht verlangt werden.

§ 69. (1) Die Sicherheitsleistung ist durch Hinterlegung von Geld oder inländischen Wertpapieren zu bewirken. Wertpapiere sind zur Sicherheitsleistung nur geeignet, wenn sie auf den Inhaber lauten und einen Kurswert haben; den Inhaberpapieren stehen Orderpapiere gleich, die mit Blankoindossament versehen sind. Mit Wertpapieren kann die Sicherheit in Höhe des ganzen Kurswerts geleistet werden.

(2) Bestätigte *Reichsbankschecks* sind zur Sicherheitsleistung in Höhe des Nennbetrages geeignet, wenn die Vorlegungsfrist nicht vor dem vierten Tage nach dem Versteigerungstermin abläuft.

(3) Die Übergabe an das Gericht hat die Wirkung der Hinterlegung.

(4) Als Sicherheitsleistung kann das Vollstreckungsgericht auch die Stellung eines Bürgen nach § 239 des Bürgerlichen Gesetzbuchs zulassen, jedoch nicht für Gebote des Schuldners oder eines neu eingetretenen Eigentümers.

VI. Entscheidung über den Zuschlag

§ 85. **[Versagung bei Antrag auf neuen Versteigerungstermin]** (1) [1]Der Zuschlag ist zu versagen, wenn vor dem Schlusse der Verhandlung ein Beteiligter, dessen Recht durch den Zuschlag beeinträchtigt werden würde und der nicht zu den Berechtigten des § 74a Abs. 1 gehört, die Bestimmung eines neuen Versteigerungstermins beantragt und sich zugleich zum Ersatze des durch die Versagung des Zuschlages entstehenden Schadens verpflichtet, auch auf Verlangen eines anderen Beteiligten Sicherheit leistet. [2]Die Vorschriften des § 67 Abs. 3 und des § 69 sind entsprechend anzuwenden. [3]Die Sicherheit ist in Höhe des im Verteilungstermin durch Zahlung zu berichtigenden Teils des bisherigen Meistgebots zu leisten.

(2) Die neue Terminsbestimmung ist auch dem Meistbietenden zuzustellen.

(3) Für die weitere Versteigerung gilt das bisherige Meistgebot mit Zinsen von dem durch Zahlung zu berichtigenden Teile des Meistgebots unter Hinzurechnung derjenigen Mehrkosten, welche aus dem Versteigerungserlöse zu entnehmen sind, als ein von dem Beteiligten abgegebenes Gebot.

(4) In dem fortgesetzten Verfahren findet die Vorschrift des Absatzes 1 keine Anwendung.

VIII. Verteilung des Erlöses

§ 117. (1) Soweit der Versteigerungserlös in Geld vorhanden ist, wird der Teilungsplan durch Zahlung an die Berechtigten ausgeführt.

(2) Die Auszahlung an einen im Termine nicht erschienenen Berechtigten ist von Amts wegen anzuordnen. Die Art der Auszahlung bestimmt sich nach den Landesgesetzen. Kann die Auszahlung nicht erfolgen, so ist der Betrag für den Berechtigten zu hinterlegen.

(3) Im Falle der Hinterlegung des Erlöses kann statt der Zahlung eine Anweisung auf den hinterlegten Betrag erteilt werden.

§ 119. Wird auf einen bedingten Anspruch ein Betrag zugeteilt, so ist durch den Teilungsplan festzustellen, wie der Betrag anderweit verteilt werden soll, wenn der Anspruch wegfällt.

Anhang Nr. 10: ZVG **ZVG**

§ 120. (1) Ist der Anspruch aufschiebend bedingt, so ist der Betrag für die Berechtigten zu hinterlegen. Soweit der Betrag nicht gezahlt ist, wird die Forderung gegen den Ersteher auf die Berechtigten übertragen. Die Hinterlegung sowie die Übertragung erfolgt für jeden unter der entsprechenden Bedingung.

(2) Während der Schwebezeit gelten für die Anlegung des hinterlegten Geldes, für die Kündigung und Einziehung der übertragenen Forderung sowie für die Anlegung des eingezogenen Geldes die Vorschriften der §§ 1077 bis 1079 des Bürgerlichen Gesetzbuchs; die Art der Anlegung bestimmt derjenige, welchem der Betrag gebührt, wenn die Bedingung ausfällt.

§ 121. (1) In den Fällen des § 92 Abs. 2 ist für den Ersatzanspruch in den Teilungsplan ein Betrag aufzunehmen, welcher der Summe aller künftigen Leistungen gleichkommt, den fünfundzwanzigfachen Betrag einer Jahresleistung jedoch nicht übersteigt; zugleich ist zu bestimmen, daß aus den Zinsen und dem Betrage selbst die einzelnen Leistungen zur Zeit der Fälligkeit zu entnehmen sind.

(2) Die Vorschriften der §§ 119, 120 finden entsprechende Anwendung; die Art der Anlegung des Geldes bestimmt der zunächst Berechtigte.

§ 124. (1) Im Falle eines Widerspruchs gegen den Teilungsplan ist durch den Plan festzustellen, wie der streitige Betrag verteilt werden soll, wenn der Widerspruch für begründet erklärt wird.

(2) Die Vorschriften des § 120 finden entsprechende Anwendung; die Art der Anlegung bestimmt derjenige, welcher den Anspruch geltend macht.

(3) Das gleiche gilt, soweit nach § 115 Abs. 4 die Ausführung des Planes unterbleibt.

§ 126. (1) Ist für einen zugeteilten Betrag die Person des Berechtigten unbekannt, insbesondere bei einer Hypothek, Grundschuld oder Rentenschuld der Brief nicht vorgelegt, so ist durch den Teilungsplan festzustellen, wie der Betrag verteilt werden soll, wenn der Berechtigte nicht ermittelt wird.

(2) Der Betrag ist für den unbekannten Berechtigten zu hinterlegen. Soweit der Betrag nicht gezahlt wird, ist die Forderung gegen den Ersteher auf den Berechtigten zu übertragen.

§ 142. In den Fällen des § 117 Abs. 2 und der §§ 120, 121, 124, 126 erlöschen die Rechte auf den hinterlegten Betrag mit dem Ablaufe von dreißig Jahren, wenn nicht der Empfangsberechtigte sich vorher bei der Hinterlegungsstelle meldet; derjenige, welcher zur Zeit des Zuschlags Eigentümer des Grundstücks war, ist zur Erhebung berechtigt. Die dreißigjährige Frist beginnt mit der Hinterlegung, in den Fällen der §§ 120, 121 mit dem Eintritt der Bedingung, unter welcher die Hinterlegung erfolgt ist.

StPO

Anhang Nr. 11

Strafprozeßordnung (StPO)
In der Fassung der Bekanntmachung vom 7. Januar 1975
(BGBl. I S. 129, ber. S. 650),
zuletzt geändert durch das Strafverfahrensänderungsgesetz 1979 vom 5.10. 1978 (BGBl. I S. 1645)

– Auszug –

Erstes Buch. Allgemeine Vorschriften

Neunter Abschnitt. Verhaftung und vorläufige Festnahme

§ 116. (1) Der Richter setzt den Vollzug eines Haftbefehls, der lediglich wegen Fluchtgefahr gerechtfertigt ist, aus, wenn weniger einschneidende Maßnahmen die Erwartung hinreichend begründen, daß der Zweck der Untersuchungshaft auch durch sie erreicht werden kann. In Betracht kommen namentlich

1.–3. ...

4. die Leistung einer angemessenen Sicherheit durch den Beschuldigten oder einen anderen.

(2)–(4) ...

§ 116 a. (1) Die Sicherheit ist durch Hinterlegung in barem Geld, in Wertpapieren, durch Pfandbestellung oder durch Bürgschaft geeigneter Personen zu leisten.

(2) Der Richter setzt Höhe und Art der Sicherheit nach freiem Ermessen fest.

(3) Der Beschuldigte, der die Aussetzung des Vollzugs des Haftbefehls gegen Sicherheitsleistung beantragt und nicht im Geltungsbereich dieses Gesetzes wohnt, ist verpflichtet, eine im Bezirk des zuständigen Gerichts wohnende Person zum Empfang von Zustellungen zu bevollmächtigen.

§ 123. (1) Eine Maßnahme, die der Aussetzung des Haftvollzugs dient (§ 116), ist aufzuheben, wenn

1. der Haftbefehl aufgehoben wird oder
2. die Untersuchungshaft oder die erkannte Freiheitsstrafe oder freiheitsentziehende Maßregel der Besserung und Sicherung vollzogen wird.

(2) Unter denselben Voraussetzungen wird eine noch nicht verfallene Sicherheit frei.

(3) Wer für den Beschuldigten Sicherheit geleistet hat, kann deren Freigabe dadurch erlangen, daß er entweder binnen einer vom Gericht zu bestimmenden Frist die Gestellung des Beschuldigten bewirkt oder die Tatsachen, die den Ver-

Anhang Nr. 11: StPO **StPO**

dacht einer vom Beschuldigten beabsichtigten Flucht begründen, so rechtzeitig mitteilt, daß der Beschuldigte verhaftet werden kann.

§ 124. (1) Eine noch nicht frei gewordene Sicherheit verfällt der Staatskasse, wenn der Beschuldigte sich der Untersuchung oder dem Antritt der erkannten Freiheitsstrafe oder freiheitsentziehenden Maßregel der Besserung und Sicherung entzieht.

(2) Vor der Entscheidung sind der Beschuldigte sowie derjenige, welcher für den Beschuldigten Sicherheit geleistet hat, zu einer Erklärung aufzufordern. Gegen die Entscheidung steht ihnen nur die sofortige Beschwerde zu. . . .

(3) Die den Verfall aussprechende Entscheidung hat gegen denjenigen, welcher für den Beschuldigten Sicherheit geleistet hat, die Wirkungen eines von dem Zivilrichter erlassenen, für vorläufig vollstreckbar erklärten Endurteils und nach Ablauf der Beschwerdefrist die Wirkungen eines rechtskräftigen Zivilendurteils.

9 a. Abschnitt. Sonstige Maßnahmen zur Sicherstellung der Strafverfolgung und Strafvollstreckung

§ 132. (1) Hat der Beschuldigte, der einer Straftat dringend verdächtig ist, im Geltungsbereich dieses Gesetzes keinen festen Wohnsitz oder Aufenthalt, liegen aber die Voraussetzungen eines Haftbefehls nicht vor, so kann, um die Durchführung des Strafverfahrens sicherzustellen, angeordnet werden, daß der Beschuldigte

1. eine angemessene Sicherheit für die zu erwartende Geldstrafe und die Kosten des Verfahrens leistet und

2. eine im Bezirk des zuständigen Gerichts wohnende Person zum Empfang von Zustellungen bevollmächtigt.

§ 116 a Abs. 1 gilt entsprechend.

(2) Die Anordnung dürfen nur der Richter, bei Gefahr im Verzuge auch die Staatsanwaltschaft und ihre Hilfsbeamten (§ 152 des Gerichtsverfassungsgesetzes) treffen.

(3) Befolgt der Beschuldigte die Anordnung nicht, so können Beförderungsmittel und andere Sachen, die der Beschuldigte mit sich führt und die ihm gehören, beschlagnahmt werden. Die §§ 94 und 98 gelten entsprechend.

Siebentes Buch. Strafvollstreckung und Kosten des Verfahrens

Erster Abschnitt. Strafvollstreckung

§ 456. (1) Auf Antrag des Verurteilten kann die Vollstreckung aufgeschoben werden, sofern durch die sofortige Vollstreckung dem Verurteilten oder seiner Familie erhebliche, außerhalb des Strafzwecks liegende Nachteile erwachsen.

(2) Der Strafaufschub darf den Zeitraum von vier Monaten nicht übersteigen.

(3) Die Bewilligung kann an eine Sicherheitsleistung oder andere Bedingungen geknüpft werden.

§ 456 c. (1) Das Gericht kann bei Erlaß des Urteils auf Antrag oder mit Einwilligung des Verurteilten das Wirksamwerden des Berufsverbots durch Beschluß aufschieben, wenn das sofortige Wirksamwerden des Verbots für den Verurteilten oder seine Angehörigen eine erhebliche, außerhalb seines Zweckes liegende, durch späteres Wirksamwerden vermeidbare Härte bedeuten würde. Hat der Verurteilte seinen gesetzlichen Vertreter, so ist dessen Einwilligung erforderlich. § 462 Abs. 3 gilt entsprechend.

(2) Die Vollstreckungsbehörde kann unter denselben Voraussetzungen das Berufsverbot aussetzen.

(3) Der Aufschub und die Aussetzung können an die Leistung einer Sicherheit oder an andere Bedingungen geknüpft werden. Aufschub und Aussetzung dürfen den Zeitraum von sechs Monaten nicht übersteigen.

(4) Die Zeit des Aufschubs und der Aussetzung wird auf die für das Berufsverbot festgesetzte Frist nicht angerechnet.

Anhang Nr. 12

300. Baugesetzbuch (BauGB)

in der Fassung der Bekanntmachung vom 8. Dezember 1986

– Auszug –

§ 97. (1) Rechte an dem zu enteignenden Grundstück sowie persönliche Rechte, die zum Besitz oder zur Nutzung des Grundstücks berechtigen oder den Verpflichteten in der Benutzung des Grundstücks beschränken, können aufrechterhalten werden, soweit dies mit dem Enteignungszweck vereinbar ist.

(2) Als Ersatz für ein Recht an einem Grundstück, das nicht aufrechterhalten wird, kann mit Zustimmung des Rechtsinhabers das Ersatzland oder ein anderes Grundstück des Enteignungsbegünstigten mit einem gleichen Recht belastet werden. Als Ersatz für ein persönliches Recht, das nicht aufrechterhalten wird, kann mit Zustimmung des Rechtsinhabers ein Rechtsverhältnis begründet werden, das ein Recht gleicher Art in bezug auf das Ersatzland oder auf ein anderes Grundstück des Enteignungsbegünstigten gewährt. Als Ersatz für dingliche oder persönliche Rechte eines öffentlichen Verkehrsunternehmens oder eines Trägers der öffentlichen Versorung mit Elektrizität, Gas, Wärme oder Wasser, der auf diese zur Erfüllung seiner wesensgemäßen Aufgaben angewiesen ist, sind auf seinen Antrag Rechte gleicher Art zu begründen; soweit dazu Grundstücke des Enteignungsbegünstigten nicht geeignet sind, können zu diesem Zweck auch andere Grundstücke in Anspruch genommen werden. Anträge nach Satz 3 müssen vor Beginn der mündlichen Verhandlung schriftlich oder zur Niederschrift der Enteignungsbehörde gestellt werden.

(3) Soweit Rechte nicht aufrechterhalten oder nicht durch neue Rechte ersetzt werden, sind bei der Enteignung eines Grundstücks gesondert zu entschädigen

1. Erbbauberechtigte, Altenteilsberechtigte sowie Inhaber von Dienstbarkeiten und Erwerbsrechten an dem Grundstück,

2. Inhaber von persönlichen Rechten, die zum Besitz oder zur Nutzung des Grundstücks berechtigen, wenn der Berechtigte im Besitz des Grundstücks ist,

3. Inhaber von persönlichen Rechten, die zum Erwerb des Grundstücks berechtigen oder den Verpflichteten in der Nutzung des Grundstücks beschränken.

(4) Berechtigte, deren Rechte nicht aufrechterhalten, nicht durch neue Rechte ersetzt und nicht gesondert entschädigt werden, haben bei der Enteignung eines Grundstücks Anspruch auf Ersatz des Werts ihres Rechts aus der Geldentschädigung für das Eigentum an dem Grundstück, soweit sich ihr Recht auf dieses erstreckt. Das gilt entsprechend für die Geldentschädigungen, die für den durch die Enteignung eintretenden Rechtsverlust in anderen Fällen oder nach § 96 Abs. 1 Satz 2 Nr. 2 festgesetzt werden.

BauGB

§ 118. (1) Geldentschädigungen, aus denen andere Berechtigte nach § 97 Abs. 4 zu befriedigen sind, sind unter Verzicht auf das Recht der Rücknahme zu hinterlegen, soweit mehrere Personen auf sie Anspruch haben und eine Einigung über die Auszahlung nicht nachgewiesen ist. Die Hinterlegung erfolgt bei dem Amtsgericht, in dessen Bezirk das von der Enteignung betroffene Grundstück liegt; § 2 des Zwangsversteigerungsgesetzes[1] gilt entsprechend.

(2) Andere Vorschriften, nach denen die Hinterlegung geboten oder statthaft ist, werden hierdurch nicht berührt.

§ 119. (1) Nach Eintritt des neuen Rechtszustands kann jeder Beteiligte sein Recht an der hinterlegten Summe gegen einen Mitbeteiligten, der dieses Recht bestreitet, vor den ordentlichen Gerichten geltend machen oder die Einleitung eines gerichtlichen Verteilungsverfahrens beantragen.

(2) Für das Verteilungsverfahren ist das Amtsgericht zuständig, in dessen Bezirk das von der Enteignung betroffene Grundstück liegt; in Zweifelsfällen gilt § 2 des Zwangsversteigerungsgesetzes entsprechend.

(3) Auf das Verteilungsverfahren sind die Vorschriften über die Verteilung des Erlöses im Falle der Zwangsversteigerung mit folgenden Abweichungen entsprechend anzuwenden:

1. Das Verteilungsverfahren ist durch Beschluß zu eröffnen;
2. die Zustellung des Eröffnungsbeschlusses an den Antragsteller gilt als Beschlagnahme im Sinne des § 13 des Zwangsversteigerungsgesetzes; ist das Grundstück schon in einem Zwangsversteigerungs- oder Zwangsverwaltungsverfahren beschlagnahmt, so hat es hierbei sein Bewenden;
3. das Verteilungsgericht hat bei Eröffnung des Verfahrens von Amts wegen das Grundbuchamt um die in § 19 Abs. 2 des Zwangsversteigerungsgesetzes bezeichneten Mitteilungen zu ersuchen; in die beglaubigte Abschrift des Grundbuchblatts sind die zur Zeit der Zustellung des Enteignungsbeschlusses an den Enteigneten vorhandenen Eintragungen sowie die später eingetragenen Veränderungen und Löschungen aufzunehmen;
4. bei dem Verfahren sind die in § 97 Abs. 4 bezeichneten Entschädigungsberechtigten nach Maßgabe des § 10 des Zwangsversteigerungsgesetzes zu berücksichtigen, wegen der Ansprüche auf wiederkehrende Nebenleistungen jedoch nur für die Zeit bis zur Hinterlegung.

(4) Soweit aufgrund landesrechtlicher Vorschriften die Verteilung des Erlöses im Falle einer Zwangsversteigerung nicht von dem Vollstreckungsgericht, sondern von einer anderen Stelle wahrzunehmen ist, kann durch Landesrecht bestimmt werden, daß diese andere Stelle auch für das Verteilungsverfahren nach den Absätzen 1 bis 3 zuständig ist. Wird die Änderung einer Entscheidung dieser anderen Stelle verlangt, so ist die Entscheidung des Vollstreckungsgerichts nachzusuchen. Die Beschwerde findet gegen die Entscheidung des Vollstreckungsgerichts statt.

Anhang 13

Sonderregelungen für die neuen Bundesländer

Im Gebiet der ehemaligen DDR waren gem. § 1 Abs. 2 Nr. 5 des Gesetzes über das Staatliche Notariat vom 5.2.1976 (GBl. I S. 93) die Staatlichen Notariate für Hinterlegungen zuständig. **1**

Dieses Gesetz ist aufgrund Art. 8 des Einigungsvertrages vom 31.8.1990 (BGBl. II S. 889, 922, 937, 938) mit Wirkung vom 2.10.1990 außer Kraft getreten.

Seit 3.10.1990 findet deshalb die Hinterlegungsordnung auch in den neuen Bundesländern Anwendung.

In die Sammlungen der Landesrechte ist die Hinterlegungsordnung bisher nicht aufgenommen worden. Die neuen Bundesländer sehen deshalb die Hinter- legungsordnung – zumindest bisher – als Bundesrecht an (vgl. Vorbem. Rdnr. 14 ff.).

Gem. Anlage I, Kap. III, Sachgebiet A Abschnitt III b sind in den neuen Bundesländern an Stelle der Amtsgerichte die Kreisgerichte und an Stelle der Landgerichte die Bezirksgerichte zuständig. Entsprechendes gilt für die Aufgabenzuweisung an die Präsidenten der Gerichte, wobei der Direktor eines Kreisgerichts mit mehr als 20 Richterplanstellen einem Präsidenten des Amtsgerichts gleichsteht. **2**

Gemäß §§ 14, 15 des Rechtspflege-Anpassungsgesetzes vom 26.6.1992 (BGBl. I S. 1147) werden jedoch in den neuen Bundesländern die Amtsgerichte an die Stelle der Kreisgerichte und die Landgerichte an die Stelle der Bezirksgerichte treten, sobald die im Gerichtsverfassungsgesetz vorgesehenen Gerichte und Staatsanwaltschaften errichtet sind.[1] **3**

Die Aufgaben der Hinterlegungsstellen gem. § 1 Abs. 2 HO werden bis dahin von den Kreisgerichten wahrgenommen. Für die Entscheidungen im Aufsichtsweg nach § 3 Abs. 1 HO sind die Präsidenten der Kreis- bzw. Bezirksgerichte zuständig. **4**

Gem. Anl. I Kap. III Sachgebiet A Abschnitt III Nr. 3 a) des Einigungsvertrages können die Rechtspflegeraufgaben nach § 3 Nr. 4 b RpflG (Hinterlegungssachen) von **Richtern** und von im Staatlichen Notariat tätig gewesenen **Notaren** wahrgenommen werden, solange und soweit Rechtspfleger mit einer den Erfordernissen des § 2 RpflG entsprechenden Ausbildung nicht oder nicht in ausreichender Zahl zur Verfügung stehen. **5**

Außerdem können nach Anl. I Kap. III Sachgebiet a Abschnitt III Nr. 3 a) des Einigungsvertrages auch **Gerichtssekretäre** mit den Rechtspflegeraufgaben in Hinterlegungssachen betraut werden, wenn sie auf Grund von Fortbildungsmaßnahmen zur Erledigung dieser Aufgaben geeignet sind. **6**

---

[1] Vgl. Gerichtsstrukturgesetz für das Land Mecklenburg-Vorpommern vom 19.3.1991 (GS M–V S. 103).

Sonderregelungen Anhang 13

7   Schließlich bietet die Anl. I Kap. III Sachgebiet A Abschnitt III Nr. 3 b) für die Landesjustizverwaltungen der neuen Bundesländer die Möglichkeit, sog. **Bereichsrechtspfleger** mit den Aufgaben eines Rechtspflegers in Hinterlegungssachen zu betrauen.

8   Gem. Anl. I Kap. III Sachgebiet A Abschnitt III Nr. 28 k des Einigungsvertrages wurden die bei den Staatlichen Notariaten zum Zeitpunkt des Beitritts anhängigen Hinterlegungsverfahren den Kreisgerichten zugeleitet.

9   Ausführungsvorschriften zur Hinterlegungsordnung wurden bisher in den neuen Bundesländern nicht erlassen.

Zumindest in den Ländern Mecklenburg-Vorpommern und Thüringen ist dies jedoch beabsichtigt.

V. Sachverzeichnis

Es bedeuten z. B.

Vorbem. 11 Randnummer 11 der Vorbemerkungen vor § 1 HO
3 30 Randnummer 30 der Erläuterungen zu § 3 HO
5 Fn. 5 Fußnote 5 zu den Erläuterungen zu § 5
13 Anh. 11 Randnummer 11 des Anhangs zu § 13 HO
Anh. 4 6 Anhang Nr. 4 (Vordrucke für das Hinterlegungswesen), Vordruck HS 6
Anh. 10 69 Anhang Nr. 10 (Zwangsversteigerungsgesetz), § 69

Abgabe an eine andere Hinterlegungsstelle **4** 1 ff.
Abhilfe nach Anfechtung einer Entscheidung der Hinterlegungsstelle **3** 17, **16** 15
Abschätzung eingelieferter Kostbarkeiten **9** 3
Abtretung, Änderung des Kreises der Beteiligten durch – des Herausgabeanspruchs **13** 13
Akten, Hinterlegung von – **5** 11; Bezugnahme auf – beim Nachweis der Empfangsberechtigung **13** 17
Aktien s. Wertpapiere
Amtsgericht als Hinterlegungsstelle **Vorbem.** 13, **1** 2
Amtsgerichtspräsident s. Präsident des Amtsgerichts
Amtspflichtverletzungen, Haftung für – **18** 1 ff.
Änderung, – der Hinterlegungsordnung **Vorbem.** 15; – von Entscheidungen durch die Hinterlegungsstelle **3** 17, **16** 12; Zulässigkeit der – einer Entscheidung **3** 17, 19 ff., **16** 12; Rückwirkung der – einer Entscheidung **3** 18 ff.; einer Frist zur Erhebung einer Klage **16** 12, 21
Anerkennung der Empfangsberechtigung **13** 20; s. auch Bewilligung der Herausgabe

Anfechtung von Entscheidungen **3** 2, 3, **4** 9, **16** 13
Ankauf von Wertpapieren **10** 17
Anleihen, Hinterlegung von stückelosen – **5** Fn. 5
Annahmeanordnung als Voraussetzung der Hinterlegung **6** 2; Erteilung **6** 24 ff.; Inhalt **6** 25; Benachrichtigung des Antragstellers vom Erlaß der – **6** 25, 26, 28, **Anh. 4** 5; Rücknahme einer – **6** 24; Beschwerde gegen eine – **3** 7, 16; Einzahlung, Einlieferung nach Erlaß der – **6** 26 ff.; Einzahlung, Einlieferung vor Erlaß der – **6** 28; Vordrucke **Anh. 4** 1–4
Annahmeantrag, Rechtsnatur **6** 6; Form, Inhalt **6** 17, 18; Stellung des -s durch einen Vertreter **6** 8, 15; Anfechtung **6** 7; Rücknahme **6** 6, 21; Aufforderung zur Einreichung des -s **6** 28, **Anh. 4** 6; Prüfung des -s **6** 22; Ablehnung des -s **6** 23; Vordrucke **Anh. 4** 1, 2
Annahmeersuchen der zuständigen Behörde **6** 19; Rücknahme **6** 21; Prüfung des -s **6** 22; Ablehnung des -s **6** 23
Annahmeverfügung s. Annahmeanordnung
Anordnung der Annahme s. Annahmeanordnung; – der Herausgabe s. Herausgabeanordnung

191

Sachverzeichnis

fette Zahlen = Paragraphen

Antrag auf Annahme s. Annahmeantrag; – auf Bestimmung einer Frist zur Klageerhebung **16** 5; – auf Herausgabe s. Herausgabeantrag

Antrag auf gerichtliche Entscheidung 3 24 ff., **16** 24, 25, **Anh. 7;** – und Klage auf Herausgabe **3** 24 ff., 27 ff.; – nach Erlöschen des Hinterlegungsverhältnisses **18** 1

Anzeige von der Hinterlegung an den Gläubiger **11** 1 ff.; Vordrucke **Anh. 4** 7, 8

Arrestverfahren, Sicherheitsleistung im – **13 Anh.** 49 ff.

Aufbewahrung von Wertpapieren, Urkunden und Kostbarkeiten **9** 3

Aufforderung an den Hinterleger, einzuzahlen oder einzuliefern **6** 26, **Anh. 4** 5; – an den Hinterleger, den Annahmeantrag zu stellen **6** 28, **Anh. 4** 6; – an den Schuldner, den Zugang der Anzeige nach § 374 Abs. 2 BGB nachzuweisen **11** 11, **Anh. 4** 7

Aufschiebende Wirkung der Beschwerde **3** 16 ff.

Aufsichtsweg, Erledigung von Beschwerden im – **Vorbem.** 13, **3** 2 ff.; andere Entscheidungen im – **3** 31, **4** 7

Ausführungsvorschriften zur HO **Anh. 3**

Ausgabeverfügung s. Herausgabeanordnung

Auslagen, bei Abschätzung oder Untersuchung von Kostbarkeiten **9** 4, 5; – bei der Verwaltung von Wertpapieren **10** 10; – bei der Anzeige nach § 11 HO **11** 9

Ausland, Besonderheiten für die Herausgabe nach dem – **17** 5

Ausländische Wertpapiere 10 10

Ausländische Zahlungsmittel 5 4, **7** 7, 8

Außenwirtschaftsrecht, Hinweis auf Meldepflichten nach dem – in der Herausgabeanordnung **12** 10

Aussetzung der Vollziehung einer Herausgabeanordnung nach Einlegung einer Beschwerde **3** 16; – des Erlasses der Herausgabeanordnung bei Bedenken gegen ein behördliches Herausgabeersuchen **15** 7

Auszahlungsantrag s. Herausgabeantrag

Auszahlungsfälle, Übersicht über die – **13 Anh.**

Auszahlungsverfügung s. Herausgabeanordnung

Beanstandung der Empfangsberechtigung aus einem nachträglich entstandenen Grunde **13** 37

Bedingte Beschwerde 3 17

Befreiung s. Hinterlegung zur Befreiung von einer Verbindlichkeit

Beglaubigung einer Unterschrift **14** 1 ff.

Begründung von Entscheidungen der Hinterlegungsstelle **3** 5; – von Beschwerdeentscheidungen **3** 23

Behörde, Begriff **6** Fn. 7; Herausgabeersuchen einer – **15** 2 ff.; als Hinterlegungsbeteiligte **15** 8

Behördliches Herausgabeersuchen 15 2 ff.

Beitreibung s. Justizbeitreibungsordnung

Benachrichtigung des Antragstellers von dem Erlaß der Annahmeanordnung **6** 25, 26, 28; – des Empfängers von dem Erlaß der Herausgabeanordnung **12** 13

Bereichsrechtspfleger in den neuen Bundesländern **Anh. 13** 7

Bescheinigung der Echtheit einer Unterschrift **14** 2, 3

Berechtigung des Empfängers s. Empfangsberechtigung

magere Zahlen = Randnummern

Sachverzeichnis

Beschwer, formelle – **3** 11; materielle – **3** 12
Beschwerde, mit der – anfechtbare Entscheidungen **3** 3, 6 ff., **4** 9, **13** 7, **16** 8, 13; Form der – **3** 13, **16** 15; Inhalt der – **3** 14, **16** 15; Frist für die Einlegung der – **3** 15, **16** 13; Zulassung einer verspätet eingelegten – **16** 17; Abhilfe **3** 17, **16** 15; bedingte – **3** 17; aufschiebende Wirkung der – **3** 16, **16** 26; eingeschränkte Wirkung und Zulässigkeit der – gegen Entscheidungen positiven Inhalts **3** 12, 16, 20; Instanzenzug **3** 22 ff., **16** 16; reformatio in peius **3** 21; Begründung, Bekanntmachung der -entscheidung **3** 23 ff., **16** 22; – gegen Annahmeanordnung **3** 12, 20; – gegen Herausgabeanordnung **3** 12, 16, 20; – bei der Abgabe von Hinterlegungssachen **4** 9; – gegen die Ablehnung eines Antrags, eine Frist zur Klageerhebung zu bestimmen **16** 8; – gegen die Bestimmung einer Frist zur Erhebung der Klage **16** 13 ff.; weitere – **3** 22, 31, **16** 23; Abschluß des -verfahrens als Voraussetzung eines Antrags auf gerichtliche Entscheidung **3** 25, 26; Abschluß des -verfahrens als Voraussetzung einer Klage auf Herausgabe **3** 27; s. auch Beschwerdeberechtigung, Dienstaufsichtsbeschwerde
Beschwerdeberechtigung 3 10 ff., **16** 14
Besondere Hinterlegungsstellen 1 5, **27** ff.; Anwendung der HO auf die Hinterlegung bei – **1** 5; Abgabe von Hinterlegungsstellen bei einem Amtsgericht an – **4** 10; Hinweis auf – **27** 1, **28** 8, **30** 3
Beteiligte, Begriff **13** 8 ff.; Abgrenzung des Kreises der -n nach formellen und materiellen Gesichtspunkten **13** 10 ff.; Änderung des Kreises der -n **13** 13; keine Beteiligung des Vertreters **13** 14; Zustimmung der -n zur Umwechslung hinterlegter Zahlungsmittel **7** 8; Antrag eines -n auf Vornahme oder Unterlassung bestimmter Geschäfte bei der Verwaltung hinterlegter Wertpapiere **10** 13 ff.; Benachrichtigung der -n, wenn bei der Verwaltung bestimmte Geschäfte unterbleiben **10** 12; Anhörung der -n bei der Verwaltung hinterlegter Wertpapiere **10** 14; s. auch Beteiligung
Beteiligung, keine – des Vertreters des Hinterlegers **6** 8; – bei Hinterlegung durch einen Dritten im eigenen Namen **6** 15
Bewilligung der Herausgabe als Nachweis der Empfangsberechtigung **13** 20 ff.; Form **13** 21; Rechtsnatur **13** 24; Abfassung **13** 28; – an den, den es angeht **13** 29; – durch einen Vertreter **13** 23; Anfechtung **3** 12; Widerruf **3** 12, **13** Fn. 13; Ersetzung durch ein rechtskräftiges Urteil **13** 32
Bewirkung der Hinterlegung 6 2; Rechtsfolgen **3** 12
Bezirksgerichte an Stelle der Landgerichte **Anh. 13** 2
Bezirksgerichtspräsident s. Präsident des Bezirksgerichts
Bezugsrecht, Ausübung **10** 17; Verkauf **10** 16
Bücher als Kostbarkeiten **5** 12
Bundesrecht, HO als Bundesrecht **Vorbem. 14** ff.

Depotgesetz, Wertpapiere im Sinne des -es **10** 1
Deutsche Bundesbank als Hinterlegungsstelle **27** 4
Deutsche Genossenschaftsbank als Hinterlegungsstelle **27** 3
Deutsche Girozentrale als Hinterlegungsstelle **27** 3
Deutsche Kommunalbank als Hinterlegungsstelle **27** 3

Sachverzeichnis

fette Zahlen = Paragraphen

Devisen s. ausländische Zahlungsmittel
Dienstaufsicht 1 4, **3** 22 ff.
Dienstaufsichtsbeschwerde 3 31; – im Kassenbetrieb **3** 31
Direktor des Amtsgerichts als Beschwerdeinstanz **3** 22, **16** 16; Verteilung der Geschäfte **1** 3; Zuweisung von Hilfskräften **1** 4
Direktor des Kreisgerichts Anh. 13 2
Dritter, Hinterlegung durch einen Dritten im eigenen Namen **6** 13 ff., **13** 14
Durchführungsverordnungen zur HO **Anh. 1, 2**

Echtheit der Unterschrift, Bescheinigung der – **13** 22, **14** 1 ff.
Eilsachen, Hinterlegungsgeschäfte als – **1** 1
Einführungsgesetz zum Gerichtsverfassungsgesetz **Anh. 7**
Einlieferung, vor Erlaß der Annahmeanordnung **6** 28, **Anh. 4** 6; – nach Erlaß der Annahmeanordnung **6** 6, 26, 27, **Anh. 4** 5; Annahme durch die Gerichtszahlstelle **1** 8
Einlösung von Wertpapieren **10** 6; von Zins- und Gewinnanteilscheinen **10** 8
Einzahlung, vor Erlaß der Annahmeanordnung **6** 28, **Anh. 4** 6; – nach Erlaß der Annahmeanordnung **6** 26, 27, **Anh. 4** 5; Annahme durch die Gerichtszahlstelle **1** 8
Einziehung von Kosten **24–26** 4
Empfänger, Nachweis der Berechtigung des -s **13** 16 ff.
Empfangsberechtigter, Angabe der möglicherweise -n im Annahmeantrag **6** 18
Empfangsberechtigung, Nachweis der – **13** 16 ff., **13 Anh.;** Nachweis der – hinsichtlich von Zinsen **13** Fn. 9; Erleichterung des Nachweises der – durch Bestimmung einer Klagefrist **16** 1 ff., Beanstandung der – aus einem nachträglich entstandenen Grunde **13** 37
Empfangsvollmacht 13 5
Enteignungsrecht, Vorschriften des -s über die örtliche Zuständigkeit von Hinterlegungsstellen **1** 9
Entscheidungen der Hinterlegungsstelle: entscheidendes Organ, Form, Begründung **3** 4, 5; Änderung durch die Hinterlegungsstelle **3** 17, **16** 12; – positiven Inhalts **3** 16; Änderung von – positiven Inhalts **3** 20, **6** 24, **12** 3; Beschwerde gegen – positiven Inhalts **3** 12, 20; – negativen Inhalts **3** 12; Änderung von – negativen Inhalts **3** 19; behördliche – als Hinterlegungsgrund **6** 9, 12, 19; – über die Berechtigung des Empfängers **13** 6; rechtskräftige – als Nachweis der Empfangsberechtigung **13** 30 ff.; – über Anträge, eine Frist zur Klageerhebung zu bestimmen **16** 6, 7; Anfechtung von – **3** 2 ff., **16** 13 ff.; – im Aufsichtsweg **Vorbem.** **13**, **3** 31, **4** 7; – der Hinterlegungskasse **3** 3; s. auch Zwischenverfügung
Erbschein, Nachweis der Empfangsberechtigung durch – **13** 17, **13 Anh.** 18
Erfüllungsort für die Herausgabe **17** 1 ff.
Erlöschen des Anspruchs auf Herausgabe **11** 3, 7, **19 ff.;** Änderung des Kreises der Beteiligten durch – des Herausgabeanspruchs **13** 13; – des Rechts des Gläubigers auf die Hinterlegungsmasse **11** 3; – des Hinterlegungsverhältnisses **18** 1
Ersuchen um Herausgabe **15** 1 ff.
Eventualbeschwerde 3 6

Fälligkeit von Auslagen **9** 4, der Zinsen **8** 11

magere Zahlen = Randnummern

Sachverzeichnis

Fideikommiß, Bedeutungslosigkeit der -sse **21** Fn. 1; Genehmigung der Herausgabe durch die -behörde **29**

Fiskus, Erwerb des Eigentums an hinterlegtem Geld **7** 2, 3; Vertretung des – in Hinterlegungssachen und damit zusammenhängenden Verfahren **Anh. 5;** – als Hinterlegungsbeteiligter **15** 8

Formelles Hinterlegungsrecht Vorbem. 2; regelt die Voraussetzungen der Hinterlegung **6** 2; ist Teil des öffentlichen Rechts **Vorbem.** 12; – als Bundesrecht **Vorbem.** 14, 16

Formulare s. Vordrucke

Fortbestehen der Veranlassung zur Hinterlegung **22** 1 ff.

Frist zur Einlegung der Beschwerde **3** 15, **16** 13; Versäumung der – zur Einlegung der Beschwerde **16** 17; Bestimmung einer – zur Erhebung der Klage **16** 1 ff.; Wirkung des fruchtlosen Verstreichens einer nach § 16 HO gesetzten – **16** 35; – zur Stellung des Annahmeantrags **6** 28; – zur Einzahlung oder Einlieferung **6** 26

Fristbestimmung nach § 16 HO **16** 1 ff.; Wirksamkeit und Folgen **16** 26 ff.; Vordrucke **Anh. 4** 9; – zur Stellung des Annahmeantrags **6** 28, Vordruck **Anh. 4** 6; – zur Einzahlung oder Einlieferung **6** 26, Vordruck **Anh. 4** 5

Gebühren, §§ **24–26** 1 ff.

Gegenvorstellung 3 17

Geld, Begriff **5** 3; Verwendung hinterlegten -es zum Ankauf von Wertpapieren **7** 6, **10** 17; Verzinsung hinterlegten -es **8** 2 ff.; Hinterlegung von – als Kostbarkeit **5** 12, **7** 5; s. auch Zahlungsmittel

Geldhinterlegungen, Begriff **5** 3; Herausgabe bei – **17** 3

Genehmigung, vormundschaftsgerichtliche – der Herausgabe **13** 36; – der Herausgabe durch die Aufsichtsbehörde einer Stiftung **13** 36, **28** 1 ff.; – der Herausgabe durch die Fideikommißbehörde **13** 36, **29**

Gerichtskasse als Hinterlegungskasse **1** 6; Unterstützung der – in Hinterlegungssachen durch andere Stellen **1** 6; s. auch Hinterlegungskasse

Gerichtssekretäre mit Rechtspflegeraufgaben in den neuen Bundesländern **Anh. 13** 6

Gerichtsvollzieher, Hinterlegung durch den – **13** Anh. 66, 68

Gerichtsverfassungsgesetz, Einführungsgesetz zum – **Anh. 7**

Gerichtszahlstelle als Hilfsstelle der Gerichtskasse **1** 6; Einzahlung, Einlieferung bei der – **1** 6

Geschäftsstelle zur Hinterlegungsstelle **1** 4

Geschäftsverteilung bei der Hinterlegungsstelle **1** 3

Haftung für Amtspflichtverletzungen **18** 1 ff.

Herausgabe 12 ff.; Erleichterung der – durch Bestimmung einer Klagefrist **16** 1 ff.; behördliches Ersuchen um – **15** 2 ff.; Genehmigung der – **13** 36; nachträglich entstandene Hinderungsgründe **13** 37; Ort der – **17** 1 ff.; – nach dem Ausland **17** 5; Haftung nach der – **18** 1 ff.; Erlöschen des Anspruchs auf – **11** 2, **19** ff.; – von Zinsen **8** 11; Klage auf – **3** 27 ff., **18** 1

Herausgabeanordnung 12 2 ff.; Voraussetzungen **12** 2; Prüfung besonderer Erfordernisse vor Erlaß der – **13** 36; Inhalt **12** 4 ff.; Erteilung **12** 11 ff.; Rücknahme **12** 3, **13** 46; Anfechtung **3** 11, 20, **12** 16; Ausführung **12** 15; Vordrucke **Anh. 4** 11, 12

Herausgabeanspruch, Erlöschen des -s **11** 3, **19** ff.; Unterbre-

195

Sachverzeichnis

fette Zahlen = Paragraphen

chung der Frist durch das Erlöschen des -s **22** 1 ff.

Herausgabeantrag 13 2 ff.; Antragsrecht **13** 3; Antragstellung durch einen Vertreter **13** 4; Form, Inhalt des -s **13** 2; Entscheidung über einen – **13** 6, 7; schwebender – bei Erlöschen des Herausgabeanspruchs **19** 6, **20** 5, **21** 7

Herausgabebewilligung s. Bewilligung der Herausgabe

Herausgabeersuchen, behördliches **15** 1 ff.

Herausgabefälle, Übersicht über die wichtigsten – **13 Anh.**

Hilfskräfte der Hinterlegungsstelle 1 4

Hinterleger, Begriff **13** 11; – als Beteiligter **13** 11; Angabe des -s im Annahmeantrag **6** 15; Vertreter des -s **6** 8

Hinterlegung, Begriff der – nach allgemeinem Sprachgebrauch **Vorbem.** 1; Begriff der – im Sinne der HO **Vorbem.** 1; – als Erfüllungsersatz **Vorbem.** 8; – als Erfüllung **Vorbem.** 5; zwecks Sicherheitsleistung **Vorbem.** 9; – zur Sicherung der zu hinterlegenden Sache **Vorbem.** 9; Bestimmung der Art der – durch das materielle Hinterlegungsrecht **Vorbem.** 4, 5; Voraussetzungen der Zulässigkeit der – **6** 8; hinterlegungsfähige Gegenstände **5** 1, 3 ff.; – von Wertpapieren, die sich in Sammelverwahrung befinden **5** Fn. 5; – von stückelosen Bundesanleihen **5** Fn. 5; – durch einen Dritten im eigenen Namen **6** 13 ff., **13** 14; Annahme zur – **6** 1 ff.; Bewirkung der – **3** 12, **6** 2; Anzeige von der – an den Gläubiger **11** 1 ff.; Besorgung von Geschäften während der – **10** 1 ff.; – bei Kreditinstituten **27** 1 ff.; – zur Befreiung von einer Verbindlichkeit **13 Anh.** 1 ff.; **11** 1 ff., **19** 1 ff.; – zwecks Sicherheitsleistung aus materiell-rechtlichen Gründen **13 Anh.** 32 ff.; – zwecks Sicherheitsleistung im Zivilprozeß **13 Anh.** 40 ff.; – durch den Beklagten zugunsten mehrerer streitender Gläubiger **13 Anh.** 29 ff.; – bei mehrfacher Pfändung einer Geldforderung **13 Anh.** 24 ff.; – des Bargebots durch den Ersteher **13 Anh.** 69; – des Erlöses einer gepfändeten Sache **13 Anh.** 66, 67; – von gepfändetem Geld **13 Anh.** 68; – zwecks Haftverschonung **13 Anh.** 70, 71, **15** 2; s. auch Hinterlegungsmasse

Hinterlegungsfähige Gegenstände 5 1 ff.

Hinterlegungsfälle, Übersicht über die – **Vorbem.** 4 ff.

Hinterlegungsgeschäfte als Eilsachen **1** 1

Hinterlegungsgrund als Voraussetzung der Zulässigkeit einer Hinterlegung **6** 9; – bei der Hinterlegung durch einen Dritten im eigenen Namen **6** 13, 14; Nachweis des -es **6** 11, 12, 19

Hinterlegungskasse, Kassen der Justizverwaltung als -n **1** 6; Hilfsstellen der -n **1** 6; Wechsel der – infolge Abgabe einer Hinterlegungssache **4** 5; Auswirkung der Zuordnung jeder – zu bestimmten Hinterlegungsstellen **1** 8; Aufgaben der – **1** 6; keine Anfechtung von Maßnahmen der – **3** 3; Erteilung der Annahmeanordnung an die – **6** 25; Erteilung der Herausgabeanordnung an die – **12** 11; Prüfung der Herausgabeanordnung durch die **12** 15; Dienstaufsichtsbeschwerde gegen Bedienstete der – **3** 36

Hinterlegungsmasse, Entnahme von Kosten aus der – **12** 9; Verfall der – **23** 1 ff.; Verwertung verfallener -n **23** 3

Hinterlegungsordnung, Änderungen der – **Vorbem.** 15; – als

magere Zahlen = Randnummern

Sachverzeichnis

Bundes- oder Landesrecht **Vorbem.** 14 ff.; Anwendung der – auf Hinterlegungen bei besonderen Hinterlegungsstellen **1** 5, **27** 7, **30** 2

Hinterlegungsrecht, formelles – **Vorbem.** 2; materielles – **Vorbem.** 3; Vorschriften des materiellen -s über die örtliche Zuständigkeit von Hinterlegungsstellen **1** 11; Anwendung des formellen -s im Falle der Hinterlegung bei Kreditinstituten **1** 5, **27** 7, **30** 2

Hinterlegungssachen als Angelegenheiten der Justizverwaltung **Vorbem.** 13, **24** 1; Abgabe von – **4** 1 ff.

Hinterlegungsschein 6 27, 28; Verwendung einer Abschrift als Anzeige von der Hinterlegung an den Gläubiger **11** 5

Hinterlegungsstelle, Amtsgericht als – **1** 2; Aufgaben der – **1** 1; Übertragung der Geschäfte der – auf den Rechtspfleger **1** 3; Geschäftsstelle der – **1** 4; örtliche Zuständigkeit der – **1** 7 ff.; Abgabe einer Hinterlegungssache von einer – an eine andere **4** 1 ff.; besondere -n **1** 5, **4** 10, **30** 1 ff., **33**

Hinterlegungsverhältnis Vorbem. 12; Entstehung **3** 12; Erlöschen **18** 1

Inhaberpapiere 5 8
Instanzenzug bei der Beschwerde **3** 22 ff., **16** 16, 23

Justizbeitreibungsordnung 24–26 4
Justizverwaltung, Hinterlegungssachen als Angelegenheiten der Justizverwaltung **Vorbem.** 13; Rechtspfleger als Organ der – **Vorbem.** 13
Justizverwaltungsakt, Entscheidungen über Beschwerden als -e **Vorbem.** 13
Justizverwaltungskostenvorschriften 24–26 1 ff.

Klage, Bestimmung einer Frist zur Erhebung der – **16** 1 ff.; – auf Herausgabe **3** 27 ff., **18** 1; Vertretung des beklagten Landes bei einer – auf Herausgabe **3** 29, **Anh. 5**

Kommunalbank s. Deutsche Kommunalbank

Kostbarkeiten, Begriff **5** 12, 13; Abschätzung und Untersuchung **9** 3; Hinterlegung von Münzen als – **5** 12, **7** 5; s. auch Werthinterlegungen

Kosten in Hinterlegungssachen **24–26** 1 ff.; kein – im Verfahren über Dienstaufsichtsbeschwerden **3** 31; Beitreibung der – **24–26** 4; Entnahme der – aus der Masse **12** 9; – der Anzeige von der Hinterlegung an den Gläubiger **11** 9; – der Umwechslung hinterlegter Zahlungsmittel **7** 8; – der Untersuchung und Abschätzung von Kostbarkeiten **9** 4, 5

Kostenverfügung 24–26 5
Kreditinstitute als besondere Hinterlegungsstellen **27** 1 ff., **33**; Hinweis der Möglichkeit der Hinterlegung bei -n **27** 1, **30** 3
Kreisgerichten an Stelle von Amtsgerichten in den neuen Bundesländern **Anh.** 13 2

Landesrecht, Hinterlegungsordnung als – **Vorbem.** 14 ff.
Landeszentralbank als Staatsbank **27** 3
Legitimationszeichen, Wertpapiereigenschaft **5** 6

Materielles Hinterlegungsrecht Vorbem. 3; regelt Zulässigkeit, Art und Rechtsfolgen der Hinterlegung **Vorbem.** 4, **6** 1; enthält Vorschriften über die örtliche Zuständigkeit von Hinterlegungsstellen **1** 7; Hinterlegungsfälle des -s **Vorbem.** 4 ff.

Mietzinsmassen, Abgabe von Hinterlegungssachen, die – be-

197

Sachverzeichnis

fette Zahlen = Paragraphen

treffen, an eine andere Hinterlegungsstelle **4** 2
Münzen, Hinterlegung als Kostbarkeit **5** 4, 12
Muster s. Vordrucke

Nachweis des Hinterlegungsgrundes **6** 11, 12; – des Empfangs der Anzeige nach § 374 Abs. 2 BGB **11** 6; – der Empfangsberechtigung **13** 15 ff., **13 Anh.**, **16** 1 ff.; – der Vertretungsmacht bei der Stellung eines Herausgabeantrags **13** 4, 5; – der Echtheit einer Unterschrift **14** 1 ff.; – der Klageerhebung nach Bestimmung einer Frist gem. § 16 HO **16** 34
Namenspapiere 5 6
Notare, mit Rechtspflegeraufgaben in den neuen Bundesländern **Anh. 13** 5
Notariate, staatliche als Hinterlegungsstellen in der ehemaligen DDR **Anh. 13** 1

Öffentlich-rechtliche Natur des formellen Hinterlegungsrechts **Vorbem.** 12; – des Hinterlegungsverhältnisses **Vorbem.** 12, **18** 1
Öffentlich-rechtliche Verwahrung, ergänzende Heranziehung der Grundsätze über die – **Vorbem.** 12
Orderpapiere 5 7
Ort der Herausgabe **17** 1 ff.
Örtliche Zuständigkeit der Hinterlegungsstelle **1** 7 ff.; – der Hinterlegungskasse **1** 8

Pfändung des Anspruchs auf Herausgabe **13** 13, 34; Hinterlegung nach – einer Forderung **13 Anh.** 15, 17
Pfändungs- und Überweisungsbeschluß, Vorlegung als Nachweis der Empfangsberechtigung **13** 35

Pfandrecht an der Hinterlegungsmasse **13 Anh.** 15, 34 ff.
Präsident des Bezirksgerichts in den neuen Bundesländern **Anh. 13** 2; – des Land- (Amts-)-gerichts als Beschwerdeinstanz **3** 22 ff., **16** 16
Prozeßvollmacht, Verwendung im Hinterlegungsverfahren **13** 4, 5
Prüfungspflicht der Hinterlegungsstelle **6** 22, **13** 25, 36, **15** 4 ff.; – der Hinterlegungskasse **12** 15

Rechtsbehelfe gegen Entscheidungen der Hinterlegungsstelle **3** 2; – gegen verzögerliche Sachbehandlung **3** 2, 26; s. auch Beschwerde, Antrag auf gerichtliche Entscheidung, Klage auf Herausgabe
Rechtskräftige Entscheidung als Nachweis der Empfangsberechtigung **13** 31 ff.
Rechtsmittel s. Rechtsbehelfe
Rechtsmittelbelehrung, Entbehrlichkeit bei Beschwerdeentscheidungen **3** 23
Rechtspfleger, Übertragung der Geschäfte der Hinterlegungsstelle auf den – **1** 3; – als Organ der Justizverwaltung **Vorbem.** 13; – als entscheidendes Organ der Hinterlegungsstelle **3** 4, **13** 6; Geschäftsverteilung unter mehreren -n **1** 3
Rechtspflegergesetz Anh. 6
Reformatio in peius 3 21
Rektapapiere 5 6
Richter, keine Befassung des -s mit Hinterlegungssachen **3** 22; – mit Rechtspflegeraufgaben in den neuen Bundesländern **Anh. 13** 5
Rücknahme des Annahmeantrags (-ersuchens) **6** 21; – der Annahmeanordnung **3** 20, **6** 21; – der Herausgabeanordnung **3** 20, **12** 3; s. auch Widerruf

198

magere Zahlen = Randnummern

Sachverzeichnis

Sachverständiger, Heranziehung zur Untersuchung und Abschätzung eingelieferter Kostbarkeiten **9** 3

Scheck als Zahlungsmittel **5** Fn. 6, **7** 4; als Wertpapiere **5** 5 ff.

Sicherheitsleistung, Beteiligung bei einer Hinterlegung zwecks – **13** 12; – aus materiell-rechtlichen Gründen **13 Anh.** 32 ff.; – im Zivilprozeß **13 Anh.** 40 ff.

Sparkassenbuch als Wertpapier **5** 6; Zuschreibung fälliger Zinsen **10** 18

Staatsbanken als Hinterlegungsstellen 27 4, **28** 10, **30** 1 ff.

Stammgüter s. Fideikommiß

Stiftung, Genehmigung der Herausgabe durch die Aufsichtsbehörde einer – **13** 36, **28** 1 ff.; besondere Hinterlegungsstellen für Hinterlegungen aufgrund stiftungsrechtlicher Vorschriften **30** 1 ff.

Testament (öffentliches), Nachweis der Empfangsberechtigung durch – **13** 17 Fn. 10

Treu und Glauben, Bestimmung des Inhalts des Hinterlegungsverhältnisses nach – **Vorbem.** 12

Übergangsbestimmungen 31 ff.

Übertragung der Aufgaben der Hinterlegungsstellen auf die Amtsgerichte **1** 2

Umtausch von Wertpapieren **10** 7, 15

Umwechslung von Zahlungsmitteln **7** 8

Unbarer Zahlungsverkehr 7 4, **8** 4

Unbestellbare Sendungen 12 15

Unterbrechung der Frist, nach deren Ablauf der Herausgabeanspruch erlischt **22** 1 ff.

Unterschrift, Nachweis der Echtheit **14** 1 ff.

Untersuchung eingelieferter Wertgegenstände **9** 3

Urkunden, andere – als Wertpapiere **5** 9 ff.; Vorlegen von – zum Nachweis der Empfangsberechtigung **13** 17; Rückgabe von eingereichten – **12** 14; s. auch Werthinterlegungen

Verfall der Hinterlegungsmasse **23** 1 ff.

Verjährung, keine – des Anspruchs auf Herausgabe der Zinsen **8** 13

Verlosungstabelle 10 11

Verspätet eingelegte Beschwerde im Falle des § 16 HO **16** 17 ff.

Verteilungsverfahren 13 Anh. 28

Vertreter bei Stellung des Annahmeantrages **6** 8; keine Beteiligung des -s an der Hinterlegung **6** 8, 15, **13** 14; Stellung des Herausgabeantrages durch einen – **13** 4; Empfang der Hinterlegungsmasse durch einen – **13** 5; Bewilligung der Herausgabe durch einen – **13** 22; Einlegung der Beschwerde durch einen – **3** 13

Vertretung des Fiskus in Hinterlegungssachen und damit zusammenhängenden Verfahren **Anh. 5**

Verwahrungen, Behandlung von Einzahlungen und Einlieferungen, die vor Erlaß der Annahmeanordnung geschehen, als – **6** 28; s. auch öffentlich-rechtliche Verwahrung

Verwaltung hinterlegter Wertpapiere **10** 1 ff., **Anh. 1**

Verwaltungsverfahrensgesetze, keine Anwendung der – in Hinterlegungssachen **Vorbem.** Fn. 10

Verzicht auf das Recht der Rücknahme **13 Anh.** 4

Verzinsung hinterlegten Geldes **8** 2 ff.

Sachverzeichnis

fette Zahlen = Paragraphen

Vollmachtsurkunde, Vorlegen einer – bei Stellung eines Herausgabeantrags **13** 4, 5; Vorlegen einer – bei Bewilligung der Herausgabe **13** 23; Beglaubigung von Unterschriften unter -n **14** 7, 8
Vorbescheid, Unzulässigkeit des - **3** 9
Vordrucke für das Hinterlegungswesen **Anh. 4**
Vormundschaftsgerichtliche Genehmigung der Herausgabe **13** 36

Wechsel als hinterlegungsfähiges Wertpapier **5** 5 ff.; keine Einziehung von -n durch die Hinterlegungsstelle **10** 2
Weitere Beschwerde 3 16, 22, 31
Werthinterlegungen, Begriff **5** 3; Aufbewahrung von – **9** 3; Herausgabe von – **17** 4
Wertpapiere, Begriff **5** 5 ff.; Hinterlegungsfähigkeit von -n in Sammelverwahrung und von stückelosen Anleihen **5** Fn. 5; Hinterlegung ungültiger – **5** 11; Erwerb von -n mit hinterlegtem Geld **7** 6; Hinterlegung von -n zwecks Sicherheitsleistung **13 Anh.** 32, 35, 37; Hinterlegung von -n bei Kreditinstituten **27** 1 ff.; Einlösung von -n **10** 6; Umtausch von -n **10** 7, 15; s. auch Bezugsrechte, Werthinterlegungen, Zins- und Gewinnanteilscheine
Wertzeichen als Kostbarkeiten **5** 12
Widerruf der Herausgabebewilligung **3** 12, **13** 25, Fn. 13

Wiedereinsetzung in den vorigen Stand wegen Versäumung der Beschwerdefrist **16** 17 ff.
Wirksamwerden der Fristbestimmung nach § 16 HO **16** 26 ff.

Zahlungsmittel, gesetzliche und gesetzlich zugelassene – **7** 1 ff.; andere – **7** 7 f.; Umwechslung anderer – **7** 8; s. auch Geld
Zinsen auf hinterlegte Gelder **8** 2 ff.; Erstreckung des Pfandrechts an einer Forderung auf die – **13** Fn. 9; Herausgabe der – **8** 12; Nachweis der Berechtigung zum Empfang der – **13** Fn. 9
Zins- und Gewinnanteilscheine, Einlösung **10** 8; Beschaffung neuer – **10** 9; Erstreckung des Pfandrechts an einem Wertpapier – **13** Fn. 9
Zuleitung der Hinterlegungsverfahren von den Staatlichen Notariaten an die Kreisgerichte **Anh. 13** 8
Zurücknahme s. Rücknahme
Zuständigkeit s. örtliche Zuständigkeit
Zustellung der Beschwerdeentscheidung **3** 23, **16** 22; – einer Fristbestimmung nach § 16 HO **16** 9, 10; – der Aufforderung nach § 11 HO an den Schuldner **11** 11; der Anzeige von der Hinterlegung an den Gläubiger **11** 2
Zwischenverfügung, Anfechtung von -en **3** 8; – vor endgültiger Entscheidung über einen Herausgabeantrag **13** 8; Zurückweisung des Antrags, eine Frist zur Klageerhebung zu bestimmen, in einer – **16** 7